中华人民共和国
突发事件应对法
条文解读与法律适用

ZHONGHUA RENMIN GONGHEGUO
TUFA SHIJIAN YINGDUIFA TIAOWEN JIEDU YU FALÜ SHIYONG

林鸿潮 ◎主编

撰稿人（以姓氏笔画为序排列）
卢 迪 白云锋 刘文浩
张莹莹 林鸿潮 金晓伟
赵艺绚 黄明慧

中国法制出版社
CHINA LEGAL PUBLISHING HOUSE

前　言

一、《突发事件应对法》修订概况

2024年6月28日，十四届全国人大常委会第十次会议审议通过了《突发事件应对法》的修订草案。这是该法施行17年来首次修改，采取的是全面修订而非修正案的方式，修改幅度很大，涉及原来的大多数条文，增加了超过50%的新条文，条文总数由原来的70条增加到106条。此次修订既总结了该法施行以来我国应急管理领域的实践经验，特别是巩固了自2018年以来机构改革的主要成果，又凝练了新冠疫情防控中形成的社会共识，注重平衡"应急"和"法治"两种价值，较好地引领了我国应急法治体系的本轮升级迭代。总的来看，《突发事件应对法》的此次修订有如下亮点。

第一，修法过程体现了开门立法的全过程人民民主。在全国人大常委会第一次、第二次审议时，草案曾将法律名称更改为"突发事件应对管理法"，而最终通过的修订草案恢复了"突发事件应对法"之名。其原因正如全国人大常委会法工委发言人所说，在修法过程中有意见提出，"应对"可以包括"管理"的含义，法律名称宜简明，且"突发事件应对"已为各方熟知，应考虑保持法律制度和相关工作稳定性、连续性。在此次修法过程中，起草部门和立法机关多次以不同方式、在不同范围内征求意见，学术界、实务界和社会公众的很多建设性意见都得到了吸收采纳，修订草案每一个版本的迭代都凝聚了更多智慧、更多共识，生动地体现了开门立法的民主精神。

第二，对焦点问题的处理注重"应急"和"法治"的平衡，坚持了法治原则和底线。例如，根据应对突发事件的实际需要，允许突发事件应急指挥机构依法发布有关突发事件应对的决定、命令、措施，同时明确其与设立这些机构的人民政府发布的决定、命令、措施具有同等效力，法律责任由设立突发事件应急指挥机构的人民政府承担，确保紧急权力行使的合法性和责任链条形成闭环。再如，在总则中完整地规定了比例原则，在原来规定了适当性、必要性两个子原则的基础上，进一步规定了法益均衡性原则，要求应急措施对他人权益损害和生态环境影响较小，并根据情况变化及时调整，做到科学、精准、有效。又如，专门强调应急响应措施的明确性，要求启动应急响应时应当明确响应事项、级别、预计期限、应急处置措施等。对于社会广泛关注的突发事件应对中的个人信息收集、利用和保护问题，修订后的法律较好地平衡了危机应对和权利保护的关系。既授予行政机关向私人获取应急处置和救援所需信息的权力，又要求其严格保密，并依法保护公民的通信自由和通信秘密；既授权有关单位和个人因配合应急工作或履行相关义务需要可获取他人个人信息，又要求其遵循法定程序和方式，且不得非法收集、使用、加工、传输、买卖、提供、公开这些信息。同时强调了目的特定原则，规定因应急所需获取的个人信息只能用于突发事件应对，并在结束后予以销毁，确因特殊原因需要留存或延期销毁的，应当进行合法性、必要性、安全性评估，并采取相应保护和处理措施，严格依法使用。

第三，巩固了应急管理领域机构改革和机制创新的重要成果。

应急管理是2018年党和国家机构改革的重点领域之一，但是，机构改革及其带动下的很多机制创新成果没及时在法律上得到落实，这在一定程度上制约了"改革红利"的释放。此次修法补齐了这一短板，很多重要的改革成果都得到了反映。例如，在继续强调各级人民政府作为突发事件应对行政领导机关的基础上，突出了专业部门特别是应急管理部门履行日常职责的重要性，规定应急管理部门和卫生健康、公安等部门应当在各自职责范围内做好工作，明确了应急管理部门指导应急预案体系建设、应急避难场所建设等综合性职能。再如，对于跨区域突发事件，在延续规定由多地人民政府共同负责的基础上，要求其建立信息共享和协调配合机制；授权地方政府根据共同应对突发事件的需要建立协同机制。又如，在应急预案制定中引入公众参与机制，强调了对预案演练和修订的要求；要求在国土空间规划等规划中统筹安排突发事件应对工作所必需的设备和基础设施建设，合理确定应急避难、封闭隔离、紧急医疗救治等场所，实现重要公共基础设施的"平急转换"；按照集中管理、统一调拨、平时服务、灾时应急、采储结合、节约高效的原则健全应急物资储备保障制度；完整规定了交通、通信、能源、医学等方面的应急保障体系；推广已在生产安全事故应急救援中应用的现场指挥机制；等等。

第四，为破解一些长期困扰应急管理实践的难题提供了法律依据。此次修法没有回避应急管理领域长期面临的一些棘手问题，并有针对性地纠正了一些长期困扰理论和实践的普遍误解或错误做法，十分难能可贵。比如，扭转了长期以来将应急响应级别和突发事件级别简单对应起来的错误认识，规定应急响应按照突发事件的性质、特点、可能造成的危害程度和影响范围等因素进行分级，即突发事件本身的级别（主要取决于危害程度和影响范围）只是决定应急响应级别的部分因素，而非唯一因素。再如，将政府工作人员追责中的客观主义导向转为责任主义导向，规定在有关突发事件应对不力的情形中，对负有责任的领导人员和直接责任人员依法给予处分时，要综合考虑突发事件发生的原因、后果、应对处置中的客观条件、行为人过错等因素。这有利于科学、精确界定突发事件应对中公职人员的责任，改变一些地方在应急管理领域问责失准、问责失度、问责失范甚至滥用问责的错误倾向，从而形成公平合理、不枉不纵、宽严相济的责任追究体系，对广大干部形成正确激励。对于如何对待社会力量参与应急救援的问题，此次修法也给予了正面回应，规定国家鼓励和支持社会化应急救援服务，但在参与突发事件应对时应当服从有关人民政府、突发事件应急指挥机构的统一指挥；要求人民政府建立协调机制，提供需求信息，引导志愿服务组织和志愿者及时有序参与应急处置和救援工作。

第五，对突发事件应对中的特殊群体保护和人文关怀给予了足够关注，充分体现了这部法律的人民立场。在特殊群体保护方面，规定国家在突发事件应对工作中，应当给予未成年人、老年人、残疾人、孕产期和哺乳期的妇女、需要及时就医的伤病人员等群体特殊、优先保护；规定人民政府及其有关部门应当为受突发事件影响无人照料的无民事行为能力人、限制民事行为能力人提供及时有效帮助，建立健全联系帮扶应急救援人员家庭制度，帮助解决实际困难；要求强化城乡社区综合服务设施和信息平台应急功能，加强与突发事件信息系统数据共享，增强突发事件应急处置中保障群众基本生活和服务群众能力。在人文关怀方面，规定国家采取措施加强心理健康服务体系和人才队伍建设，支持引导心理健康服务人员和社会工作者对受突发事件影响的各类人群开展心理健康教育、心理评估、心理疏导、心理危机干预、心理行为问题诊治；要求对突发事件遇难人员的遗体科学规范处置，加强卫生防疫，维护逝者尊严，妥善保管逝者遗物。

第六，为应急管理领域一些新技术、新方法的应用提供了法律空间。最为典型的例子，就是在突发事件的报告和预警中，为网络直报和自动速报技术的应用提供了依据。2007年制定《突发事件应对法》时，囿于当时的技术能力和认知水平，突发事件主要依靠前兆信息进行预测性预报，经人工研判后发布预警，突发事件真实发生之后也只能依靠人工报告。而2008年的汶川地震催生了地震等灾害速报式预警技术的大范围应用，极大提高了预警的准确性和减灾效果，却因于法无据而变成"灰色地带"。此次修法解除了此类技术应用的法律桎梏。修订后的法律对于此类问题还作了概括性、方向性的规定，提出加强互联网、云计算、大数据、人工智能等现代技术手段在突发事件应对工作中的应用，鼓励研发和推广新技术、新材料、新设备、新工具。

《突发事件应对法》的此次修订是全国人大常委会"强化公共卫生法治立法修法工作计划"的内容之一，与其紧密相关、同时启动、同步开展的还有《传染病防治法》《国境卫生检疫法》的修订和《突发公共卫生事件应对法》的制定等工作，相关工作也已经同时完成或将在近期渐次完成。《突发事件应对法》的修订开了一个好头，考虑到该法在应急管理领域的基础性、龙头性地位，该法的修订内容实际上已经展现了此轮立法修法工作的整体理念、基本原则和主要方向。此轮法律制定、修订在我国应急法治的历史上将具有里程碑意义，推动我国的应急法治体系完成一次重要的、整体性的升级迭代。

二、本书的写作体例和撰稿分工

本书的篇章安排与《突发事件应对法》的体例相同，即本书的每一章对应该法的每一章。在各章中，再按照制度单元分为若干专题，每项制度为一个专题，包含一个或几个法条。每一个专题的内容主要由"法条""释义""评析""适用"四个部分构成，根据各章节特点，灵活安排其关系。有的条文独立性较强，我们采取了逐条释义和评析的方式；有的若干个条文之间关系紧密，共同构成一个小的制度单元，我们就将其结合在一起一并释义和评析，或者分别释义之后再结合起来评析。有的条文或者制度在适用中可能存在疑难或争议之处，需要加以注意的是，我们还在最后增加了"适用"的部分。其中，"释义"是对相关条文基本含义的简要解释；"评析"是对相关条文制度内涵、制度变迁、内在逻辑和具体要求等方面进一步的详细介绍和深入解析；"适用"则是根据实际情况需要对部分条文理解和实施中疑难点、争议点作更进一步的讨论，针对这些问题为读者提供参考性观点。

本书的作者简介和撰稿分工如下：

林鸿潮，中国人民大学纪检监察学院教授，中国人民大学吴玉章特聘教授，中国人民大学应急管理跨学科交叉平台研究员，法学博士。曾参与2007年《突发事件应对法》起草的研究工作，是此次《突发事件应对法》修订应急管理部起草专家组成员，先后多次参与应急管理部、司法部、全国人大常委会法工委组织的《突发事件应对法》修订座谈会，2021年主编出版《〈突发事件应对法〉修订研究》一书。负责本书的框架体例设计和全书统稿，撰写了本书前言。

白云锋，南京大学法学院副教授，法学博士。在应急法治领域发表多篇学术论文，撰写了本书第七章"法律责任与附则"。

金晓伟，宁波大学法学院副教授，法学博士。在应急法治领域发表多篇学术论文，撰写了本书第一章"总则"。

赵艺绚，中国社会科学院法学研究所助理研究员，博士后研究人员，法学博士。在应急法治领域发表多篇学术论文，是《〈突发事件应对法〉修订研究》一书的作者之一，撰写了本书第二章"管理与指挥体制"和第五章"应急处置与救援"的一部分。

张莹莹，中共中央党校（国家行政学院）政治和法律教研部讲师，法学博士。在应急法治领域发表多篇学术论文，撰写了本书第三章"预防与应急准备"。

刘文浩，中国消防救援学院政治工作系讲师，法学博士。在应急法治领域发表多篇学术论文，是《〈突发事件应对法〉修订研究》一书的作者之一，撰写了本书第六章"事后恢复与重建"。

黄明慧，惠州学院政法学院讲师，法学博士。在应急法治领域发表多篇学术论文，是《〈突发事件应对法〉修订研究》一书的作者之一，撰写了本书第四章"监测与预警"。

卢迪，中国政法大学刑事司法学院博士研究生，曾任天津市第三中级人民法院助理审判员，撰写了本书第五章"应急处置与救援"的一部分。

目 录
Contents

第一章 总 则 ··· 1
  本章概述 ··· 1
  ❖ 新时代背景下的突发事件应对 ·· 2
    第 一 条 【立法目的和依据】 ··· 2
    第 二 条 【概念、调整范围和适用规则】 ···························· 4
    第 三 条 【突发事件分级标准】 ··· 6
  ❖ 突发事件应对工作的总体部署 ·· 20
    第 四 条 【指导思想和治理体系】 ···································· 20
    第 五 条 【工作原则和理念】 ··· 21
  ❖ 突发事件应对工作的机制与制度 ··· 27
    第 六 条 【社会动员机制】 ··· 27
    第 七 条 【信息发布】 ·· 28
    第 八 条 【新闻报道和宣传】 ··· 30
    第 九 条 【投诉与举报】 ··· 31
    第十一条 【特殊群体保护】 ··· 32
    第十二条 【财产征用】 ·· 34
    第十三条 【时效和程序中止】 ··· 37
    第十四条 【国际合作与交流】 ··· 39
    第十五条 【表彰和奖励】 ··· 41
  ❖ 突发事件应对中的比例原则 ··· 49
    第 十 条 【比例原则】 ·· 49

第二章 管理与指挥体制 ··· 53
  本章概述 ··· 53

- ❖ 突发事件应急管理体制 ································ 54
  - 第十六条　【管理体制和工作体系】 ······················ 54
  - 第十七条　【分级负责、属地管理和报告机制】 ············ 58
  - 第十八条　【协调配合与协同应对】 ······················ 61
  - 第二十一条　【部门职责】 ······························ 67
- ❖ 突发事件应急指挥体制 ································ 70
  - 第十九条　【行政领导机关和应急指挥机构】 ·············· 70
  - 第二十四条　【解放军、武警部队和民兵组织参与】 ········ 76
  - 第 二 十 条　【应急指挥机构职责权限】 ·················· 79
  - 第二十五条　【本级人大监督】 ·························· 80
- ❖ 突发事件应对的基层职责和个体义务 ···················· 82
  - 第二十二条　【基层职责】 ······························ 82
  - 第二十三条　【公民、法人和其他组织义务】 ·············· 84

第三章　预防与应急准备 ································ 88

本章概述 ·· 88

- ❖ 应急预案体系建设 ···································· 89
  - 第二十六条　【应急预案体系】 ·························· 89
  - 第二十七条　【应急预案衔接】 ·························· 92
  - 第二十八条　【应急预案制定依据与内容】 ················ 93
- ❖ 应急规划 ·· 97
  - 第二十九条　【应急体系建设规划】 ······················ 97
  - 第 三 十 条　【国土空间规划等考虑预防和处置突发事件】 ··· 99
- ❖ 预防措施 ·· 102
  - 第三十一条　【应急避难场所标准体系】 ·················· 102
  - 第三十二条　【突发事件风险评估体系】 ·················· 104
  - 第三十三条　【安全防范措施】 ·························· 107
  - 第三十四条　【及时调处矛盾纠纷】 ······················ 109
- ❖ 单位的预防和应急准备职责 ···························· 112
  - 第三十五条　【安全管理制度】 ·························· 112
  - 第三十六条　【矿山和危险物品单位预防义务】 ············ 115

  第三十七条　【人员密集场所经营单位或者管理单位的预防义务】 …………… 118
- ❖ 应急的人力资源 ……………………………………………………… 121
  第三十八条　【应对管理培训制度】 ……………………………… 121
  第三十九条　【应急救援队伍】 …………………………………… 124
  第 四 十 条　【应急救援人员人身保险和资格要求】 …………… 128
- ❖ 应急的物质资源 ……………………………………………………… 132
  第四十四条　【经费保障】 ………………………………………… 132
  第四十五条　【应急物资储备保障制度和目录】 ………………… 134
  第四十六条　【应急救援物资、装备等生产、供应和储备】 …… 137
  第五十四条　【救援资金和物资管理】 …………………………… 140
- ❖ 应急演练 ……………………………………………………………… 142
  第四十一条　【解放军、武警和民兵专门训练】 ………………… 142
  第四十二条　【应急知识宣传普及和应急演练】 ………………… 144
  第四十三条　【学校的应急教育和演练义务】 …………………… 147
- ❖ 应急保障制度 ………………………………………………………… 150
  第四十七条　【应急运输保障】 …………………………………… 150
  第四十八条　【能源应急保障】 …………………………………… 152
  第四十九条　【应急通信和广播保障】 …………………………… 154
  第 五 十 条　【卫生应急体系】 …………………………………… 157
  第五十一条　【急救医疗保障】 …………………………………… 158
  第五十六条　【技术和人才保障】 ………………………………… 160
  第五十七条　【专家咨询论证制度】 ……………………………… 162
- ❖ 社会力量与市场机制 ………………………………………………… 165
  第五十二条　【鼓励社会力量支持】 ……………………………… 165
  第五十三条　【紧急救援、人道救助和应急慈善】 ……………… 167
  第五十五条　【巨灾风险保险体系】 ……………………………… 170

第四章　监测与预警 …………………………………………………………… 173
 本章概述 …………………………………………………………………… 173
 ❖ 突发事件监测制度 …………………………………………………… 174

第五十八条　【突发事件监测制度】 …… 174

❖ 突发事件信息系统 …… 179

第五十九条　【突发事件信息系统】 …… 179

第六十条　【突发事件信息收集制度】 …… 183

第六十一条　【突发事件信息传输制度】 …… 186

第六十二条　【突发事件信息处理制度】 …… 189

❖ 突发事件预警制度 …… 193

第六十三条　【突发事件预警制度】 …… 193

第七十条　【预警调整和解除】 …… 193

第六十四条　【预警信息发布、报告和通报】 …… 197

第六十五条　【预警信息发布】 …… 197

第六十九条　【社会安全事件信息报告制度】 …… 198

第六十六条　【三级、四级预警措施】 …… 204

第六十七条　【一级、二级预警措施】 …… 204

第六十八条　【预警期保障措施】 …… 205

第五章　应急处置与救援 …… 209

本章概述 …… 209

❖ 应急处置与救援制度 …… 210

第七十一条　【应急响应制度】 …… 210

第七十二条　【应急处置机制】 …… 213

第七十三条　【自然灾害、事故灾难和公共卫生事件应急处置措施】 …… 217

第七十四条　【社会安全事件应急处置措施】 …… 220

第七十五条　【严重影响国民经济运行的突发事件应急处置机制】 …… 222

第七十六条　【应急协作机制和救援帮扶制度】 …… 224

第七十七条　【群众性基层自治组织组织自救与互救】 …… 227

第七十八条　【突发事件有关单位的应急职责】 …… 228

第七十九条　【突发事件发生地的个人应当履行的义务】 …… 230

第八十条　【城乡社区组织应急工作机制】 …… 231

第八十一条	【心理援助工作】	233
第八十二条	【遗体处置及遗物保管】	234

❖ 个人信息利用与保护 … 236

第八十三条	【政府及部门信息收集与个人信息保护】	236
第八十四条	【有关单位、个人获取信息及使用限制】	237
第八十五条	【信息用途、销毁和处理】	245

第六章 事后恢复与重建 … 247

本章概述 … 247

❖ 应急处置的结束 … 248

第八十六条	【应急响应解除】	248

❖ 善后处理 … 257

第八十七条	【影响、损失评估与恢复重建】	257
第八十八条	【支援恢复重建】	262
第八十九条	【扶持优惠和善后工作】	264
第 九 十 条	【公民参与应急的保障】	267
第九十一条	【伤亡人员保障】	269

❖ 事后总结、报告与监督 … 270

第九十二条	【突发事件调查、应急处置总结】	270
第九十三条	【资金和物资审计监督】	273
第九十四条	【应对工作档案管理】	277

第七章 法律责任 … 280

本章概述 … 280

❖ 行政机关及其工作人员的法律责任 … 281

第九十五条	【地方政府、有关部门及其人员不依法履责的法律责任】	281

❖ 有关单位或者个人的法律责任 … 293

第九十六条	【突发事件发生地的单位不履行法定义务的法律责任】	293
第九十七条	【编造、传播虚假信息的法律责任】	293
第九十八条	【单位和个人不服从、不配合的法律责任】	293

第九十九条 【单位和个人违反个人信息保护规定的法律责任】 …… 294
- ❖ 民事法律责任 …… 300
  - 第一百条 【民事责任】 …… 300
- ❖ 治安管理处罚和刑事法律责任 …… 303
  - 第一百零二条 【治安管理处罚和刑事责任】 …… 303
- ❖ 法律责任的阻却事由 …… 307
  - 第一百零一条 【紧急避险】 …… 307

第八章 附 则 …… 310
- 本章概述 …… 310
- ❖ 紧急状态适用 …… 311
  - 第一百零三条 【紧急状态】 …… 311
- ❖ 涉外应急适用 …… 315
  - 第一百零四条 【域外突发事件应对】 …… 315
  - 第一百零五条 【境内的外国人、无国籍人义务】 …… 315
- ❖ 法律施行时间 …… 317
  - 第一百零六条 【施行日期】 …… 317

附 录
《中华人民共和国突发事件应对法》新旧对照表 …… 318

第一章 总 则

本章概述

本章介绍新修订的《突发事件应对法》[①] 第一章总则（第一条至第十五条）的制定、修订背景和规范意涵。作为整部法律的基础和灵魂，总则部分的规范内容及其修改亮点集中体现了我国将应对重大突发事件过程中积累的成功经验转化为法律制度的最新成果，明确了《突发事件应对法》的立法目的和立法依据，适用范围，突发事件的定义与分级，指导思想、领导体制、治理体系和工作原则，社会动员机制、突发事件信息发布制度、新闻采访报道制度、投诉举报制度和表彰与奖励制度，比例原则，财产征用，时效和程序中止，国际交流与合作等重要内容，为整部法律的规范高效实施提供了坚实的基础和保障。

[①] 本书引用的冠以"中华人民共和国"的法律、行政法规及其草案，统一略去"中华人民共和国"字样。

❖ 新时代背景下的突发事件应对

第一条 【立法目的和依据】为了预防和减少突发事件的发生，控制、减轻和消除突发事件引起的严重社会危害，提高突发事件预防和应对能力，规范突发事件应对活动，保护人民生命财产安全，维护国家安全、公共安全、生态环境安全和社会秩序，根据宪法，制定本法。

【释　义】

本条是关于立法目的和立法依据的规定，包括以下两个层面。

一、《突发事件应对法》的立法目的

本条明确指出本法旨在预防和减少突发事件的发生，控制、减轻和消除突发事件引起的严重社会危害，提高突发事件预防和应对能力，规范突发事件应对活动，以保护人民生命财产安全，维护国家安全、公共安全、生态环境安全和社会秩序。立法目的的确定实际上也说明了这部法律的功能。其中，立法目的中语句顺序的安排有以下特点：首先说明制定本法的直接目的是"预防和减少突发事件的发生，控制、减轻和消除突发事件引起的严重社会危害，提高突发事件预防和应对能力，规范突发事件应对活动"，这也是本法的基本功能、主要任务；然后说明制定本法的根本目的是"保护人民生命财产安全，维护国家安全、公共安全、生态环境安全和社会秩序"，这是本法的最终目的、核心价值。规范和保护是相互联系、兼顾平衡的两大目标、两大任务，但从逻辑关系来看，规范是为了更有效地保护，直接目的是为根本目的服务的。由于《突发事件应对法》在我国公共应急法律体系中处于核心地位，本法所规定的立法目的，实际上也就是国家建立公共应急法治的目的；本法的功能，也就是整个公共应急法治的基本功能。而这些目的的实现、功能的发挥，具体体现在人们运用法律手段应对突发事件的过程当中。

二、《突发事件应对法》的立法依据

相较于旧法而言，立法依据是本条规范意涵的拓展之处。具体而言，本条在"制定本法"之前，增加了"根据宪法"的规定，主要出于以下几个方面的考虑：第一，法律渊源的明确性。宪法是国家的根本法，具有最高的法律效力。任何法律的制定都必须以宪法为依据，不得与宪法相抵触。《突发事件应对法》作为应急管理领域的基本法律，其制定和实施必须遵循宪法的基本原则和精神。同时，通过在第一条中明确"根据宪法"，可以清晰地表明《突发事件应对法》的法律地位和法律效力，即在宪法框架内制定的一部专门应对突发事件的法律。第二，法律内容的合法性。宪法规定了国家的基本制度、公民的基本权利和义务等重要内容。在《突发事件应对法》中新增"根据宪法"，意味着本法的内容必须符合宪法的规定，不得侵犯公民的基本权利，也不得违反国家的基本制度。同时，通过明确宪法作为法律依据，可以确保《突发事件应对法》与其他相关法律、法规在内容上的统一性和协调性，避免法律之间的冲突和矛盾。第三，法律实施的权威性。宪法作为国家的根本法，具有极高的权威性和严肃性。在《突发事件应对法》中新增"根据宪法"，可以增强本法的权威性和公信力，有利于其在实际工作中的贯彻和实施。同时，在宪法框架内制定和实施《突发事件应对法》，可以明确相关主体在应对突发事件中的法律责任和义务，为依法追究违法行为提供有力的法律支持。

除了立法依据的增加，本条的主要变化还有以下两处。

一是新增了"提高突发事件预防和应对能力"。《突发事件应对法》作为一部旨在构建国家突发事件应对体系、保障公共安全与人民生命财产安全的重要法律，其核心立法目的之一便是"提高突发事件预防和应对能力"。这一立法目标深刻体现了预防为主、防治结合的应急管理理念，对于增强国家整体应急管理水平、促进社会稳定与可持续发展具有重大意义。将"提高突发事件预防和应对能力"作为《突发事件应对法》的立法目的，不仅是对国家应急管理能力的全面提升，更是对人民生命财产安全的深切关怀和有力保障。

二是将旧法中的"环境安全"更新为"生态环境安全"。本条将"环境安全"更新为"生态环境安全"，既体现了法律概念的内涵扩展与细化，也适

应了新时代发展的需要。具体而言，传统意义上的"环境安全"主要关注环境污染、资源破坏等直接影响人类生活环境的因素，而"生态环境安全"则在此基础上进行了扩展，不仅包括了环境质量的维护，而且涵盖了生态系统的稳定性、生物多样性的保护等更广泛的内容，强调了生态系统作为一个整体的安全状态。特别是随着生态文明建设被纳入国家"五位一体"发展总体布局，生态环境安全的重要性与日俱增，将"环境安全"更新为"生态环境安全"，是适应新时代发展需求、加强生态文明建设、提高法律条款严谨性和科学性的重要举措，体现了国家对生态环境安全的重视和关注，为应对生态环境挑战、保障国家长治久安提供了有力的法律保障。

第二条 【概念、调整范围和适用规则】本法所称突发事件，是指突然发生，造成或者可能造成严重社会危害，需要采取应急处置措施予以应对的自然灾害、事故灾难、公共卫生事件和社会安全事件。

突发事件的预防与应急准备、监测与预警、应急处置与救援、事后恢复与重建等应对活动，适用本法。

《中华人民共和国传染病防治法》等有关法律对突发公共卫生事件应对作出规定的，适用其规定。有关法律没有规定的，适用本法。

【释　义】

本条是对《突发事件应对法》所涉及的核心概念——"突发事件"的定义，以及本法的适用范围（突发事件应对的一般过程）和与其他相关法律之间关系的规定，具体包括以下三个层面。

一、突发事件的定义

本条第一款从概念的内涵与外延两个维度全面定义突发事件：概念内涵方面，涉及"突然发生""造成或者可能造成严重社会危害""需要采取应急处置措施予以应对"三个规范要素。"突然发生"是指事件发生的时间、地点、方式等具有不可预见性，往往超出人们的常规预期和准备范围；"造成或者可能造成严重社会危害"强调了突发事件的严重性和潜在危害性，即事件一旦发生，就会对社会的正常秩序、人民的生命财产安全等造成重大威胁或实际损害；"需要采取应急处置措施予以应对"指出了面对突发事件时，必须迅速启动应急机制，采取有效的处置措施，以控制事态发展，减轻危害后果。概念外延方面，本款将突发事件划分为自然灾害（如地震、洪水）、事故灾难（如交通事故、火灾）、公共卫生事件（如传染病疫情、食品安全事件）和社会安全事件（如恐怖袭击、群体性事件）四大类，涵盖了可能对社会造成严重影响的各种突发情况。

二、《突发事件应对法》的适用范围

本条第二款是对《突发事件应对法》适用范围的规定，涵盖了预防与应急准备、监测与预警、应急处置与救援、事后恢复与重建等应对活动；同时，上述四个阶段性的应对活动共同构成了对整个突发事件应对动态过程的完整描述，系基于突发事件发生和演变的一般过程的规范性提炼。"作为现代法治国家，人们应对突发事件的活动及在此过程中所产生的社会关系，理应受到法律的调整。而法律对这些活动的有效调整，就是一个国家的公共应急法治发挥其作用，实现其目的的过程。"[1] 因此，本条款关于适用范围的规定还有助于从制度上实现本法第一条所确定的立法目的。

三、本法与其他相关法律的关系

本条第三款之规定系本次修法新增内容，回应了作为应急管理领域基本法的《突发事件应对法》的一般法规定与《传染病防治法》等公共卫生应急法中的特殊性规定的适用问题。具体而言，《突发事件应对法》在公共应急法律制度中处于一般法的地位，它并非专门针对某类突发事件的单行立法，而是以数类突发事件作为调整对象并规定其应对过程中的共性问题。如果其他法律对某类突发事件的应对另有规定，则应当遵循特别法优先的原则从其例外规定。因此，在处理突发公共卫生事件时，如果《传染病防治法》等专门法律有具体规定，则应优先适用这些专门法律的规定。特别是当前《传染病防治法》正在修订过程中，针对突发公共卫生事件或将形成更为详细和具体

---

[1] 莫于川主编：《中华人民共和国突发事件应对法释义》，中国法制出版社2007年版，第50页。

的应对措施。而在专门法律没有规定的情况下，则适用《突发事件应对法》的相关规定，以确保突发事件应对工作的全面性和有效性。

第三条　【突发事件分级标准】按照社会危害程度、影响范围等因素，突发自然灾害、事故灾难、公共卫生事件分为特别重大、重大、较大和一般四级。法律、行政法规或者国务院另有规定的，从其规定。

突发事件的分级标准由国务院或者国务院确定的部门制定。

【释　义】

本条是对突发事件分级制度的规定，包括以下两个层面。

一、突发事件分级的基本原则与具体内容

本条第一款规定了突发事件的分级制度，可以进一步解析为分级的基本原则与具体内容。前者主要依据两个核心因素：社会危害程度和影响范围，两个因素共同决定了突发事件的严重程度和紧急程度，是制定具体分级标准的关键。至于后者，除社会安全事件因分级标准难以把握而未作分级外，突发自然灾害、事故灾难、公共卫生事件被划分为特别重大、重大、较大和一般四级。突发事件分级制度的具体内容设计，其核心目的聚焦于两方面：一方面，为各级别突发事件明确相应的应对责任主体及实施差异化的应对措施提供规范指引；另一方面，清晰划定法律调整的边界，将四个级别之外的突发事件（如一般级以下的轻微突发事件）排除出本法的调整范围。[①]

二、突发事件分级标准的制定主体

本条第二款在前款规定突发事件分级的基本原则和具体内容的基础上，进一步提出突发事件的分级标准，明确规定突发事件的分级标准由国务院或者国务院确定的部门制定。这一规定明确了分级标准的制定权限和制定主体，

[①] 参见莫于川主编：《中华人民共和国突发事件应对法释义》，中国法制出版社2007年版，第32页。

确保了分级标准的权威性和科学性。国务院作为最高国家行政机关，有制定全国性重要规章制度的权力；而国务院确定的部门则可能包括应急管理部、自然资源部、卫生健康委员会等相关部门，这些部门在各自领域内具备丰富的专业知识和实践经验，能够制定出符合实际情况的分级标准。基于该款的规范指引，突发事件的分级标准在实践中基本以法律位阶之下的各类应急预案形式呈现。[1]

突发事件的分级制度对于提高政府和社会各界的应急响应能力具有重要意义。通过明确事件的严重程度和紧急程度，政府可以迅速启动相应的应急预案和机制，调集必要的应急资源和力量进行处置；同时，社会各界也可以根据事件的分级情况采取相应的防范措施和自救互救行动，减少突发事件造成的损失和影响。通过突发事件分级的制度规定，本条较旧法有一处新的变化，即在第一款"自然灾害、事故灾难、公共卫生事件"之前增加了"突发"二字。区区两字的增加，体现了本次修法注重法律概念的严谨与规范体系的自洽：一方面，突发自然灾害、事故灾难、公共卫生事件的规范表述与本法第二条"突发事件"的语词结构保持一致；另一方面，从第二条"突发事件"的规范性定义到第三条关于"突发自然灾害、事故灾难、公共卫生事件"的列举式规定，均强调相关事件的"突发性"和"紧急性"，即具有突然发生、难以预测和迅速蔓延的特点，需要政府和社会各界迅速响应、有效应对。

【评　析】

本法第一条、第二条和第三条之间具有紧密的逻辑关系：第一条旨在规定本法的立法目的，同时强调了立法依据；第二条规定突发事件的定义、突发事件应对的一般过程，以及本法与其他单行应急法之间的适用关系；第三条明确了突发事件的等级和分级标准。三个条款共同聚焦新时代背景下的"突发事件应对"，围绕《突发事件应对法》的宪法基础、突发事件应对法治化的价值维度以及突发事件应对的分类、分级与分期制度，在若干条款之间

---

[1] 参见金晓伟：《我国应急法律体系的冲突与弥合——以紧急状态的多重逻辑为切入点》，载《河南社会科学》2021年第4期。

形成了具有内在逻辑关系的规范体系。以下详细展开评析。

一、《突发事件应对法》的宪法基础

"根据宪法"是本法第一条的新增内容，"根据宪法，制定本法"之规定深刻体现了《突发事件应对法》的宪法基础。就《突发事件应对法》而言，"根据宪法，制定本法"的规定具有两层含义：一个是说明《突发事件应对法》的所有条款均由宪法授权，依据法定程序制定和编纂；另一个是强调《突发事件应对法》的所有条款均不能违背宪法。

从立法史的维度回溯，《突发事件应对法》的出台与宪法的发展完善历程休戚相关。2003年"非典"疫情结束之后，我国迅速启动了修宪工作。透过相关研究资料可以发现，推动"紧急状态"入宪成为当时学界和社会公众的一个共识。很快，在2004年3月14日，第十届全国人民代表大会第二次会议通过了宪法修正案，用"紧急状态"取代了"戒严"，同时明确了进入紧急状态的法定条件，即全国人民代表大会常务委员会决定全国或者个别省、自治区、直辖市进入紧急状态；中华人民共和国主席根据全国人民代表大会的决定和全国人民代表大会常务委员会的决定，宣布进入紧急状态，宣布战争状态，发布动员令；国务院依照法律规定决定省、自治区、直辖市的范围内部分地区进入紧急状态。很显然，紧急状态制度具有宪制属性，一旦有权机关宣布进入紧急状态，就意味着国家或某一地区发生宪法秩序的切换。在"紧急状态"入宪的同时，制定"紧急状态法"的工作也取得了积极进展。遗憾的是，在随后两年的时间里，出于"紧急状态只是一种极端的社会危机状态""在我国发生的概率很小""立法资源的配置必须着眼于当前最急迫的社会需求"等因素的考虑，"紧急状态法"最终转向了适用于常规应急管理的《突发事件应对法》。[①] 这一变化虽然宣告了"紧急状态法"的立法意向被暂时搁置，但作为替代者的《突发事件应对法》在附则部分（旧法第六十九条、新法第一百零三条）为潜在的紧急状态法制预留了一个实施空间，使之与宪法上的紧急状态规范保持衔接。[②] 这一条款设计再次强调了《突发事件应对法》的宪法基础，也在客观上反映了一个事实："紧急状态"的入宪和"紧

[①] 参见于安：《制定〈突发事件应对法〉的理论框架》，载《法学杂志》2006年第4期。

[②] 参见金晓伟：《论我国紧急状态法制的实现条件与路径选择——从反思应急法律体系切入》，载《政治与法律》2021年第5期。

急状态法"的立法尝试为《突发事件应对法》的出台铺平了道路。

总之,《突发事件应对法》作为我国应急管理领域的重要法律,深深扎根于我国宪法。宪法作为国家的根本法,为《突发事件应对法》提供了坚实的法治基础。宪法中关于保护人民生命财产安全、维护国家安全、公共安全和生态环境安全等条款,为突发事件应对工作指明了方向。《突发事件应对法》正是基于这些宪法原则,进一步细化和规范了突发事件应对的各个环节,确保应急管理工作有法可依、有章可循。

二、突发事件应对法治化的价值维度

在当今复杂多变的社会环境中,突发事件频发已成为不容忽视的现实挑战。为了有效应对这些挑战,将突发事件应对纳入法治化轨道显得尤为重要。突发事件应对法治化不仅是对现有应急管理体系的完善,更是对国家治理体系和治理能力现代化的重要推动。透过本法第一条规定的立法目的,突发事件应对法治化的应然价值至少包含六大维度:一是风险预防价值,即预防和减少突发事件的发生;二是危害防治价值,即控制、减轻和消除突发事件引起的严重社会危害;三是应急管理价值,即提高突发事件预防和应对能力;四是应急法治价值,即规范突发事件应对活动;五是权益保障价值,即保护人民生命财产安全;六是秩序与安全价值,即维护国家安全、公共安全、生态环境安全和社会秩序。

其一,风险预防价值。从本法第一条的排序上看,风险预防是突发事件应对法治化的首要价值。研究发现,我国的法律规范及制度实践中已有大量体现风险预防原则内涵的规定,但这些规定相对分散、内容各异,在纷繁复杂的风险预防活动中难以为行政机关或社会公众提供统一、明确的行动指引。[①] 对此,作为应急管理领域具有基础性、龙头性地位的法律,《突发事件应对法》致力于从源头上预防和减少突发事件的发生,规定了建立健全风险评估、预警和监测机制,提前识别潜在的风险源和危险因素,以及采取有针对性的预防措施,充分体现了法律在突发事件应对工作中的预防性作用。这种前瞻性的风险预防策略,展现了此轮立法修法工作的整体理念、基本原则和主要方向,也是实现社会长治久安的重要保障。

---

① 参见苏宇:《风险预防原则的结构化阐释》,载《法学研究》2021年第1期。

其二，危害防治价值。突发事件一旦发生，如何采取法治化的手段控制、减轻和消除突发事件引起的严重社会危害，至关重要。因此，危害防治成为突发事件应对法治化的核心任务之一。综观《突发事件应对法》，"应急处置与救援"部分占据了重要篇幅，执行科学合理的应急处置预案，迅速调集各方资源，采取果断有效的措施，控制事态发展，减轻和消除突发事件引起的危害，不仅是法律赋予政府及相关部门的职责所在，也是保护人民生命财产安全的必然要求。

其三，应急管理价值。管理注重效能，应急管理价值体现了突发事件应对法治化对于应急管理效能的积极回应。回溯历史，从2003年以来，我国掀起了应急管理体系的建设浪潮，逐步形成"一案三制"的体系架构。[①] 在此过程中，我国经历了数次（特别）重大突发事件，而应急领域的法律法规也备受应急管理效能的实践检验。因此，应急管理领域的立法修法工作往往表现为因事立（修）法的回应型逻辑，旨在将突发事件应对行之有效的经验做法上升为法律制度。[②] 本次《突发事件应对法》的修订亦是如此：坚持问题导向，针对《突发事件应对法》施行以来反映出的问题，进一步补充完善相关制度措施，同时将重大突发公共卫生事件应对中的成功经验体现到法律条文之中。

其四，应急法治价值。法治是突发事件应对工作的基石。尽管在某些场合下，应急和法治之间似乎存在张力，甚至在应急法治建设的中西方实践中存在法律还是必要、规范还是现实、规训还是例外的令人苦恼的疑问，但是在应急法治的实践过程中，应急与法治之间仍然可以达到总体平衡。譬如，在突发事件应对情境中，常规的行政程序可以适当简化，但简化程序并非不遵守法定程序，履行必要的法定程序必不可少。[③] 因此，《突发事件应对法》第一条中的"规范突发事件应对活动"贯穿整部法律，本法对突发事件应对的各个环节进行了详细规定，确保相关工作规范有序进行。同时，部分修改

---

① 参见钟开斌：《"一案三制"：中国应急管理体系建设的基本框架》，载《南京社会科学》2009年第11期。

② 参见林鸿潮、赵艺绚：《应急管理领域新一轮修法的基本思路和重点》，载《新疆师范大学学报（哲学社会科学版）》2020年第6期。

③ 参见薛峰、张婷婷、李静怡等：《疫情防控应急征用的法律风险与合法性规制》，载《法律适用》2020年第6期。

条款中新增的亮点内容也有诸多"依法"的元素，进一步确保突发事件应对工作的合法性和规范性。

其五，权益保障价值。保护人民群众的生命财产安全是突发事件应对工作的根本任务。与之相应，权益保障成为突发事件应对法治化的重要价值之一。本次《突发事件应对法》的修订，保障社会各主体合法权益的规范意涵得到了更加充分的体现：一是突发事件应对管理工作坚持总体国家安全观，坚持人民至上、生命至上。二是关怀特殊群体，优先保护未成年人、老年人、残疾人、孕期和哺乳期的妇女等群体。三是完善突发事件应对管理过程中的征收征用制度，维护被征收征用人的合法权益。四是关爱受突发事件影响无人照料的无民事行为能力人和限制民事行为能力人，为其提供及时有效的帮助。五是加强心理健康服务体系和人才队伍建设，做好受突发事件影响各类人群的心理援助工作。六是加强个人信息保护，确保突发事件应急处置中获取、使用他人个人信息合法、安全。[1]

其六，秩序与安全价值。突发事件往往会对国家安全、公共安全、生态环境安全和社会秩序造成严重影响，维护秩序与安全成为突发事件应对法治化的主要目标。在应对突发事件的过程中，《突发事件应对法》注重维护国家整体利益和社会稳定，一方面确保突发事件得到及时有效的应对和控制，另一方面确保国家安全和社会秩序不受突发事件的影响。

综上所述，突发事件应对法治化的价值维度丰富而深远。它不仅体现了法律在突发事件应对工作中的重要作用和独特价值，也为国家治理体系和治理能力现代化提供了有力支撑。在未来的发展中，我们应当继续深化对突发事件应对法治化的研究和实践探索，不断提升我国应对突发事件的能力和水平。

三、突发事件应对的分类、分级与分期制度

《突发事件应对法》的制定与修订充分吸纳了当代国家突发事件管理的研究成果，集中体现为突发事件的分类、分级、分期制度：分类是指根据突发事件的性质，将其分为自然灾害类、事故灾难类、公共卫生事件类、社会安全事件类；分级是指根据政府的应对能力、突发事件的影响范围、紧急程度和损失后果等标准，将突发事件分为特别重大、重大、较大和一般四级；分

---

[1] 参见《关于修订〈中华人民共和国突发事件应对法〉的说明》（2021年12月24日）。

期是指根据突发事件的生命周期，将其分为预警期、应急期、缓解期和重建期四个阶段。① 在《突发事件应对法》总则部分，第二条第一款中的突发事件四大类型划分、第三款中的差异化适用规定，第三条第一款中的突发事件四个等级划分，以及第二条第二款中的突发事件应对四个阶段划分，共同构成了突发事件应对的分类、分级与分期制度。

（一）分类：平衡突发事件应对的综合性与专业性

"不同类型的突发公共事件，造成的危急情形和社会危害不同，对国家应急措施的需求也不相同。"② 因此，《突发事件应对法》将突发事件分为自然灾害、事故灾难、公共卫生事件和社会安全事件四大类。随着四大类突发事件应对的相关法律法规制度完善，我国应急法律体系的"总分式"结构基础得以搭建。基于应急法律体系的"总分式"结构，我国的应急法律体系既体现了突发事件应对工作的综合性，也兼顾了不同类别突发事件的专业性特点，以便更好地整合资源，提高应对效率。

问题在于，在"总分式"结构之中，虽然专门性的应急管理法律法规数量快速增长，但各领域应急法律规范体系的建设存在封闭化的倾向。③《突发事件应对法》作为一般法的总体定位，受制于特别法优先的法律适用原则，而很多特别法又未能贯彻与其相同的理念和原则，致使该法的大量内容被单行法"架空"。④ 以突发公共卫生事件应急法治领域为例，我国逐步形成了以《突发事件应对法》《传染病防治法》《突发公共卫生事件应急条例》为主体的突发公共卫生事件应急法律体系。但在重大突发公共卫生事件应对过程中，现行的公共卫生应急法律体系仍然暴露出了不健全、不完善、不协调等问题，特别是《传染病防治法》与《突发事件应对法》发生冲突时的法律适用问题。例如，在信息的发布和处置方面，《突发事件应对法》规定的发布和处置的主要权责在地方政府，而《传染病防治法》则规定由国家卫生行政部门或其授权的省级卫生行政部门负责疫情信息的发布，地方政府无权直接发布；

---

① 参见咸建刚：《突发事件管理中的"分类"、"分级"与"分期"原则——〈中华人民共和国突发事件应对法（草案）〉的管理学基础》，载《江海学刊》2006年第6期。

② 薛澜、钟开斌：《突发公共事件分类、分级与分期：应急体制的管理基础》，载《中国行政管理》2005年第2期。

③ 参见孟涛：《中国应急法律的发展和未来》，载《中国领导科学》2020年第3期。

④ 参见林鸿潮主编：《〈突发事件应对法〉修订研究》，中国法制出版社2021年版，第11页。

又如，在预警制度上，《突发事件应对法》规定的是"县级以上地方人民政府"拥有发布警报的权力，《传染病防治法》则赋予了"国务院卫生行政部门和省、自治区、直辖市人民政府"发布传染病预警的权力，二者明显相冲突；再如，在应急处置和救援方面，《突发事件应对法》确立了属地管理为主的应急管理原则，赋予地方政府为控制事态发展统一实施应急处置和救援的权力，而《传染病防治法》规定地方政府必须报经上一级人民政府决定后才能实施应急处置和救援措施；等等。

突发事件应对中的"条"（部门专业应对）、"块"（政府综合协调）矛盾，反映了应急领域立法理念的冲突。① 回溯历史，《突发事件应对法》最初的立法思路是对各个具体的应急法律制度和法律实施体制进行协调和整合。② 然而，后续的实际制定过程并未遵循最初的立法思路，虽然在法律上确立了一些正确的应急管理理念和原则，但其涵盖突发事件应对全过程、提取"最大公约数"的立法逻辑导致法律规范最终呈现的大多是抽象性、原则性的制度模型，实践中无法得到有效贯彻和运用。由于不同类型突发事件的应对和处置存在较大差异，应急领域单行法规定某类具体突发事件的应对时，在立法技术上要求更为细致，更加"管用"，却未能贯彻与《突发事件应对法》相同的理念和原则，因而导致《突发事件应对法》难以适用的尴尬局面。

令人欣喜的是，本次《突发事件应对法》在分类问题上作出了新的尝试，即在第二条第三款规定了与突发公共卫生事件应对领域相关法律的适用关系问题。借《突发事件应对法》修订之东风，有必要全面思考我国的应急法律体系，认真梳理不同效力层级的法律规范，对其他法律规范中与《突发事件应对法》内在精神不一致、不协调的条款适时作出修改，切实增强法律法规的衔接性和可操作性。同时，确保《突发事件应对法》在应急管理领域的适用效力，最终确保该法所确立的应急管理基本制度和基本原则能够得到贯彻落实。

（二）分级：确定突发事件应对的"情境化"规范进路

突发事件应对的分级制度有助于相关责任主体根据具体情境制定相应的

---

① 参见林鸿潮：《在疫情中检验完善应急法律体系》，载《中国应急管理》2020年第2期。
② 参见于安：《论国家应急基本法的结构调整——以〈突发事件应对法〉的修订为起点》，载《行政法学研究》2020年第3期。

应对措施和预案，确保应急响应的针对性和有效性。不同的突发事件等级，直接关系到应对主体的明确、措施的选择以及所需资源的调配。科学合理的分级体系，旨在通过精细化划分，确保资源的最优配置与应急响应的精准度，既避免了对小事件的过度反应，也预防了对大事件的忽视。然而，当前"预防过度""反应过度"的现象日益凸显，[①] 不仅造成了资源的大量浪费，更是背离了分级管理理念。因此，强化分级管理的科学性、提升应急响应的精准性，是提升国家公共危机管理能力、实现资源高效利用的关键所在。

具体而言，《突发事件应对法》将突发事件分为特别重大、重大、较大和一般四级。回顾《突发事件应对法》的起草过程，关于突发事件的分级经历了"三分法""四分法""五分法"等多种方案之间的比较与权衡，最终采用了"四分法"的方案。另外，由于目前通行的分类标准对于社会安全事件来讲较难适用，《突发事件应对法》对社会安全事件的分类不作规定，其规定的分级制度仅针对突发自然灾害、事故灾难和公共卫生事件。

突发事件的分级标准主要依据《突发事件应对法》第三条中的"社会危害程度"和"影响范围"，具体由国务院或者国务院确定的部门制定。实践中，一般包括死亡（或生命受到威胁）、失踪、重伤、中毒的人数，需转移、安置、疏散的人数，经济损失等常见的分级标准，以及房屋倒塌数量（多为自然灾害），震级（地震灾害），受害森林面积和火场持续未得到有效控制的时间（森林火灾），繁忙干线中断行车时间（铁路行车事故），减供负荷达到事故前总负荷的比例（大面积停电事故），区域生态功能丧失程度和濒危物种生存环境受污染程度（环境突发事件），疾病的类型、性质和发病范围（突发公共卫生事件）等特殊分级标准。当然，突发事件的四级划分法并不是绝对的，部分突发事件根据法律、行政法规或国务院的规定，可能采用其他分类方法。例如，森林火灾划分为一级、二级、三级响应；大面积停电事件分为一级、二级；核电厂事故分为应急待命、厂房应急、场区应急和场外应急；其他核设施事故一般分为应急待命、厂房应急、场区应急；等等。

客观地说，现行的突发事件分级标准比较清楚明晰，易于使用，但部分分级的科学性还有待商榷。例如，多数事件将 30 人以上死亡定为特别重大的

---

① 参见黄文艺：《论预防型法治》，载《法学研究》2024 年第 2 期。

标准，特别重大的地震灾害标准也仅为死亡 300 人以上。难点在于，过去我国经历了数次特别重大的自然灾害，造成的死亡人数有的远超 300 人，甚至达到数十万人（如唐山大地震）。在 300 人以上的区间内，由于没有规定更加细化的标准，导致相关突发事件的等级划分尚存巨大的浮动区间。假使不加区分地采取相同等级的应对措施，很可能出现应急手段与灾害性质不匹配的现象。因此，基于突发事件危害程度的不同，即便是在同一个分级区间内，国家仍有必要对实质上不同等级的灾害采取不同的应对措施。除此之外，针对部分甚至超过特别重大等级的特殊突发事件（如地震、海啸等），还可以进一步考虑采取"四分法"之外的等级类型，以便在"特别重大"这一级别之上划分出更高的事件等级，并赋予国家更特殊的应对手段。[1]

（三）分期：围绕突发事件"生命周期"的应急法治构造

突发事件具有生命周期性，《突发事件应对法》围绕突发事件的生命周期，规定了预防与应急准备、监测与预警、应急处置与救援、事后恢复与重建四个阶段，构成了突发事件应对一般过程的法治框架和制度体系，确保在每个阶段都能依法有序地开展应急管理工作。

首先，做好预防准备，避免危机发生。在某种程度上，突发事件的预防比单纯针对某一特定突发事件的解决更为重要。因为，如果能够在突发事件发生之前就及时把产生这些事件的根源消除掉，既可以有效地保护平衡稳定的社会秩序，也可以节约大量的人力、物力和财力。可以说，突发事件的预防与准备既是应急法治的第一步，也是最为关键的一步。应急法治是"有备无患"的重大机制，其最终的目的和最高的目标就是"备而不用"。应急法治就是通过一系列相对稳定的制度来做到从根源上杜绝危机，有效避免紧急事件的发生，包括依法调动资源，保障应急机制的常规建设，同时实行定期检查评估，完善预测制度，建立应急预案，定期模拟演习，等等。

其次，迅速识别危机，及时隔离危机。应急法治系统在这个阶段的工作，主要是通过危机监测系统或信息处理系统认识和辨别出危机潜伏期的各种"症状"，尽可能在危机发生的前期将危机隔离，避免其生长、蔓延，同时保

---

[1] 参见莫于川主编：《中华人民共和国突发事件应对法释义》，中国法制出版社 2007 年版，第 45—46 页。

证其他社会组织的正常工作。当危机已经显露端倪时，法律制度的作用也日益凸显。因为情势越是紧急，我们就越需要一套稳定的法律体系来提供基本的行动框架，在这个基本框架之内行动，我们才能做到胸有成竹、游刃有余。

再次，确认紧急状态，全力抗救危机。在危机真正发生之后，整个社会的应对系统，包括应急法治系统也随之被调动起来，整个危机应对的过程也进入了最为关键的阶段，不同国家的应急法治系统在这个阶段所发挥的不同作用，无疑也将成为评价它们高低、优劣的最核心要件。尽管危机发生之后呈现出来的事态各异，很难有统一的应对模式，却也可以划分出几个大致的时段，而应急法治在这些不同时段当中也扮演着不尽相同却同等重要的角色。一是对危机的确认和对紧急状态的宣告。公共危机的特点尽管是共同的，但彼此之间的规模、影响却又有大小之分。不同程度的社会危机需要采取的应对手段，需要调动的社会资源，可能侵害的公民权益差别极大，这就需要以立法的方式用明确的标准对危机的大小、等级、类型等要素加以确认，并据此赋予特定机关在广狭不同的范围内、依宽严不同的程序宣告为级别不同的紧急状态。而各机关、组织、个人依照此法律宣告，方可做出各自的判断，采取多种措施，运用不同权力。因此，确认突发危机、宣告紧急状态的行为其实就是为一场危机在法律上"定性"的行为，其标准、权限、程序等均须法定，不得随意为之。二是应急方案的形成和应急资源的调集。当危机被确认，紧急状态宣告之后，便进入特定危机应对的筹划阶段，主要表现为应急方案的形成与应急资源的调集。应急方案应由何种机关、组织与个人会商，并由何种机关订立，最终由何种机关批准，而进行此项行动应当遵循何种程序，这都有赖于法律的规范与协调。而应急资源的调集问题，实际上主要表现为法律对参与应对危机的各方主体的权力配置，拥有权力是调动资源的基础，而这自然离不开法律的支撑。三是应急措施的采用和对公民权利的限制。在非常状态下，政府可能采取的应对手段往往较平常状态下更为激烈，以有效地避免突发事件所致危机的升级、蔓延，实施各种行为的程序也不可能如平时一般周全，而这些手段的实施，往往还可能同时损害公民的相应合法权利。则此时，政府因何种紧急事由可以采取哪些非常手段，而公民权利在何种范围内可以被限制、剥夺，同时，政府在做出这些行为时哪些程序可以被省略，而哪些程序必须被坚持甚至强化，均应由法律尽可能地加以规范。即使因紧急状态的特殊性，法律此时未能作出详尽规定，政府也应遵照应急法治的基本原则与各项具体原则加以判断。四是应急方案的调整与政府行为的变更。突发事件之所以特殊，不仅在于其发生的突如其来，还在于其发展的难以预料。危机发生之后所呈现出来的事态演变，很可能与政府、公众的判断相违背，此时如坚持按照原定的应急方案行事必将南辕北辙、事与愿违，则应急方案的调整、政府行为的改变势在必行，而此时难免会对公民的权益造成某些损失，包括对其信赖利益的损害。进一步讲，这种方案的调整、行为的变更很有可能仍是错误的，甚至不如以前。此时政府应当对它的这些行为承担何种责任，其又有多少自由空间来做出这些变通呢？这都不得不依赖于法律来做出回答。

最后，完成危机善后，恢复平常状态。突发事件的结束，并不意味着一切应急工作的结束。通过法治的手段解决一系列危机的善后事务仍然是非常重要的，它关系着我们能否平稳地从紧急状态向平常状态过渡、恢复。危机过后的权力认可、权利救济、纠纷平息等大量的工作需要次第展开。尤其是政府权力的恢复与调整问题，更需要及时地展开。这一系列工作的顺利完成，均有赖于我们建立完善的法治体系。

【适　用】

关于第一条、第二条和第三条的理解和适用，需要注意以下几个问题。

第一，立法目的、突发事件的定义以及突发事件应对的一般过程，可用于甄别应急行政行为的应急性，避免《突发事件应对法》的适用出现场景偏差。《突发事件应对法》是行政机关应对突发事件、采取应急措施的基础法律依据。然而实证研究显示，《突发事件应对法》的行政适法场景存在偏差，行政机关在实践中对于该法的大量援引，目的在于完成强制拆除等基层常态化治理任务，系以"以紧急避险为由行违法强拆之实"。[1] 上述问题反映出行政机关对《突发事件应对法》的立法目的以及突发事件规定定义的曲解，以致

---

[1] 参见金晓伟、冷思伦：《〈突发事件应对法〉实施的司法之维：场景偏差、两造张力与审查模式》，载《江西财经大学学报》2021年第6期。

出现了大量错误适用《突发事件应对法》的非应急行政行为。梳理相关研究文献，应急行政行为在广义上可以按照《突发事件应对法》确立的框架，界定为行政机关为了应对突发事件、在应急管理全过程中实施的各种行政行为。① 但在严格意义上，突发事件的事前管理（日常风险防控、应急准备）和事后管理（恢复和重建）仍属于常态期，与之相关行政行为并无特殊之处，而对真正具有紧迫性、权力优先性等特征的应急行政行为应做狭义理解，即限定于从预警发布或者突发事件发生到其危害消除或者明显减轻期间所作出的行政行为，也就是特指在行政应急法律状态下做出的行政行为。② 在此基础上，行政行为的应急性可以结合应急管理体制机制的法定要素③以及紧迫性、高效性、连续性等应急性审查标准进一步甄别，排除非应急性的行政活动，消解《突发事件应对法》适用的场景偏差问题。其中，就涉及诸如第一条的立法目的、第二条的突发事件定义和突发事件应对的一般过程的综合性运用。

第二，一般法与特殊法之间的适用关系。《突发事件应对法》与《传染病防治法》之间在突发事件的预警、信息上报与发布、应急准备、应急处置和救援等方面存在衔接不充分、内容相冲突的问题，不仅严重影响了法律的权威性，还导致法律适用混乱、主体权责不明等问题。因此，本次修法在第二条第三款解决了《突发事件应对法》与《传染病防治法》等突发公共卫生事件应对领域的法律之间的适用关系。当然，该款遗留了一个适用问题，即其他类型突发公共事件应对领域的法律与《突发事件应对法》的适用关系。对此问题，从设置该款的立法目的考虑，建议将此处对于一般法与特殊法之间的适用关系作扩大解释，系统回应突发事件应对综合协调与专业应对的矛盾。

第三，法律适用的溢出效应。本法第一条新增"根据宪法"之规定，进一步强调了本部法律中的相关法律概念具有宪法渊源。因此，在法律适用环节，涉及相关法律概念的解释时，似乎更宜采取合宪性解释。此处以《治安管理处罚法》第五十条第一款第一项中的"紧急状态"为例，该法中的"紧急状态"源于宪法上的"紧急状态"。在《突发事件应对法》中新增"根

---

① 参见李岳德、张禹：《〈突发事件应对法〉立法的若干问题》，载《行政法学研究》2007年第4期。
② 参见刘莘：《行政应急性原则的基础理念》，载《法学杂志》2012年第9期。
③ 参见林鸿潮：《应急行政行为的司法认定难题及其化解》，载《政治与法律》2021年第8期。

宪法"后，两法中的"紧急状态"实际上可以衔接适用。换言之，《突发事件应对法》的此处修订在法律适用方面产生了溢出效应。回顾制定《治安管理处罚法》的专家意见，在有关部门抓紧"紧急状态法"起草审查工作的背景下，为了保持法律之间的相互衔接，保证各级人民政府在紧急状态下政令畅通，应对好各种危机，维护社会的稳定和正常秩序，《治安管理处罚法》增加规定了对拒不执行人民政府在紧急状态情况下依法发布的决定、命令的违反治安管理行为的处罚。[1] 由此可见，《治安管理处罚法》中的"紧急状态"最初是与宪法"紧急状态"保持一致的，据此采取合宪性解释更具有说服力。[2] 客观地说，对于《治安管理处罚法》中的"紧急状态"，既要掌握相关条款背后的立法原意，秉持法治主义的立场，也要注意到各类突发公共事件场景下的应急执法需求，避免第五十条第一款第一项沦为"休眠条款"。当然，这一条款也不能成为公安机关服务地方政府治理的"口袋条款"。现阶段，可以考虑从法律适用场景、应急响应等级以及司法监督等方面约束执法实践，尽可能避免行政应急权力的恣意。

---

[1] 参见华敬锋：《〈治安管理处罚法〉的修改要点及理解》，载《公安教育》2005年第12期。
[2] 参见郑琳：《治安管理处罚领域"紧急状态条款"的合宪性控制》，载《苏州大学学报（法学版）》2023年第1期。

❖ 突发事件应对工作的总体部署

第四条 【指导思想和治理体系】 突发事件应对工作坚持中国共产党的领导，坚持以马克思列宁主义、毛泽东思想、邓小平理论、"三个代表"重要思想、科学发展观、习近平新时代中国特色社会主义思想为指导，建立健全集中统一、高效权威的中国特色突发事件应对工作领导体制，完善党委领导、政府负责、部门联动、军地联合、社会协同、公众参与、科技支撑、法治保障的治理体系。

【释 义】

本条是本次修改的新增条款，规定了突发事件应对工作的指导思想、领导体制与治理体系，具体包括以下三个层面。

一、领导体制

根据本条规定，突发事件应对工作应当首先明确坚持中国共产党的领导，这是中国特色社会主义制度的最大优势，也是突发事件应对工作能够迅速、有效、有序开展的根本保证。在强调中国共产党在突发事件应对中的核心领导地位基础上，本条要求建立健全集中统一、高效权威的中国特色突发事件应对工作领导体制。通过集中统一的管理，可以避免多头指挥、各自为政的现象，迅速形成统一指挥、专常兼备、反应灵敏、上下联动的应急管理体制，提高应急响应的效率和效果。同时，高效权威的领导体制还能够确保在应对突发事件时，迅速调集各种资源，形成强大的应对力量。

二、指导思想

本条指出，突发事件应对工作必须坚定不移地遵循马克思列宁主义、毛泽东思想、邓小平理论、"三个代表"重要思想、科学发展观、习近平新时代中国特色社会主义思想的科学指导。先进的思想体系为应对复杂多变的突发事件提供了坚实的理论支撑和科学的决策依据，有助于我们在应对突发事件时，坚持正确的政治方向和价值取向，确保应急管理工作始终沿着正确的轨道前进。

三、治理体系

本条要求完善党委领导、政府负责、部门联动、军地联合、社会协同、公众参与、科技支撑、法治保障的治理体系。这一治理体系的完善，是突发事件应对工作的重要保障。党委领导确保了突发事件应对工作的政治方向和领导核心；政府负责则明确了政府在突发事件应对中的主体责任；部门联动、军地联合则实现了各方力量的有效整合和协同作战；社会协同、公众参与则增强了突发事件应对工作的社会基础和群众基础；科技支撑则提供了先进的科技手段和技术支持；法治保障则确保了突发事件应对工作的合法性和规范性。

总之，本条为突发事件应对工作提供了明确的指导思想和体制保障，旨在构建一个科学、高效、协同、法治的突发事件应对体系，以更好地保护人民群众的生命财产安全和社会稳定。

第五条　【工作原则和理念】 突发事件应对工作应当坚持总体国家安全观，统筹发展与安全；坚持人民至上、生命至上；坚持依法科学应对，尊重和保障人权；坚持预防为主、预防与应急相结合。

【释　义】

本条是本次修改的新增条款，规定了突发事件应对的工作原则，深刻体现了国家治理体系和治理能力现代化的要求，以及以人为本、安全发展的核心价值理念。

一、坚持总体国家安全观，统筹发展与安全

该原则强调了突发事件应对工作必须置于总体国家安全观的框架之下，既要追求经济社会的发展进步，也要确保国家安全和社会稳定不受威胁。在应对突发事件时，要科学平衡发展与安全的关系，确保两者相互促进、相得益彰。

二、坚持人民至上、生命至上

该原则是突发事件应对工作的核心宗旨。在突发事件面前，必须始终把保障人民群众的生命安全和身体健康放在首位，尽最大努力减少人员伤亡和财产损失。这一原则体现了党和政府以人民为中心的发展思想，彰显了社会主义制度的优越性。

三、坚持依法科学应对，尊重和保障人权

该原则要求我们在应对突发事件时，必须严格遵守法律法规，确保各项应对措施的合法性、合理性和科学性。同时，要尊重和保护公民的基本权利和自由，避免在应对过程中侵犯人权或造成不必要的损害。

四、坚持预防为主、预防与应急相结合

该原则是突发事件应对工作的基本方针。预防是应对突发事件的第一道防线，通过加强风险评估、监测预警、隐患排查等工作，可以最大限度地减少突发事件的发生。同时，也要做好应急准备和应急处置工作，确保在突发事件发生时能够迅速响应、有效应对，最大限度地减少损失和影响。这一原则体现了预防为主、防救并重的思想，是应对突发事件的科学方法和有效途径。

综上所述，本条所确立的突发事件应对的工作原则，是指导我们做好突发事件应对工作的根本遵循和行动指南。只有坚持这些原则，才能确保我们在应对突发事件时能够保持清醒头脑、科学决策、有效行动，最大限度地保障人民群众的生命财产安全和社会稳定。

【评　析】

本法第四条、第五条作为本次修法的新增条款，涉及对突发事件应对工作的规范性调整，从第四条的指导思想、领导体制、治理体系到第五条的工作原则，共同构成了党和国家关于突发事件应对工作的总体部署。

一、突发事件应对中的党政关系

中国共产党是最高政治领导力量，坚持党中央集中统一领导是最高政治原则。① 自 2007 年《突发事件应对法》颁布实施以来，我国经历了数次重大突发事件，坚持党的领导已成为战胜各类重大突发事件的基本经验。然而，在旧法第四条的规定中，"统一领导"的表述较为笼统，并未明确指向党的领导，也缺乏党组织如何在突发事件应对工作中明确发挥作用的具体规定，目前以政府为领导机关的规定也体现不出这一点。② 因此，本次修法在第四条增加了"坚持中国共产党的领导"，旨在强调党的领导应当贯穿突发事件应对工作的各个阶段。将党的领导写入《突发事件应对法》的背景下，需要厘清突发事件应对中的党政关系，并据此构建中国特色突发事件应对工作领导体制和治理体系。

我国的党政关系命题是一个极其复杂的问题，受到历史传统、国家经济体制和政治体制改革实践等诸多因素影响，对党政关系的解读应放在特定的历史条件下来考量。在我国，"依法执政"和"依法行政"分别是党和政府活动的基本原则，党通过间接方式领导国家，政府承担起对国家事务直接管理的职能。问题在于，突发事件应对中的党政关系具有复杂性和特殊性。《突发事件应对法》规定政府是突发事件应对工作的责任主体，在大多数的常规突发事件中，政府自身的应急能力足以解决此类事件，但对于某些重大的突发事件，由于政府并不能掌握全部的公共资源，其危机应对能力与事态的需求可能存在差距，这就需要执政党主导决策、调动资源、实施动员，还需要军队参加救援，并由此构建起新的应急组织体系。此时，应急组织体系就从政府系统向执政党系统产生了一轮扩张，由此在应急管理领域就产生了特殊的党政之间的互动协调和能力整合问题。③

在重大突发事件应对过程中，党政关系会出现某些有别于平常的显著变化，主要表现在如下几个方面：其一，党主导重大突发事件应对中的重大决策，但通常交由政府具体执行，在特殊情况下也可能以自己的名义直接掌管突发事件应对过程。党在重大突发事件应对中的作用往往体现在政治决策中，

---

① 参见《全面、系统、整体落实党的领导——深入推进新时代党的建设新的伟大工程②》，载《人民日报》2023 年 2 月 2 日，第 5 版。
② 参见林鸿潮主编：《〈突发事件应对法〉修订研究》，中国法制出版社 2021 年版，第 32 页。
③ 参见林鸿潮：《突发事件应对中的党政互动模式：角色难题与解决路径》，载《首都师范大学学报（社会科学版）》2015 年第 5 期。

决策的过程和结果通常也会通过媒体加以公开报道以体现党的领导作用，但党组织一般不以自己的名义对外作出决定。其二，在重大突发事件的应对中，党同时在抽象和具体层面上实施社会动员，由于党是国家政治生活的领导者，在重大突发事件应对中以机关或领导人名义发出的决定或号召不仅具有宣示意义，而且代表着其面对公共危机作出的一种政治支持和政治承诺；此外，相对于科层制的政府系统，党具有明显动员性特征的组织方式可以迅速转换为一个庞大的社会动员组织网络，更适合于实施社会动员。其三，在突发事件应对的大多数具体领域，党只扮演宏观层面的领导者角色，通常不会直接介入此后的行政管理过程，但在个别领域也可能实施直接管理，因为在这些领域由执政党的下属机构或组织实施管理有可能比政府机构更加权威或高效。[1] 但是，党在突发事件应对中过于直接地介入会遭遇诸多法律上的角色难题。

鉴于此，良性的党政互动模式应当是党退出对突发事件应对中具体事务的管理，保持一个相对超脱的身份，主要通过政治过程对突发事件应对活动加以掌握、施加影响，而把具体的行政管理过程交给政府去完成。[2] 但无论如何，突发事件应对中的党政关系始终是围绕党的领导展开的，是以党的领导为核心的。中国特色突发事件应对工作领导体制以及党委领导、政府负责、部门联动、军地联合、社会协同、公众参与、科技支撑、法治保障的治理体系构建，也必然以此为地基。而将党的领导嵌入《突发事件应对法》当中，就为解决这些合法性难题提供了法律依据，也为党的组织和党的干部开展应急管理工作提供了制度支撑和法律保障。当然，"党的领导"入法之后，还应当通过具体制度的安排来保证党的领导的贯彻实施。

二、突发事件应对的工作原则

突发事件应对的工作原则规定背后蕴含着丰富的价值意蕴，以下详细阐述。

第一，坚持总体国家安全观，统筹发展与安全。总体国家安全观是习近平

---

[1] 参见林鸿潮：《巨灾应对背景下公共部门的能力整合模式——兼论国家安全委员会的公共应急职能》，载《中国政法大学学报》2015年第1期。

[2] 参见林鸿潮：《突发事件应对中的党政互动模式：角色难题与解决路径》，载《首都师范大学学报（社会科学版）》2015年第5期。

新时代中国特色社会主义思想的重要组成部分，强调国家安全是民族复兴的根基，社会稳定是国家强盛的前提。统筹发展与安全要求我们在追求经济社会发展的同时，必须高度重视国家安全和社会稳定，做到发展与安全相互促进、相得益彰。进入新时代，我国面临的国内外环境发生了深刻变化，各种风险挑战交织叠加，对突发事件应对工作提出了更高的要求。坚持总体国家安全观和统筹发展与安全的原则，对于做好突发事件应对工作具有重要意义。它要求我们在应对突发事件时，必须站在国家安全和社会稳定的高度来审视和解决问题；必须充分考虑经济社会发展的实际情况和需要；必须注重预防和应急相结合、常态和非常态相结合；必须注重发挥各方面的积极性和创造性形成合力共同应对挑战。

第二，坚持人民至上、生命至上。人民至上，是中国共产党治国理政的根本立场和价值取向。它强调在一切工作中，都要把人民的利益放在首位，把人民对美好生活的向往作为奋斗目标。在突发事件应对工作中，坚持人民至上，就是要始终把保障人民群众的生命安全和身体健康作为最高追求，尽最大努力减少人员伤亡和财产损失。生命至上，是对人民至上理念的进一步具体和深化。它强调在突发事件应对过程中，要始终把人民群众的生命安全放在第一位，采取一切必要措施保护人民群众的生命安全。这是因为生命是最宝贵的，是不可逆转的，一旦失去就无法挽回。因此，在突发事件应对中，必须坚决贯彻生命至上的原则，确保人民群众的生命安全得到最大程度的保障。

第三，坚持依法科学应对，尊重和保障人权。依法科学应对是指在突发事件应对过程中，必须严格遵守国家法律法规和科学规律，采取科学合理的方法和手段进行应对。这一原则要求应对工作必须在法治轨道上进行，确保各项应对措施的合法性、合理性和科学性。同时，还要注重运用现代科技手段提高应对效率和效果，如利用大数据、人工智能等技术进行风险评估、监测预警和应急处置等。尊重和保障人权是现代法治社会的基本要求，也是突发事件应对工作必须遵循的重要原则。党的十八大以来，我国坚持把尊重和保障人权作为治国理政的一项重要工作，推动我国人权事业取得历史性成就。在突发事件应对过程中，必须充分尊重和保护公民的基本权利和自由，如生命权、健康权、知情权、参与权等。这要求政府和相关部门在采取应对措施时，要充分考虑人权因素，避免侵犯公民的基本权利和自由。同时，还要加强宣传教育，增强公民的人权意识和自我保护能力。

　　第四，坚持预防为主、预防与应急相结合。"预则立，不预则废""有备而无患""预防为主、防治结合"，是人类千百年来应对各种突发危机所积累下来的普遍认识，也是世界各国公共应急法律制度的共同原则，这一原则贯穿本法始终。在公共应急法治建设中，我们更应当强调危机预防和应急准备的重要性，贯彻以预防为主，预防、应对、恢复相结合的方针。因为预防是整个危机管理过程的第一个阶段，在某种程度上它比解决危机事件更富有意义：预防可以减轻大量应对、恢复工作，节省危机应对过程中的人力、物力、财力消耗，并为应对、恢复打下良好的基础；而且做好了这一阶段的工作，能够有效避免危机事件的发生，避免社会财富的进一步浪费。因为政府管理的目的是"使用少量的钱预防，而不是花大量的钱治疗"①。为此应注意做到：把危机的前期控制过程纳入政府长远的战略目标、规划与日常管理当中，如制定长期的突发事件应对计划、加强战略规划、搞好物资储备和长期预算、设立意外事故基金；对各种突发事件作详细分类，在各应急法领域建立健全突发事件应对预案制度、预警监测制度，有针对性、有组织地做好预防工作；积极实施灾害预防公共意识养成计划和保险计划，定期组织危机应对训练。通过这些措施，防患于未然，延缓、减少或者避免危机的发生。尤其应当明确的是，要把上述工作通过突发事件应急立法确定为政府的法定职责，将政府的危机预防准备情况作为评价其贯彻实施突发事件应急法治的重要指标，作为其推进依法行政、建设法治政府成效高低的一个判断尺度。因此，通过立法正式确立预防为主、防治结合的基本原则，是公共危机管理基本规律的必然要求，也是世界各国应急立法的通例。

---

　　① ［美］戴维·奥斯本、特德·盖布勒：《改革政府——企业精神如何改革着公营部门》，周敦仁译，上海译文出版社1996年版，第205页。

❖ 突发事件应对工作的机制与制度

第六条　【社会动员机制】国家建立有效的社会动员机制，组织动员企业事业单位、社会组织、志愿者等各方力量依法有序参与突发事件应对工作，增强全民的公共安全和防范风险的意识，提高全社会的避险救助能力。

【释　义】

该条规定，在突发事件应对领域，国家建立有效的社会动员机制，确立了社会动员的应急基本原则。当然，第六条仅仅是对社会动员机制的概括性规定，其具体内容贯穿本法的许多条款之中。仅从本条切入，具体包括以下四个层面的规范内容。

一、建立有效的社会动员机制

国家建立有效的社会动员机制，旨在通过整合社会资源，迅速、有效地应对突发事件。这一机制不仅能够提高应对突发事件的效率，还能增强全民的参与感和责任感，形成全社会共同应对突发事件的良好氛围。有效的社会动员机制包括多个方面，如信息发布、组织动员、资源调配、协同合作等。这些要素相互关联、相互作用，共同构成了一个完整的应对体系。

二、组织动员各方力量依法有序参与

"组织动员企业事业单位、社会组织、志愿者等各方力量依法有序参与突发事件应对工作"是本次修法的新增内容。突发事件应对的实践证明，企业事业单位、社会组织、志愿者等各类社会力量在各自领域具有独特的优势和资源，能够为应对突发事件提供有力的支持，本条规定有助于各方进一步形成合力。同时需要注意，国家强调动员过程中的依法有序参与，意味着各方力量在参与应对工作时，必须遵守相关法律法规和规定，服从统一指挥和安排、确保应对工作的有序进行。因此，该部分规范内容的意旨在于两个方面：一方面是对各方力量参与突发事件应对工作的法治化确认，另一方面是对组织动员各方力量参与突发事件应对工作的规范化推进。

三、增强全民的公共安全和防范风险的意识

该部分的规范内容也具有两层含义：一方面是强调增强全民公共安全和防范风险意识的重要性。增强全民的公共安全和防范风险的意识，是预防突发事件发生、减轻其危害程度的重要前提。只有当全社会都具备了高度的安全意识和风险意识时，才能更有效地预防和应对突发事件。另一方面蕴含了在增强全民公共安全和防范风险意识方面加强宣传教育的规范要求。为了实现这一目标，国家需要通过各种渠道和方式加强宣传和教育工作，如通过媒体宣传、学校教育、社区活动等多种形式普及安全知识和应急技能；同时鼓励公民积极参与相关培训和演练活动，提高应对突发事件的能力。

四、提高全社会的避险救助能力

本条规范的目标是提高全社会的避险救助能力。避险救助能力是指个人和集体在突发事件发生时能够迅速采取有效措施保护自身安全并救助他人的能力。这种能力包括了解避险知识、掌握自救互救技能以及具备应对突发事件的心理素质等。为了提高全社会的避险救助能力，国家需要采取一系列措施，如建立健全应急预案体系、加强应急演练和培训、完善应急物资储备和调配机制等。同时，还需要加强与其他国家和地区的合作与交流，共同应对跨国界、跨区域的突发事件。

总之，本条通过建立有效的社会动员机制、组织动员各方力量参与、增强全民的公共安全和防范风险的意识，以及提高全社会的避险救助能力等多个方面共同构成了我国应对突发事件的重要法律保障。

第七条　【信息发布】 国家建立健全突发事件信息发布制度。有关人民政府和部门应当及时向社会公布突发事件相关信息和有关突发事件应对的决定、命令、措施等信息。

任何单位和个人不得编造、故意传播有关突发事件的虚假信息。

有关人民政府和部门发现影响或者可能影响社会稳定、扰乱社会和经济管理秩序的虚假或者不完整信息的，应当及时发布准确的信息予以澄清。

【释　义】

本条是关于突发事件应对中政府信息公开的规定，是行政公开原则在公共应急领域的贯彻，旨在确保突发事件信息的及时、准确、全面发布，以维护社会稳定和保障公众知情权。同时，本条在本次修法中的显著变化是融合了旧法第五十四条的规范内容，在第二款中规定了"任何单位和个人不得编造、故意传播有关突发事件的虚假信息"。此外，"有关人民政府和部门发现影响或者可能影响社会稳定、扰乱社会和经济管理秩序的虚假或者不完整信息的，应当及时发布准确的信息予以澄清"之规定也是本条第二款的新增内容。具体包括以下两个层面。

一、国家建立健全突发事件信息发布制度

在突发事件发生时，信息的及时、准确传播对于社会公众至关重要，本条新增了国家建立健全突发事件信息发布制度的规定。当突发事件发生时，相关的人民政府和部门承担着及时向社会公布事件相关信息的责任。这些信息包括但不限于事件的性质、影响范围、已采取的应对措施、后续的行动计划以及可能对公众生活产生的影响等。同时，政府还会公布与突发事件应对直接相关的决定、命令和具体措施，以便公众能够及时了解并作出相应准备或配合。

二、禁止编造、故意传播有关突发事件的虚假信息

为了维护突发事件应对过程中信息的真实性和权威性，避免不实信息误导公众，甚至引发恐慌，加剧事件的负面影响，本条第二款明确规定，任何单位和个人不得编造、故意传播有关突发事件的虚假信息，即禁止任何单位和个人造谣、传谣。对此类行为，法律持零容忍态度，将依法追究相关责任人的法律责任。同时需要注意，该款规定虽未直接针对政府机关，但从规范内容上可以解读出同样包含了对于政府机关应当保证应急信息真实的要求。如果国家机关工作人员在突发事件应对中造谣、传谣，除了承担一般的法律

责任之外，还将受到行政纪律处分。此外，本条第二款还提出了一个新的要求，即当有关人民政府和部门发现存在可能影响社会稳定、扰乱社会和经济管理秩序的虚假或不完整信息时，有责任及时发布准确的信息予以澄清。实践中，通常的工作方式是，通过官方渠道发布准确的信息予以澄清。这一措施旨在消除公众的疑虑和误解，防止虚假信息进一步扩散和造成更大的社会影响。

综上所述，本条通过建立健全突发事件信息发布制度、明确信息发布责任、打击虚假信息传播以及及时澄清不实信息等措施，为突发事件应对工作提供了有力的信息保障和支持。

第八条　【新闻报道和宣传】国家建立健全突发事件新闻采访报道制度。有关人民政府和部门应当做好新闻媒体服务引导工作，支持新闻媒体开展采访报道和舆论监督。

新闻媒体采访报道突发事件应当及时、准确、客观、公正。

新闻媒体应当开展突发事件应对法律法规、预防与应急、自救与互救知识等的公益宣传。

【释　义】

本条是本次修法的新增条款，规定了突发事件新闻采访报道制度，具体包括以下四个层面。

一、国家建立健全突发事件新闻采访报道制度

本条第一款第一句旨在确保国家在突发事件应对过程中，构建一个健全、高效的新闻采访报道制度，以保障公众的知情权，促进信息的透明流通。

二、有关人民政府和部门的相应职责

基于突发事件新闻采访报道制度，本条第一款第二句进一步规定有关人民政府和部门承担重要的服务引导职责，需积极为新闻媒体提供必要的协助与支持，包括信息提供、采访便利等，以确保新闻媒体能够全面、深入地了解突发事件的真实情况。同时，政府应鼓励并支持新闻媒体开展采访报道和舆论监督，利用媒体的力量推动事件的公正处理和社会问题的解决。

三、新闻媒体采访报道突发事件的规范要求

本条第二款显示，国家通过建立健全突发事件新闻采访报道制度，为新闻媒体的采访报道活动提供法律支持与规范框架，确保报道工作的有序进行。新闻媒体在采访报道突发事件时，必须遵循及时、准确、客观、公正的原则。这意味着新闻媒体应迅速响应，第一时间将事件的真实情况传达给公众；在报道过程中，要确保信息的准确无误，避免误导和虚假报道；同时，要以客观、公正的态度呈现事件的全貌，不偏不倚地反映各方声音和立场。

四、新闻媒体开展公益宣传的规范要求

本条第三款强调了新闻媒体承担公益宣传的重要使命。在突发事件应对过程中，新闻媒体应当积极开展突发事件应对法律法规、预防与应急、自救与互救知识等的公益宣传，增强公众的应急意识并提高自救互救能力，为减少灾害损失、保障人民生命财产安全贡献力量。这一举措不仅有助于提升公众的整体素质，也有助于构建更加和谐、稳定的社会环境。

第九条 【投诉与举报】 国家建立突发事件应对工作投诉、举报制度，公布统一的投诉、举报方式。

对于不履行或者不正确履行突发事件应对工作职责的行为，任何单位和个人有权向有关人民政府和部门投诉、举报。

接到投诉、举报的人民政府和部门应当依照规定立即组织调查处理，并将调查处理结果以适当方式告知投诉人、举报人；投诉、举报事项不属于其职责的，应当及时移送有关机关处理。

有关人民政府和部门对投诉人、举报人的相关信息应当予以保密，保护投诉人、举报人的合法权益。

【释　义】

本条是本次修法的新增条款，规定了突发事件应对工作投诉、举报制度，

具体包括以下三个层面。

一、国家建立突发事件应对工作投诉、举报制度

本条第一款规定在国家层面建立突发事件应对工作投诉、举报制度，同时公布统一的投诉、举报方式，确保公众能够便捷地参与对突发事件应对工作的监督，提高政府突发事件应对工作的公信力。同时，本条第二款的规定是对突发事件应对工作投诉、举报制度的具体保障，任何单位和个人在发现不履行或错误履行突发事件应对职责的行为时，均能够及时地向有关人民政府和部门反馈。

二、突发事件应对工作投诉、举报的调查处理程序

本条第三款根据职责范围规定了突发事件应对工作投诉、举报的调查处理程序。接到投诉、举报后，相关人民政府和部门被要求迅速响应，按照既定规定组织调查处理，确保问题得到及时、公正的处理。同时，处理结果需以适当方式告知投诉人、举报人，以保障其知情权和监督权的实现。若投诉、举报事项不属于本部门职责范围，则应及时移送至有权处理的机关，避免延误处理时机。

三、投诉人、举报人的信息保密与权益保护

本条第四款特别强调了对投诉人、举报人信息的保密工作，要求有关人民政府和部门对相关信息予以严格保密，以防止信息泄露对投诉人、举报人造成不利影响，从而保护其合法权益不受侵害。这一规定体现了国家对公众监督行为的尊重和保护，进一步增强了公众参与突发事件应对工作监督的积极性和信心。

第十一条　【特殊群体保护】 国家在突发事件应对工作中，应当对未成年人、老年人、残疾人、孕产期和哺乳期的妇女、需要及时就医的伤病人员等群体给予特殊、优先保护。

【释　义】

本条是本次修法的新增条款，规定了国家给予特殊群体的特殊、优先保

护制度，具体分析如下。

本条旨在强调在突发事件应对工作中，国家对特定困难群体的特殊保护与优先关注。突发事件具有突发性、紧急性、危害性等特征，会对公众的生命、健康、财产等安全构成严重威胁。对于上述困难群体而言，他们由于身体条件、行动能力、自救能力等方面的限制，更容易受到伤害。因此，国家有必要通过立法，明确对这些群体的特殊保护责任，确保他们在紧急情况下能够得到及时有效的救助。该项制度安排体现了国家尊重和保障人权的理念，特别是在紧急情况下，对处于弱势地位的群体给予更多的关怀和支持，以确保他们的基本权益不受侵害。

需要注意的是，本条不仅是对国家责任的一种宣示，也是对各级政府及其相关部门在突发事件应对工作中应当遵循的基本原则与要求的明确规定。相关职能部门在突发事件发生时，必须严格履行法定职责，采取有效措施，确保对特定困难群体的特殊保护与优先救助得到落实。对于失职渎职、玩忽职守等行为，将依法追究相关责任人的法律责任。

【评　析】

党和国家高度重视困难群体的权益保护问题，不断加强相关制度建设。近年来，为贯彻落实习近平总书记重要指示精神和《民法典》《未成年人保护法》有关规定，切实做好因突发事件造成监护缺失的未成年人的救助保护工作，民政部、发展改革委、教育部等于 2021 年 1 月 13 日发布《关于做好因突发事件影响造成监护缺失未成年人救助保护工作的意见》。同年 9 月，国务院新闻办公室发布的《国家人权行动计划（2021—2025 年）》指出，"完善对少数民族、妇女、儿童、老年人、残疾人等各类特定群体权益的平等保障和特殊保护"。

然而，大量的制度规范并未回应突发事件应对的特殊情境。"因身体或心理等方面与一般人存在差距，儿童、残疾人、老年人等特殊群体对突发事件的认知较差，对外部环境变化不敏感，再加上交流困难、行动不便，在突发事件中面临更大的风险。"[①] 保障这些特殊群体的基本权益和生命安全，需要

---

① 杨立雄：《加强对特殊群体的保护》，载《光明日报》2020 年 8 月 22 日，第 7 版。

更有针对性地规范思考。特别是许多国家和地区在应对突发事件时，都建立了针对困难群体的特殊保护机制，为我国制定相关条款提供了有益的参考和借鉴。新增的《突发事件应对法》第十一条规定国家在突发事件应对工作中应当给予未成年人、老年人、残疾人、孕产期和哺乳期的妇女、需要及时就医的伤病人员等群体特殊、优先保护，充分体现了本法的人民立场。

透过原则性的条款规定，后续还可以进一步细化设计以下内容：一是在应急预案编制中充分考虑特殊群体的需求。《突发事件应对法》规定了中央政府和地方政府制定应急预案的权力和职责，但是并没有对制定应急预案的保护对象作出规定。为此，在制定专项应急预案和部门应急预案时，应充分研判儿童、残疾人、老年人等在突发事件中面临的风险，制定针对特殊群体的应急预案，或在应急预案中增加特殊群体条款，并加强演练。二是增加护理照料服务和心理辅导服务内容。护理照料缺位或非专业的护理照料会给特殊群体带来较大的次生灾难。为此，应将基本护理照料服务和心理干预服务纳入《突发事件应对法》中，并在应急预案中明确基本护理照料服务和心理干预服务的内容、流程等事项。三是增加符合特殊群体使用和接收的信息发布方式。应在突发事件应对过程中增加针对特殊群体的信息发布方式，包括文字、声音、手语等多种形式；政府举办的新闻发布会以及受权发布的媒体应提供字幕、语音、手语等服务。同时，要加快可适用于特殊群体的设备的研发与应用。

第十二条　【财产征用】 县级以上人民政府及其部门为应对突发事件的紧急需要，可以征用单位和个人的设备、设施、场地、交通工具等财产。被征用的财产在使用完毕或者突发事件应急处置工作结束后，应当及时返还。财产被征用或者征用后毁损、灭失的，应当给予公平、合理的补偿。

【释　义】

本条规定了政府及其部门的应急征用权及其后续责任，具体包括以下四个方面。

一、应急征用权的行使主体与启动条件

本条较旧法新增了"县级以上"和"紧急需要",在法律规范上约束了应急征用权的行使主体与启动条件。具体而言,当突发事件对公共安全、社会秩序或人民生命财产构成严重威胁,且紧急救援工作急需特定资源时,县级以上人民政府及其相关部门有权依法征用单位和个人的设备、设施、场地、交通工具等财产。这一征用权是出于维护公共利益和保障人民群众生命财产安全的需要而行使的紧急权力。

二、应急征用权的客体

本条在旧法"单位和个人的财产"的基础上增加了"设备、设施、场地、交通工具等"列举式规定,一定程度上约束了应急征用权的客体,限制了应急征用的范围,对于单位和个人的其他财产而言是一种积极的保障。

三、返还征用财产

本条同时规定被征用的财产在使用完毕或者突发事件应急处置工作结束后,应当及时返还。从这一规定可以推断出,这里的征用指的是政府获得相对人财产使用权的行为,因此才有"返还"的问题。征用行为完成后,被征用的财产应当在紧急情况解除或突发事件应急处置工作全面结束后,由征用单位及时返还给原所有人或使用人。这一规定确保了被征用财产在紧急状态结束后能够迅速回归正常使用状态,减少对单位和个人正常生产生活的影响。

四、征用补偿制度

基于"返还"的规定要求,政府对于被征用财产应当及时返还,不能返还的应当给予相应补偿。具体而言,本条强调了对被征用财产及其可能遭受的损失的补偿原则。如果财产在征用过程中被毁损或灭失,或者因征用而产生了其他合理的损失,县级以上人民政府及其部门应当依据公平、合理的原则,给予被征用财产的所有人或使用人相应的补偿。这一规定体现了法律对公民和法人财产权的尊重和保护,确保了征用权的行使不会无端侵害个人和单位的合法权益。

综上所述,本法为县级以上人民政府及其部门在应对突发事件时征用财产提供了必要的法律授权和保障,同时对被征用财产的返还和补偿作出了明确规定，旨在平衡公共利益与个人权益之间的关系，确保突发事件应对工作的顺利进行和社会秩序的稳定。

【评　析】

突发事件具有突发性、紧急性、危害性等特点，对人民生命财产安全和社会稳定构成严重威胁。为了有效应对这些突发事件，政府需要迅速调集各种资源，包括征用单位和个人的财产。值得注意的是，《突发事件应对法》第十二条和《传染病防治法》第四十五条均对征用进行了规定，2007年《突发事件应对法》规定了"有关人民政府及其部门"可以征用"单位和个人的财产"，而《传染病防治法》中规定的是"县级以上地方人民政府"可就"房屋、交通工具以及相关设施、设备"进行征用。本次《突发事件应对法》的修改吸收了《传染病防治法》的相对细化规定。同时，征用行为不可避免地会对被征用者的权益造成一定影响。因此，建立征用补偿制度成为必要之举。这一制度的形成，是基于保护公民财产权、维护社会稳定和公平正义的考虑。

征用补偿制度的发展历程，可以划分为初步建立、逐步完善、优化提升三个阶段。第一个阶段是初步建立阶段：征用补偿制度的初步建立可以追溯到相关法律法规的出台，如宪法（2004年修正）第十三条第三款、《物权法》（已失效）第四十四条等条款，为征用补偿提供了法律基础。2007年《突发事件应对法》的颁布实施，进一步明确了政府在突发事件中征用财产的权力和责任，以及征用后的补偿原则，标志着征用补偿制度在应急法领域的初步形成。第二个阶段是逐步完善阶段：随着突发事件应对实践的深入，征用补偿制度在实践中不断得到完善。各地根据本地实际情况，制定了一系列地方性法规和规章，对征用补偿的具体程序、标准、范围等进行了细化规定。同时，学术界和实务界也对征用补偿制度进行了广泛的研究和探讨，提出了许多有益的建议和意见。这些研究成果为征用补偿制度的完善提供了重要的理论支持和实践指导。第三个阶段是优化提升阶段：近年来，随着风险社会的来临和突发事件的频发，征用补偿制度面临着新的挑战和机遇。为了更好地适应形势发展的需要，政府不断对征用补偿制度进行优化提升。一方面，加强了对征用补偿工作的监督和检查，确保补偿工作的公正性和透明度；另一方面，积极推动征用补偿机制的创新和完善，如引入第三方评估机构对补偿标准进行评估、建立快速补偿机制等。

征用补偿制度的主要内容包括补偿原则、补偿范围、补偿标准、补偿程序和补偿救济等方面。补偿原则主要包括公平合理补偿原则、实际损失补偿原则等。这些原则要求政府在征用财产时，应充分考虑被征用者的实际损失和合理需求，确保补偿的公正性和合理性。补偿范围通常包括被征用财产的直接损失和间接损失。直接损失是指因征用行为直接导致的财产损失；间接损失则是指因征用行为导致的其他相关损失，如停产停业损失、租金损失等。补偿标准应根据被征用财产的实际情况、市场价格以及法律法规的规定来确定。一般来说，补偿标准应能够覆盖被征用者的实际损失和合理预期收益。补偿程序通常包括征用通知、协商谈判、签订补偿协议、支付补偿款等步骤。在补偿过程中，政府应充分尊重被征用者的意愿和权益，确保补偿工作的合法性和规范性。关于补偿救济，如果被征用者对补偿结果有异议，可以通过行政复议、行政诉讼等途径进行救济。这些救济途径为被征用者提供了维护自身权益的法律保障。

征用补偿制度是突发事件应对中的重要组成部分，其形成与发展经历了初步建立、逐步完善和优化提升等阶段。这一制度的建立和完善，对于保护公民财产权、维护社会稳定和公平正义具有重要意义。未来，随着形势的发展变化，征用补偿制度仍需不断优化和完善，以更好地适应突发事件应对的需要。

第十三条　【时效和程序中止】 因依法采取突发事件应对措施，致使诉讼、监察调查、行政复议、仲裁、国家赔偿等活动不能正常进行的，适用有关时效中止和程序中止的规定，法律另有规定的除外。

【释　义】

本条规定的是在突发事件应对情境下，针对既有法律程序与时效制度的一种特别调整与适用机制。相较于旧法，本条的修改之处有三：一是规定采取突发事件应对措施必须"依法"，既强调了措施本身的合法性要求，也将该规定明确为时效中止和程序中止的法定事由。二是结合近年来的重大改革和制度创新，补充列举了监察调查和国家赔偿两类法律活动，同时增加了"等"，使得条款的内涵包容性更强。三是加强了条款规范内容之间的逻辑衔接性，明确诉讼、监察调查、行政复议、仲裁、国家赔偿等活动不能正常进行系因政府或相关部门依法采取突发事件应对措施而"致使"的。

具体而言，在应对突发事件过程中，政府或相关部门采取的应对措施可能直接或间接地对诉讼、监察调查、行政复议、仲裁、国家赔偿等法律程序造成实际阻碍，使得原定的法律活动无法按既定时间与程序进行。对此，本条确立了时效中止与程序中止的适用原则。即在突发事件应对情境下，相关的诉讼、监察调查、行政复议、仲裁、国家赔偿等法律活动可能因突发事件应对措施而受阻。为了保障法律程序的公正性和当事人的合法权益，应当适用相关的时效中止和程序中止的规定，暂时停止计算时效或暂停程序运行。这一机制的设立，旨在平衡突发事件应对的紧迫性与法律程序的稳定性之间的关系，确保在特殊时期，法律制度的运行既不失其公正性，又能有效服务于社会整体的安全与秩序。同时，本条还通过"法律另有规定的除外"规定明确了法律优先适用的原则。若其他法律对类似情形有更为具体或不同的规定，则应优先适用其他特别规定，以确保法律体系的内部和谐与统一。

【评 析】

我国以往有关诉讼、仲裁、行政复议、国家赔偿方面的法律，一般规定突发公共事件本身（一般表述为不可抗力）可以构成时效或程序中止的原因，但极少规定应对突发事件的措施也可构成中止原因。

例如，《民事诉讼法》第一百五十三条规定"一方当事人因不可抗拒的事由，不能参加诉讼的"，法院可以裁定中止诉讼。《行政复议法》第三十九条规定"申请人、被申请人因不可抗力或者其他正当理由，不能参加行政复议"的，行政复议中止。《国家赔偿法》第三十九条规定"赔偿请求人在赔偿请求时效的最后六个月内，因不可抗力或者其他障碍不能行使请求权的，时效中止"。这些法律规定的"不可抗力""不可抗拒的事由""不能抗拒的原因"等，当然包括本法规定的公共突发事件在内。

但在以前，我国却少有法律规定国家应对公共突发事件的措施也可以构成诉讼（复议、仲裁）时效或诉讼（复议、仲裁）程序中止的事由。尽管在实践中，法院（复议机关、仲裁机构）往往将这种情况解释为"其他应当中止"的情形，也适用中止诉讼（复议、仲裁）时效或程序的规定，如2003年某些法院就针对一批受"非典"影响的案件采取了这种做法，但颇受争议。此次《突发事件应对法》第十三条的规定，便是对这一问题的明确。

第十四条 【国际合作与交流】 中华人民共和国政府在突发事件的预防与应急准备、监测与预警、应急处置与救援、事后恢复与重建等方面，同外国政府和有关国际组织开展合作与交流。

【释　义】

本条体现了中国政府在应对突发事件过程中的国际合作与交流精神。结合突发事件应对一般流程的规范嵌入可以看出，无论是突发事件的预防与应急准备阶段，还是监测与预警、应急处置与救援，以及事后恢复与重建等各个环节，中国政府都秉持开放合作的态度，积极寻求与外国政府及有关国际组织的合作与交流。这种合作不仅限于技术层面的互助，更包括信息共享、经验交流、联合演练、资源调配等多个方面。通过国际合作与交流，中国政府能够借鉴国际上的先进理念、技术和方法，不断完善自身的应急管理体系，提高应对突发事件的效率。同时，中国也愿意将自身在应对突发事件中积累的宝贵经验和做法分享给国际社会，为全球治理贡献中国智慧和力量。这种双向互动的合作模式，有助于构建人类命运共同体，共同应对全球性挑战，提升全球应对突发事件的能力和水平，保障各国人民的生命财产安全和社会的和谐稳定。

此外，本条相较于旧法的变化之处是将原条款中的"预防"修改为"预防与应急准备",这一变化体现了对突发事件应对工作全面且细致的考虑,强调了应急准备的重要性及其作为预防工作的重要组成部分,且与本法第二条关于突发事件应对的一般过程的规定保持了一致。具体而言,应急准备不仅包括对潜在风险的识别和评估,还包括制定应急预案、组织应急演练、储备应急资源等一系列具体行动,以确保在突发事件发生时能够迅速、有效地进行应对。

【评 析】

外国政府和国际组织是我国突发事件应对工作中可资利用的重要力量。由于突发事件应对任务往往复杂而艰巨,有时仅凭我国单方力量不能解决,因而需要获得国际援助。而且,各国政府在应急处理方面的经验也需要互相学习和借鉴,所以我国政府在突发事件的预防和准备、监测与预警、处置与救援、恢复与重建等方面,都需要同外国政府和有关国际组织开展合作交流。因此,本条的设置体现了在突发事件应对领域,中国政府秉持的开放合作态度和国际视野,具有多重意义和价值。

第一,促进国际经验共享。突发事件不分国界,其应对经验和教训也是全球性的宝贵财富。通过与国际社会开展合作与交流,中国可以学习借鉴其他国家在突发事件预防、监测、处置和恢复重建等方面的先进做法和成功经验,提升自身的应急管理能力。

第二,增强国际合作能力。在全球化的今天,任何国家都难以独善其身。面对跨国界的突发事件,如重大疫情、自然灾害等,国际合作显得尤为重要。该条款为中国与其他国家及国际组织在突发事件应对领域的合作提供了法律依据和制度保障,有助于形成合力,共同应对挑战。

第三,提升国际形象与影响力。积极参与国际合作与交流,展现中国在突发事件应对方面负责任的态度和积极贡献,有助于提升中国的国际形象和影响力。同时,也有助于增强国际社会对中国应急管理体系的认可和支持。

第四,推动全球治理体系变革。在突发事件应对领域加强国际合作与交流,是推动全球治理体系变革的重要途径之一。中国作为负责任的大国,应当在全球治理中发挥更加积极的作用,推动构建更加公正合理、包容普惠的全球治理体系。

综上所述，本条的设置不仅有助于提升中国自身的应急管理能力，还能够促进国际经验共享、增强国际合作能力、提升国际形象与影响力以及推动全球治理体系变革，是中国在全球化时代积极参与全球治理、构建人类命运共同体的具体体现。

第十五条　【表彰和奖励】对在突发事件应对工作中做出突出贡献的单位和个人，按照国家有关规定给予表彰、奖励。

【释　义】

本条规定了突发事件应对工作表彰与奖励制度。需要注意的是，本条与旧法第六十一条第三款具有关联性，旧法规定了公民参加应急救援工作或者协助维护社会秩序期间，表现突出、成绩显著的，由县级以上人民政府给予表彰或者奖励。不同之处在于，本次修法将本条设置在总则部分，强调了该条规定的重要性和指导性，充分体现了国家对突发事件应对工作中积极贡献者的肯定和激励。具体包括以下三个层面。

一、表彰与奖励的目的

本条旨在通过表彰和奖励机制，激发全社会参与突发事件应对工作的积极性和创造性，鼓励更多的单位和个人在突发事件发生时能够勇于担当、积极作为，为减少灾害损失、保护人民生命财产安全和维护社会稳定做出更大贡献。

二、表彰与奖励的对象

本条明确了对在突发事件应对工作中做出突出贡献的单位和个人进行表彰和奖励。其中，如何确定"突出贡献"有待通过其他规定进一步细化，通常包括但不限于在预防与应急准备阶段的有效预防措施、在监测与预警阶段的及时准确预警、在应急处置与救援阶段的迅速有效救援行动、在事后恢复与重建阶段的积极贡献等。

三、表彰与奖励的依据

本条强调按照"国家有关规定"进行表彰和奖励，意味着表彰和奖励的具体标准、程序、方式等都将依据国家层面的法律法规、政策文件等来确定，以确保表彰和奖励的公正性、合理性和权威性。

总之，在突发事件应对中，对做出突出贡献的单位或个人给予表彰和奖励是重要的一环。表彰与奖励制度的施行，不仅可以激励获奖单位和个人继续发扬优良传统和作风，还可以在全社会范围内树立榜样和标杆，激励社会各方力量积极参与突发事件的应对工作，提高社会整体的应急能力和水平。

【评　析】

本法第六条规定了国家建立有效的社会动员机制，第七条规定了国家建立健全突发事件信息发布制度，第八条规定了国家建立健全突发事件新闻采访报道制度，第九条规定了国家建立突发事件应对工作投诉、举报制度，第十五条规定了突发事件应对工作表彰与奖励制度，以上五个条款具有逻辑关联性，共同组成了突发事件应对工作的机制与制度。

一、推进社会动员机制的法治化

在现代社会，社会动员机制既是国家治理体系的重要组成部分，也是国家治理能力的重要体现。建立有效的社会动员机制，既是《突发事件应对法》第六条的规范要求，也是推进国家应急管理体系和能力现代化的核心任务。近年来，面对重大突发公共卫生事件的考验，以习近平同志为核心的党中央高度重视社会动员工作。实践证明，全国和地方的相关应对工作之所以能够取得重大战略成果，背后很大程度得益于我国在社会动员方面的基础优势。除中央和国家机关、地方党委和政府及其工作人员的共同努力外，医院、社区、商场、车站能够看到广大社会力量的积极身影。在此过程中，动员者与参与者的能力水平得到了全方位的锻造，社会动员的具体机制也在不同场景的实战中积累了大量正反经验。[①]

然而，在社会动员机制的运行过程中，保障社会各方力量参与突发事件应对的相关法律法规不完善、不健全，一定程度影响了社会力量的参与积极

---

① 参见金晓伟：《用"平战结合"思维完善社会动员机制》，载《四川日报》2020年6月23日，第6版。

性。比如，根据一些地方的应急救援管理规定，跨省救援必须有上级指令或者其他省份发出的支援需求。如果没有指令和属地应急管理部门发出的需求，跨省救援工作就无法展开。对于市场或社会组织提供公共服务的活动施以监督性控制是十分必要的，但是在突发事件应对的紧急情境下，公私合作的行政法治框架也需要应急性调整。

因此，社会动员机制的法治化构建迫在眉睫，特别是本次修法新增的"组织动员企业事业单位、社会组织、志愿者等各方力量依法有序参与突发事件应对工作"之规定，明确指出了社会动员机制法治化的推进方向——构建社会各方力量积极参与的应急法治格局。具体可以从两个方面展开：一方面，以《突发事件应对法》的修订为契机，加快完善社会力量参与突发事件应对的法律法规体系，以法治手段保障和促进社会各方参与突发事件应对。同时，各级政府应加强对法律法规的宣传和普及，增强全社会的法治意识，让应急法治观念深入人心。另一方面，明确突发事件应对工作中政府、企业事业单位、社会组织、志愿者等各方力量的角色定位和职责边界，形成协同作战的合力。政府应发挥主导作用，制定应急规划、政策和标准，建立健全应急管理体系；企业应履行社会责任，加强安全生产管理，提高应急响应能力；社会组织应发挥桥梁纽带作用，动员社会力量参与应急管理；公民个体则应增强自我保护意识，积极参与应急演练和志愿服务活动。

二、保障突发事件信息的公开与真实

信息公开原则系以公开为常态，不公开为例外。本法第七条的实质内涵是信息公开理念在应急法领域的具体表现，确立了公共应急管理中的信息公开与信息真实原则。本书认为，在《突发事件应对法》中确立信息公开与信息真实原则的主要理由有以下几点。

第一，保障信息公开与信息真实，是确保行政紧急权力正当行使的基本条件，是防止行政紧急权力滥用的最好手段。在公共突发事件的应急处理工作中，如果不公开相关的应急措施和信息，社会公众就很难深入了解整个突发事件的真实情况，对于政府的应急措施也不知情。在这种情况下，不乏一些别有用心的人为了自己的私利进行暗箱操作，实施某些违法的应急措施。而公众由于缺乏透明、公开的信息，就难以实施监督。由此可见，公开突发事件应对过程中的各种信息，尤其是政府的命令、决定和措施，有利于社会各界对其合法性实施监督，是保障行政紧急权力合法、正当行使的基础。

第二，保障信息公开与信息真实，可以防止突发事件应对工作的形势因谣言的产生和传播而恶化。在突发事件发生时，信息的传播往往呈现出快速、广泛且复杂的特点。虚假或不完整的信息很容易在社交媒体、网络论坛等渠道迅速扩散，引发公众恐慌、误解甚至谣言四起。这不仅会加剧社会的不稳定因素，还可能对政府和企业的正常运作造成干扰，甚至影响到经济和社会的正常秩序。比如，在2003年的"非典"疫情中，由于民众对这种疫病的预防认识不够、重视程度不足，进一步加剧了整个事态的发展。但随着人们对疾病的危害性、预防措施、感染后症状、最佳治疗期等有了一定认识之后，就消除了人们的极端盲目和极度悲观心理，从而有利于突发事件的消除和处置。可见，公开真实的信息是消除谣言最有力的武器，是防止应急工作因人们的认识不足而恶化的重要制度。

第三，保障信息公开与信息真实，是提高公众对应急管理措施认同度的有效方式。由于政府实施的应急处置措施对公众而言，很可能导致其权利、自由被限制，公众不可避免地会产生抵触情绪，从而影响对突发事件的处置。如果政府在应急管理过程中，能够充分公开其行使紧急权力的依据、公开有关突发事件的危害、突发事件的发展态势、实施应急处置的理由、行政机关采取的措施与权限等，则无疑会增加人们对应急管理的理解，增强人们对政府的信任度、依赖感和认同度。

三、新闻媒体采访报道在突发事件应对中的作用与路径

在当今社会，无论是在常态还是在非常态法治体系中，新闻媒体开展采访报道和公众舆论监督都扮演着不可或缺的角色，共同构筑了信息传递与监督问责的双重防线。新闻媒体作为信息的快速通道，能够即时将突发事件的现场状况呈现给广大民众，确保信息的时效性与透明度，使公众能够全面了解事件的紧迫性、波及范围及潜在的个人影响，进而根据个人情况采取必要的防范措施。同时，新闻媒体的深入报道具有一股强大的推动力，能够激发政府机构迅速进入应急状态，激活既定的应急预案，高效调配各类资源投入救援与重建工作中。这种作用不仅加速了救援进程，也体现了媒体在促进政府效能提升方面的独特价值。除此之外，舆论监督的力量也不可忽视。它如同一面镜子，映照出政府在危机管理中的决策与行动，确保这些行为都在公

众的监督之下进行。这种公开透明的监督机制，不仅增强了政府的责任感和公信力，也促进了危机管理策略的优化与改进，提高了政府在复杂多变环境中的应变能力和决策效率。

新修订的《突发事件应对法》在第八条规定的突发事件新闻采访报道制度，赋予新闻媒体对突发事件的采访报道与舆论监督权，使得突发事件的新闻媒体报道由单一的政策手段规制变为政策手段、法治手段并存的混合规制。① 然而，该项全新的制度设计有待后续出台更为细致的规范指引。例如，进一步规范界定新闻媒体采访报道突发事件应当遵循的四大要点：一是及时性，新闻媒体应当迅速响应突发事件，第一时间赶赴现场进行采访报道；二是准确性，在采访报道过程中，新闻媒体应当确保信息的准确无误，避免误导公众；三是客观性，新闻报道应当客观公正地反映事件的真实情况，避免主观臆断和偏见；四是公正性，在报道突发事件时，新闻媒体应当保持中立，不偏袒任何一方。

在此基础上，完善突发事件新闻采访报道制度的路径包括三个方面：一是加强法律法规建设。进一步完善相关法律法规体系，明确新闻媒体的采访报道权利和义务以及政府在信息公开和舆论监督方面的责任和义务。同时，加强对新闻媒体的监管和引导，确保其依法依规开展采访报道工作。二是建立健全协调机制。建立政府、媒体和公众之间的协调机制，加强信息沟通和协作配合，政府应主动向媒体提供权威信息源和采访便利条件；媒体应客观公正地报道突发事件情况；公众应理性看待和接受媒体报道信息。通过三方共同努力形成合力一同应对突发事件挑战。三是加强新闻从业者素质培养。加强对新闻从业者的专业培训和素质培养，提高其专业素养和职业道德水平。新闻从业者应具备高度的社会责任感和使命感，以客观公正的态度报道突发事件情况，为公众提供真实可靠的信息来源。四是推动技术创新与应用。积极运用现代信息技术手段推动新闻采访报道工作的创新与发展，通过大数据、云计算、人工智能等技术的应用，提高新闻报道的时效性和准确性；通过社交媒体等平台的运用，拓宽信息传播渠道和覆盖面；通过虚拟现实（VR）、

---

① 参见陈堂发：《从政策到法治：中国突发事件报道的规制演进——基于〈突发事件应对法〉设立"新闻采访制度"条款的分析》，载《传媒观察》，网络首发时间：2024 年 7 月 11 日。

增强现实（AR）等技术的应用，提升新闻报道的沉浸感和互动性。

建立健全突发事件新闻采访报道制度是我国应急法治建设的重要组成部分，也是推动社会治理体系和治理能力现代化的重要举措之一。通过加强法律法规建设、建立健全协调机制、加强新闻从业者素质培养以及推动技术创新与应用等措施，可以不断完善突发事件新闻采访报道制度，为公众提供更加及时准确全面客观的新闻报道信息，为应对突发事件挑战提供有力支持。

四、"吹哨人"与突发事件应对工作投诉举报制度

监管资源有限性导致对某些企业的政府监管很难完全到位。在这种情况下，企业内部从业人员的举报具有十分重要的意义。因为内部从业人员比较熟悉企业的内部信息，能够及时发现风险隐患和收集必要证据。这些内部从业人员被称为"吹哨人"。近年来，我国法律越来越重视"吹哨人"的作用，如2019年公布的《疫苗管理法》第七十七条第二款、2019年修订后《食品安全法实施条例》第六十五条以及2021年修正后的《安全生产法》都对"吹哨人"作出了规定。事实上，我国现行法律在很多领域都确立了有奖举报制度，例如在安全生产领域，原国家安全监管总局与财政部联合印发的《安全生产领域举报奖励办法》适用于所有重大事故隐患和安全生产违法行为的举报奖励，对举报事项范围、举报的途径、举报的处理和反馈、奖励的标准、保护举报人合法权益等作出了详细规定。但该办法没有区分一般群众举报和生产经营单位从业人员举报，实行的是统一的奖励标准，同时对生产经营单位内部从业人员也没有规定区别于一般举报人的保护机制。2020年9月6日，应急管理部印发的《生产经营单位从业人员安全生产举报处理规定》，从多方面对内部从业人员的举报进行了激励和保护。

从突发事件应对工作投诉举报制度来看，作为规范各类突发事件基本法的《突发事件应对法》同样考虑了"吹哨人"制度，"吹哨人"可以对应到第九条第二款的"任何单位和个人"。需要注意的是，相较于一般举报人员，举报自己单位的内部从业人员面临很大的风险，被发现和遭报复的可能性较大，甚至存在被解雇的失业风险，乃至遭遇人身威胁等。现实中"问题没解决，提出问题的人先被解决了"的现象屡见不鲜。因此，《突发事件应对法》第九条第四款明确规定了有关人民政府和部门对投诉人、举报人的相关信息应当予以保密，最大限度避免"吹哨人"事中、事后身份信息泄露。

各领域"吹哨人"制度汇聚在《突发事件应对法》中,某种意义上推动了突发事件应对工作投诉举报制度的确立。当然,两者在理念、目的及实施方式上既有联系又有区别。"吹哨人"制度为突发事件应对工作投诉举报制度提供了有益的借鉴和启示,即通过内部或外部监督举报来强化公共安全、维护社会秩序。同时,两者在适用范围、处理机制等方面也存在差异,需要根据具体情况进行灵活运用和完善。

五、突发事件应对的表彰奖励

本法第十五条虽然是一条新增条款,但制定背景却是多方面的,既符合激发社会参与积极性、弘扬社会正能量以及应对新时代突发事件挑战的要求,也体现了法治建设和社会治理的需要。

首先,在突发事件中,一些单位和个人积极响应、勇于担当,以高度的责任感和使命感投入应急工作中,为减少损失、保护人民生命财产安全作出了重要贡献。给予他们表彰奖励,是对他们辛勤付出和无私奉献的肯定,既能够激励他们继续发挥模范带头作用,也能够激发更多人的积极性和创造力,形成全社会共同参与突发事件应对的良好氛围。其次,表彰奖励在突发事件应对中表现突出的单位和个人,实际上是在树立榜样和标杆。这些榜样不仅展示了在危急时刻应有的态度和行动,也为全社会提供了学习和效仿的对象。通过表彰奖励,可以引导更多人树立正确的价值观和道德观,形成崇尚英雄、尊重奉献的社会风气。再次,表彰奖励机制的实施可以激励单位和个人不断提升自身的应急管理能力和水平。受到表彰的单位和个人往往会在实践中总结出许多宝贵的经验和做法,这些经验和做法对于提升整个社会的应急管理水平具有重要意义。最后,表彰奖励还可以吸引更多的人才和资源投入应急管理事业中来,从而提高应急管理的效率和效果。

随着法治国家建设的深入推进,社会治理体系和治理能力现代化成为重要目标。突发事件作为社会治理中的重要领域,其应对工作直接关系到社会稳定和人民生命财产安全。因此,通过制定相关条款,明确对在突发事件应对中做出突出贡献的单位和个人给予表彰和奖励,是加强法治建设、完善社会治理体系的必然要求。

从条款有效实施的角度考虑,可以采取以下几个细化步骤。

一是制定明确的表彰奖励标准。为了确保表彰奖励的公正性和公平性,需要制定明确的表彰奖励标准。这些标准应该根据突发事件的性质、规模、影响程度以及单位和个人在突发事件应对中的实际贡献等因素来制定。同时，要确保标准的可操作性和可衡量性，以便在实际操作中能够准确评估和判断。

二是完善表彰奖励程序。表彰奖励程序应该规范、透明、公正。首先，要明确表彰奖励的申报、审核和审批流程，确保每个环节都有明确的责任人和时间节点。其次，要建立公示制度，对拟表彰奖励的单位和个人进行公示，接受社会监督。最后，要及时兑现表彰奖励，确保受表彰的单位和个人能够得到应有的荣誉和待遇。

三是加强宣传与教育。表彰奖励不仅是对个人和单位的肯定，更是一种社会价值的传递。因此，在实施表彰奖励的过程中，要加强宣传与教育工作。通过媒体宣传、会议表彰、经验交流等多种形式，广泛宣传受表彰的单位和个人的先进事迹和崇高精神，引导全社会形成正确的价值观和道德观。同时，也要加强对广大干部群众的教育培训，增强他们的应急意识，提高应对能力。

四是建立长效机制。表彰奖励不是一次性的活动，而是一个长期的过程。为了确保表彰奖励机制能够持续发挥作用，需要建立长效机制。这包括完善相关法律法规和政策措施、建立健全表彰奖励制度体系、加强表彰奖励工作的监督检查和评估考核等方面。通过这些措施，可以确保表彰奖励机制能够持续、稳定地运行下去，为提升全社会的应急管理水平贡献力量。

❖ 突发事件应对中的比例原则

第十条　【比例原则】 突发事件应对措施应当与突发事件可能造成的社会危害的性质、程度和范围相适应；有多种措施可供选择的，应当选择有利于最大程度地保护公民、法人和其他组织权益，且对他人权益损害和生态环境影响较小的措施，并根据情况变化及时调整，做到科学、精准、有效。

【释　义】

本条是关于突发事件应对措施应当遵循比例原则的规定。相较于旧法，本次修改在总则中完整地规定了比例原则，特别是在原来已经规定适当性、必要性两个子原则的基础上，进一步规定了法益均衡性原则，要求突发事件应对措施对他人权益损害和生态环境影响较小，并根据情况变化及时调整，做到科学、精准、有效。具体包括以下四个层面。

一、适当性原则

本条规定了突发事件应对中的适当性原则，即突发事件应对措施必须与该事件可能引发的社会危害的性质、危害的严重程度以及影响范围相适应，从而确保应对措施的针对性和有效性。

二、必要性原则

本条规定在有多种可行的应对措施可供选择时，应当优先考虑那些能够最大程度保护公民、法人和其他组织合法权益的措施。这意味着，在决策过程中，必须权衡各种措施对各类主体权益的潜在影响，优先选择那些既能有效应对突发事件，又能将对无辜者权益的损害降至最低，同时尽可能减少对生态环境造成不利影响的方案。这种选择体现了法律对个体权益和社会整体利益的双重尊重与保护。

三、法益均衡性

本次修法新增了"且对他人权益损害和生态环境影响较小",体现了比例原则中的法益均衡性原则。在多种可选方案面前,本法进一步倡导"利益最大化、损害最小化"的决策逻辑,即选择那些既能有效遏制事态恶化,又能最大限度保护各方权益,且对生态环境影响轻微的措施。这种选择不仅体现了对公众福祉的深切关怀,也彰显了法治社会中的公平与正义。

四、动态调整性

除了法益均衡性,本条同时新增的"并根据情况变化及时调整,做到科学、精准、有效"的规定体现了应对措施的动态调整性要求。即随着突发事件的发展变化,以及应对措施实施效果的显现,应当及时对原定的措施进行评估和调整,确保应对措施始终能够科学、精准、有效地应对当前的危机形势。这种灵活性不仅有助于提高应对效率,更能最大限度地减少因应对措施不当而可能造成的额外损失。

综上所述,本条通过规定突发事件应对措施的合比例性(适当性、必要性、法益均衡性)和动态调整性,旨在构建一个既能够有效应对突发事件,又能够充分保障公民、法人和其他组织权益,同时兼顾生态环境保护的应急管理体系。

【评 析】

突发事件应对中的比例原则,是指行政机关在行使行政紧急权力时,应当全面权衡有关的公共利益和个人权益,采取对公民权益造成限制或者损害最小的行政行为,并且使行政行为造成的损害与所追求的行政目的相适应。比例原则包括以下三个方面的子原则,即适当性原则、必要性原则、法益均衡性原则。基于比例原则的基本内容,行政机关在突发事件应对中必须满足如下要求。

第一,行政主体应当将实施突发事件应对措施作为实现应急管理目标的最后方式,且应选择对公民限制程度最小的突发事件应对措施。将突发事件应对措施作为实现应急管理目标的最后方式,是指如果实现应急管理目标的方式有多种选择,则尽量不采取突发事件应对措施来保证行政目的的实现,应优先选择其他行政方式。之所以如此,一方面,由于突发事件应对措施的特点，即其具有直接的、现实的强制力，一旦错误实施，对相对人权利的负面影响很大，例如对没有患有传染病的相对人实施紧急强制隔离，紧急强制治疗等；另一方面，为了体现现代社会人权保护的理念，行政主体应该将突发事件应对措施作为实现行政目的的最后方式。这就需要突发事件应对措施的设定机关在立法中为行政主体设定多种实现立法目的的手段，明确规定行政主体应首先适用非紧急性、非强制性方式，在非紧急性、非强制性方式无法有效地实现行政目的时，或者不采取突发事件应对措施将对公共利益造成明显、即刻的严重威胁时，才可以实施突发事件应对措施。

第二，行政主体应根据具体情形，确定实施突发事件应对措施的规模与时限。所谓突发事件应对措施的规模，是指在行政主体实施突发事件应对措施时，被限制人身自由的人或者被销毁财物的数量。根据具体情形，确定适当的、负面影响最小的应对措施规模非常重要。因为规模的大小不仅直接关系到相对人人身被限制或财物被销毁数量的多少，从而影响到相对人的权利保护，还关系到政府行政成本的多少以及事后补偿或者赔偿成本的多少，从而影响到宝贵应急资源的合理配置。所谓突发事件应对措施的时限，是指行政主体实施突发事件应对措施的时间在起止之间的最大期限。时限对于保护相对人的人身、财产权利非常重要。不适当的、超过合理期间的时限不仅对相对人是一种不必要的侵害，同样浪费应急资源。因此，行政主体应当根据具体情形，根据法律、行政法规来确定实施突发事件应对措施的时限。

第三，法院应将比例原则作为突发事件应对措施合理性审查的依据。所谓合理性审查依据，是指法院在对相对人认为违法而提起诉讼的突发事件应对措施进行审查时认定其是否合法的依据。比例原则是否能够被作为法院进行合法性审查的依据，直接关系着比例原则能否在突发事件应对的实践中得到遵循。没有监督，就没有责任；没有责任，就难以保证法律义务的落实。法院对突发事件应对措施进行合法性审查的机制，对行政主体来说就是一种有效的监督机制。如果法院经审查认为突发事件应对措施违法，则可依法将其撤销或确认其违法。行政机关在根据法院判决承担法律责任的同时，可以促进本机关依法行政，在以后的执法工作中强化守法意识，更好地贯彻比例原则。因此，法院是否能够将比例原则作为合法性审查的依据，直接关系到前述内容能否有效落实。

【适 用】

行政法上的合理性原则是对行政自由裁量的规范，其投射至行政诉讼上形成合理性审查，也即实质合法性审查。① 透过围绕合理性审查的不同理解，"明显不当"的入法可以说正式确认了法院对于行政行为合理性问题的审查。② 在此基础上，前述提及的比例原则可以作为突发事件应对措施合法性审查的依据，实际上可以拓展至合理性审查环节。

从法院采取合理性审查的动因上可以观察到主动与被动两种思路：在绝大部分案件审理过程中，法院需要回应争议双方对于应急处置措施必要性的认识，因而主动进行合理性审查；只有在法律规范欠缺或模糊的少数情况下，由于缺乏合法性审查的直接依据，法院不得不适用行政法的基本原则或参照适用相近法律规范进行审查，因而不可避免（被动）地运用合理性审查。其中，关于本条的法律适用规律逐步呈现。实证研究显示，在133份表达合理性审查思路的裁判文书中，法院适用本条的情形有20次，法院通常对照该条规定的各个要件，逐一审查案件中突发事件的社会危害性程度及相关应急处置措施是否在一定程度上能够达到降低甚至消除危害的效果，同时兼顾措施的价值平衡与经济性。③ 除此之外，本条还被行政相对人频繁适用。实证研究显示，在行政相对人援引《突发事件应对法》的裁判文书中，本条的援引次数排名靠前（第四），主要集中在控诉行政机关未最大程度保护其权益、减少突发事件带来的影响以及未进行合理的补偿。④

---

① 参见余凌云：《论行政诉讼上的合理性审查》，载《比较法研究》2022年第1期。
② 参见何海波：《论行政行为"明显不当"》，载《法学研究》2016年第3期。
③ 参见金晓伟：《应急处置措施的司法审查体系化研究——基于621份裁判文书的分析》，载《清华法学》2023年第1期。
④ 参见金晓伟、冷思伦：《〈突发事件应对法〉实施的司法之维：场景偏差、两造张力与审查模式》，载《江西财经大学学报》2021年第6期。

第二章　管理与指挥体制

本章概述

2018年，在深化党和国家机构改革中，党中央决定组建应急管理部和国家综合性消防救援队伍，对我国应急管理体制进行系统性、整体性重构。2019年11月29日，习近平总书记在主持中央政治局第十九次集体学习时，明确提出要发挥我国应急管理体系的特色和优势，借鉴国外应急管理有益做法，积极推进我国应急管理体系和能力现代化。[1] 本章主要规定了应急管理体制和应急指挥体制的大体框架，在总结上一轮应急管理体制改革经验的基础之上，结合新时代背景下我国应急管理体系的特色和优势，对2007年《突发事件应对法》进行了有保留的修改。

---

[1] 参见习近平:《充分发挥我国应急管理体系特色和优势 积极推进我国应急管理体系和能力现代化》，载《人民日报》2019年12月1日，第1版。

❖ 突发事件应急管理体制

第十六条 【管理体制和工作体系】国家建立统一指挥、专常兼备、反应灵敏、上下联动的应急管理体制和综合协调、分类管理、分级负责、属地管理为主的工作体系。

【释义】

本条是关于应急管理体制和应急工作体系的概括式规定，也是本章的总括性规定。党的十八大以来，伴随着国务院机构改革的步伐，在"全灾种、大应急"的思路下，我国应急管理体制不断调整和完善，突发事件应对能力不断提高，有效纾解了多次重特大安全风险。党的十九届四中全会指出，构建统一指挥、专常兼备、反应灵敏、上下联动的应急管理体制，优化国家应急管理能力体系建设，提高防灾减灾救灾能力。本条规定了中国特色的应急管理体制和应急工作体系，是对机构改革成果的巩固，也是对新时代应急管理体系和能力现代化命题的回应。其中，"统一指挥、专常兼备、反应灵敏、上下联动"为此次修法的新增内容，而"综合协调、分类管理、分级负责、属地管理为主"则承袭了上一轮应急体制改革的成果。相比 2007 年《突发事件应对法》，此次修法删除了"统一领导"，原因在于原法条中的"统一领导"主要指政府对其部门的统一领导，而修法后的"统一指挥"已经概括了党政军关系以及政府和部门之间的关系，没有必要再进行重复规定。

【评析】

一、中国特色应急管理体制

（一）统一指挥

"统一指挥"解决的是党政军关系以及政府和部门之间的关系。这里的

"统一指挥"不同于2007年《突发事件应对法》第四条规定的"统一领导","统一领导"指的主要是政府对各部门的统一领导,而新时代应急管理制度强调的"统一指挥",是指在党和政府统筹之下的"统一指挥"。在重大突发事件的应对过程中,党委、政府、军队、企业、社会组织、志愿者等多元力量短时间内在现场汇集,彼此之间互不隶属,协调效率比较低。统一指挥可以对应急管理活动进行统筹安排,防止无序与混乱,进而提高应急管理的效率。在党政军关系范畴内,一方面,要体现党在突发事件应对中的领导地位,发挥党组织负责人在应急指挥机构中的地位和职能;另一方面,在政府不能指挥武装力量的情况下还要实现军地力量的统一指挥,实现高效处置和救援。在政府及其部门之间的分工关系中,既要保证政府作为整体对区域各种应急资源的综合统筹和统一指挥,又要完善跨区域突发事件的协作机制。因此,要真正实现"统一指挥",就要建立突发事件应对中统筹党政军等公共部门力量和社会、市场力量的整合机制,形成一元化的应急指挥格局。

(二)专常兼备

"专常兼备"的基本含义是应急管理要兼具专门性和常备性的部门或队伍配置,主要包括两个方面的内容:其一,在应急管理机构的设置上,2018年机构改革之后,与应急管理部门职权对应的是自然灾害、事故灾难和综合救援的"小应急",还有很多应急管理职能由其他部门分别承担,这个意义上的"专常兼备"强调既要有常态性、综合性的应急管理部门,发挥应急管理部门的跨灾种综合应对职能,也要有专门负责公共卫生事件和社会安全事件的卫生行政部门和公安部门,发挥其他各部门在各自职责领域内的专业优势。其二,在应急救援力量的配置上,既有原公安消防部队、森林武警部队转制后与安全生产救援队伍组成的综合性常备应急救援力量,又有针对各个行业专门的应急救援力量。为了保障和提升应急救援队伍的能力,应当建立起一套应急救援队伍建设和管理的制度,通过配套出台应急救援组织方面的法律,厘清不同类型应急救援队伍的建设定位、分类管理、分级评估、培训演练、应急响应、激励保障等问题。

(三)反应灵敏

"反应灵敏"是对应急管理能力提出的新要求。新时代的应急管理体制要求反应灵敏,即对突发事件具有敏锐的感知力并灵活、快速地整合应急资源和队伍,对突发事件进行有效应对。具体而言,突发事件应对的负责机关在接到突发事件预警信息的时候,必须立即作出反应,研判事态,迅速调动应急储备资源和应急救援力量,并协调相关部门第一时间采取应急处置措施,防止事态的扩大、危害的蔓延。"反应灵敏"一方面要求各级人民政府必须提升治理突发事件的"软实力";另一方面要求政府在将来的应急管理建设中加大对应急科学研究的投入力度,必要时可引入民间的科研力量,开发先进的应急管理信息技术,通过提升监测预警平台的准确度和灵敏度,提升突发事件预防能力,建立跨部门的突发事件信息共享平台,建立信息评估系统等提升突发事件处置的"硬实力"。

(四) 上下联动

"上下联动"指的是上下级政府及其部门之间的关系,是对《突发事件应对法》所确立的"分级负责、属地管理为主"原则的补充。分级负责原则的本意是将各级人民政府的应急能力和突发事件的等级、危害程度等相匹配,但是,突发事件的发生一般具有紧急性和发展性,突发事件的等级和危害难以在第一时间判断,这就导致理论和实践出现了不对应的情况。而属地管理为主的原则虽然具有一定的合理性,但存在过于绝对化、缺乏跨区域突发事件应对机制、可能造成地方保护主义等"隐患"。而"上下联动"原则的引入有利于修正上述弊端。通俗地讲,"上下联动"是说上级和下级一起行动,不能由中央人民政府、上级人民政府"大包大揽",也不能交给某一级人民政府独立负责。对于一般的突发事件,应当由属地人民政府主要负责,中央政府或者其上级人民政府提供指导和帮助,即要实现突发事件应对的"重心下移",让属地政府负起责任,以较小的反应半径确保灵敏性;对于超出属地人民政府应急处置能力的突发事件,则应当让上级政府乃至中央政府及时介入,接手统一指挥,属地人民政府予以配合和协助。由于突发事件发生时的第一要务是研判事态,控制形势,采取危机预控或者处置措施,所以不管是属地的县级人民政府,还是市级、省级人民政府,在获知突发事件信息的第一时间都必须采取行动,不得推诿,并及时通知相关的单位。

二、中国特色应急工作体系

(一) 综合协调

正如上文所述,党的集中统一领导作为应急管理的基本原则应当在《突发事件应对法》中得到体现，特别是在应急管理的领导机构上得到体现。但是，党的组织不能直接作为对外承担应急管理责任的主体，也不能作为常设性的应急管理行政事务承担机关，扮演这一角色的，仍然应该是各级人民政府及其职能部门。根据2007年《突发事件应对法》的规定，在机构改革之前，我国曾长期实施单灾种应急管理体系，即不同的政府部门负责不同类型的灾害和突发事件的应急管理和应急力量建设，如民政部门负责自然灾害救灾，消防部门负责火灾事故救援，原安监部门负责安全生产监管和矿山事故灾难救援，卫生部门负责公共卫生事件处置。各个部门都有自己的专业应急救援力量，实行垂直化管理、专业化建设。然而，突发事件应对过程中伴生的各种问题非单一部门可以解决，如自然灾害的应急救援需要交通、卫健等多部门协同"作战"，因此我国建立了多个议事协调机构以及部际联席会议制度。2005年起，我国从中央到省市层级在办公厅内部加挂"应急管理办公室"的牌子，负责应急值守、信息汇总等统筹协调，然而因为应急管理办公室的层级过低，难以协调同层级和更高层级的各主体，并未发挥应有之作用。应急管理部组建后，我国将分散在十一个部门的十三项应急职能整合为一体，赋予应急管理部整合优化应急管理资源和力量、牵头健全公共安全体系、综合防灾减灾等综合协调职能。具体而言，从应急系统内部来看，应急管理部整合了原安监、消防、民政等多个部门以及国家减灾委、国家防汛抗旱总指挥部等几个高层级议事协调机构的职能，打破了原有的部门利益格局，形成了自然灾害和事故灾难应对的"小应急"综合格局；从应急系统外部来看，应急管理部门虽然没有将各级应急管理办公室一同并入，但2018年《国务院机构改革方案》已明确规定，应急管理部应当充分发挥对各地区和部门应急管理工作的指导职能，加强与相关部门的协调与合作，形成全灾种协同响应的"大应急"综合格局。因此，应急管理部门不仅要在政府系统内部主导建立跨部门的应急协同机制，还要在党政军群等多个层面建立指挥、合作、参与体系，这是一个庞大的系统工程，可谓"任重而道远"。

（二）分类管理

我国将突发事件分为四大类——自然灾害、事故灾难、公共卫生事件和社会安全事件。在政府内部，应急管理部门是负责自然灾害、事故灾难应对的主要部门；卫生行政部门是负责公共卫生事件应对的主要部门；公安部门是负责社会安全事件应对的主要部门。分类管理的主要意义在于明确突发事件应对的主要责任主体，既保证突发事件日常防控工作的正常运行，又避免突发事件发生后政府内部各职能部门之间相互推诿。

（三）分级负责

"分级负责"是指按照政府的行政层级确定突发事件的响应范围，避免响应不足或者响应过度。在四大类突发事件中，社会安全事件的发展是非线性的，没有分级。其他三类突发事件被分为四级，不同级别对应不同的称谓、颜色标志、最高响应主体。机构改革后，一般性的突发事件由各级地方人民政府负责，应急管理部代表中央统一响应支援；发生特别重大灾害时，应急管理部作为指挥部协助中央组织应急处置工作。需要特别说明的是，此次修法打破了突发事件分级和应急响应的一一对应关系，突发事件本身的级别只是决定应急响应主体的因素之一，而非唯一的因素，具体由哪一级政府进行响应，还要根据突发事件的性质、特点、可能造成的危害程度和影响范围等因素综合确定。

（四）属地管理为主

"属地管理为主"是指由突发事件发生地的人民政府承担突发事件应对处置的主要责任，即以"块"的管理为主。作出这样的安排，一方面是因为属地人民政府对突发事件的起因、经过、影响和应急处置过程中可支配的各种资源更加熟悉，能够实现快速响应；另一方面是因为属地人民政府的综合协调能力更强，即使是单一类型的突发事件，其应急处置工作也需要涉及多个部门的协同工作。当然，以"块"的管理为主并不意味着"条"的专业化管理不重要，在日常行政管理中，实行系统内垂直"条条管理"的行业、领域的主责部门应当与属地人民政府齐抓共管，协助属地人民政府做好突发事件应急管理工作。

第十七条　【分级负责、属地管理和报告机制】县级人民政府对本行政区域内突发事件的应对管理工作负责。突发事件发生后，发生地县级人民政府应当立即采取措施控制事态发展，组织开展应急救援和处置工作，并立即向上一级人民政府报告，必要时可以越级上报，具备条件的，应当进行网络直报或者自动速报。

突发事件发生地县级人民政府不能消除或者不能有效控制突发事件引起的严重社会危害的，应当及时向上级人民政府报告。上级人民政府应当及时采取措施，统一领导应急处置工作。

法律、行政法规规定由国务院有关部门对突发事件应对管理工作负责的，从其规定；地方人民政府应当积极配合并提供必要的支持。

【释　义】

本条是关于突发事件应对中纵向府际关系的规定。所谓纵向府际关系，即上下级政府之间的关系。纵向府际关系之所以成为应急管理中的一项重要问题，主要原因在于虽然理论上可以将突发事件按照规模与等级与不同层级政府相对应，但实践中突发事件的发生、发展往往是突然的、多变的，因此必须首先确定政府应急管理权责的中心，即明确应当由哪一级政府对大多数突发事件承担主要应对职责，再从该级政府出发，确定它与上下级政府之间的协作关系。其中"具备条件的，应当进行网络直报或者自动速报"为本次修法的创新性规定，为应急管理实践中新技术、新方法的应用提供了法律空间。

【评　析】

一、应急管理权责重心是县级人民政府

2003年以来，我国在应急管理纵向府际关系上的方针是"重心下移"，即由县级人民政府作为突发事件应急管理的权责重心。此次修法延续了"重心下移"的方针，主要原因在于：县级人民政府负责本行政区域内公共安全和社会稳定，处于突发事件应对的第一线，相对于上级政府而言，更容易获知突发事件事态发展的一手信息；同时，我国绝大多数的县级人民政府拥有完整的行政管理系统和突发事件监测体系，有能力在第一时间对绝大多数的

一般性突发事件进行处置。作为突发事件应急管理的权责重心，县级人民政府可能在能力上无法胜任某个突发事件的应对，但如果能够比实际负有突发事件响应职责的上级政府更快地采取措施控制突发事件事态发展，无疑将有助于对事态的控制，甚至影响整个事态的发展进程。因此，本条第一款除了明确应急管理的权责重心之外，还明确县级人民政府先期处置的权力，既是授权县级人民政府在上级人民政府介入之前采取力所能及的先期处置措施，也是避免县级人民政府在突发事件发生后将矛盾转嫁给上级以逃避突发事件处置不当的责任和负担，避免上级政府的超负荷运行。

值得关注的是，此次修法在本条第一款新增规定，县级人民政府在突发事件发生后向上级人民政府报告时可以采用网络直报或者自动速报的方式，这为应急管理领域一些新技术、新方法的应用预留了法律空间，解除了此类新技术在应急管理实践推广中的法律桎梏。本条第一款修订的背景之一是，2008年汶川地震后，地震、泥石流等速报和预警技术快速发展，一改往日突发事件主要依靠前兆信息进行预测性预报，然后经过人工研判后再逐级上报或发布预警的传统流程，极大地提高了信息传输速度和准确性。

二、各级人民政府在应急管理中应上下联动

如前文所述，将县级人民政府确定为应急管理的基本单元具有相当的合理性，但并不意味着所有的突发事件一概由县级人民政府主责，由县级人民政府主责的突发事件也并不意味着只有县级人民政府"孤军奋战"。根据应急管理的规律，政府的行政级别越高，其能调动的应急资源越丰富，突发事件应急处置能力越强，因此本条第二款规定，当县级人民政府不能消除或者不能有效控制突发事件引起的严重社会危害时，应急权责重心就会发生转移，根据"分级负责"的工作原则转移至相应的上级人民政府，由上级人民政府统一领导应急处置工作。问题在于，在上一级政府接过突发事件应对的"指挥棒"之前，先行获知突发事件事态的县级人民政府是否应当采取力所能及的先期处置措施？本书认为，无论是哪一级政府领导突发事件的处置工作，都应当保证更加接近事件中心的下级政府拥有先期处置权。原因在于，本条所规定的上级人民政府扩大响应的机制并非为了通过层层权力保留来控制紧急权力的滥用，而是为了实现应急响应速度和能力的平衡。如前所述，尽管下级政府在能力上可能无法胜任整个事件的应对，但如果能够采取有效的先

期处置措施，也许能够控制事态的进一步恶化。

三、"属地管理为主"的例外规定

在属地管理原则的基础上，我国逐步建立了属地管理为主的应急体制，大致实现了应急体制内部的整合，但实践中亦存在一些高度特殊的突发事件不由属地人民政府负责应对，如海难、空难、核事故等，这些特殊事件的共同特点是超出了属地人民政府的综合协调能力范畴，更强调专业分工和专业应对。因此本条第三款规定，在法律、行政法规另有规定的前提下由国务院有关部门担任突发事件应对的主责机关。除了上述考量之外，另一个原因在于这些专业部门，如国家安全、海事、民航、国土等大多属于中央垂直领导部门或者省以下垂直领导部门，日常工作不受同级地方人民政府管辖，"以条为主"的应急管理模式能够更高效地应对特殊事件。

第十八条　【协调配合与协同应对】突发事件涉及两个以上行政区域的，其应对管理工作由有关行政区域共同的上一级人民政府负责，或者由各有关行政区域的上一级人民政府共同负责。共同负责的人民政府应当按照国家有关规定，建立信息共享和协调配合机制。根据共同应对突发事件的需要，地方人民政府之间可以建立协同应对机制。

【释　义】

本条是关于跨行政区域突发事件应对管理工作的规定。所谓跨行政区域突发事件，是指跨越两个或两个以上不相隶属的行政区域的突发性事件，强调突发事件发生或直接影响在地理意义上的动态扩展性。"共同负责的人民政府应当按照国家有关规定，建立信息共享和协调配合机制。根据共同应对突发事件的需要，地方人民政府之间可以建立协同应对机制"为本次修法新增部分。实践中，在大安全大应急框架下，我国建立了一系列区域联动和防范救援救灾一体化应急管理机制并取得了诸多成就。为巩固这些实践成果，此次修法进行了两个方面的改动：其一，如果跨行政区域突发事件由各有关行政区域的上一级人民政府共同负责，共同负责的人民政府之间应当建立信息共享和协调配合机制，不能"各自为战"从而导致应急管理秩序混乱。其二，为应对某些频发的跨行政区域突发事件，地方政府之间可以建立常态化的跨行政区域应急协同机制，包括但不限于建立跨行政区域联席会议、编制跨区域联合应急预案、进行区域联合应急演练、开展区域联合风险隐患普查等。

【评　析】

一、跨区域突发事件对当前应急管理体系的挑战

随着人类社会迈向后工业时代，跨行政区域的突发事件频发，传统以行政区划为界的应急管理单元面临着跨区域突发事件的严峻挑战。为有效应对此类突发事件，2007年《突发事件应对法》确立了"上级介入"的应对思路，即当跨行政区域突发事件发生时，突发事件应对管理的权责重心由属地人民政府转向共同的上一级政府或者有关行政区域的上一级人民政府共同负责。应当认为，在绝大多数的情境下，"上级介入"的思路是适用的。具体而言，对于跨小区域的突发事件，"上级介入"在实践中操作起来较为容易，因为突发事件的事发地毕竟同属一个层级不太高的行政区，此时由事发地的共同上一级政府（如设区的市人民政府）负责应对即可。而对于跨大区域的突发事件，如果事件的严重程度高，由共同上一级政府承担也是高效恰当的，毕竟更高级别的人民政府的突发事件应对能力更强，更能有效地控制复杂的跨区域突发事件的事态发展。

然而，一旦发生大规模跨区域但事件严重程度没有那么高的突发事件，倚重上级政府介入的纵向协同模式则可能反而不利于突发事件的应对。首先，负责突发事件应对的政府层级太高必将影响决策效率。政府的反应能力和反应速度对应急处置工作的成败至关重要，确定政府在应急管理中的层级分工，关键在于把握好反应能力和反应速度之间的平衡。一般来说，层级越低的政府反应速度越快，但处置能力就越低。应对层级不太高但经常发生的跨大行政区域突发事件，对反应速度的要求优先于反应能力。如果负责的层级太高，可能因政府间链接环节过多而导致反应不够迅速，从而错失良机。正如学者

所总结的，每个中间组织层级都可能出于复杂的动机去筛选、扭曲甚至隐瞒信息，信息上传所经过的层级越多，受到干扰的风险就越大。在一个金字塔形的科层结构下，基层收集的信息经过层层过滤、传导到上级手中时，最后剩下的只是其中的一小部分而已。[1] 其次，高层级的政府在职权上未必与事件的性质和等级相匹配。例如，对于一次发生在北京郊区并蔓延到邻近河北某县的森林火灾，首先不可能由中央政府负责应对，这样显得小题大做。而如果由北京市政府与河北省政府共同负责，就容易出现协调问题。在跨大区域突发事件的应对实践中，地方政府间的协调问题历来十分突出。在此背景之下，地方人民政府之间建立横向协同机制成为纾解区域突发事件与科层碎片之间紧张关系的新思路，有别于以共同的上级政府临时介入为基础的纵向协同，该模式得以运行的基础是不存在上下级关系的地方政府之间自愿、自主、自发的合作意愿。本次修法的亮点之一就是在法律上正式承认了地方人民政府之间横向协同机制的法律地位。

二、横向协同应对机制的优势

对于跨大行政区域的、级别不太高的突发事件，尤其是在此类突发事件发生频率较高的地区，地方政府间应当建立跨区域横向协同应对机制，理由如下。

第一，能够削减"块外有块"对应急效率的侵蚀。在常规状态下，我国历来重视整合纵向府际关系而相对忽视横向府际关系，原因在于，我国政府体系具有中央集权的特点，不同的政府部门、同一级别的不同政府以及不存在隶属关系的政府之间往往只能做到对上级负责，府际和部门之间的横向联系相对欠缺。然而，一些突发事件的级别虽不高，尚未达到由上一级政府负责应对的程度，但对于这种跨大行政区域的应急事件，事发地政府受制于外在原因如突发事件的关联性、复杂性，以及内在原因如信息不对称、本地人力财力资源等情况的限制，难以凭借一己之力解决。这就要求在应对此类突发事件时，互不隶属的地方政府之间在应急状态下能够实现协同应对，打破横向府际之间的固有障碍。而在建立跨区域横向协同应对机制的情况下，在

---

[1] 参见钟开斌：《突发事件应对中的信息管理：一个基本分析框架》，载《社会科学文摘》2020年第3期。

突发事件发生时，相关地方政府按照已有的协议约定，可以迅速转入应急协作组织形态，有利于提高应急响应的速度。同时，通过协议明确突发事件应对的主要指挥者和相应的职责，也能够避免推诿扯皮而耽误应急决策的最佳时机。

第二，有利于充分发挥属地管理的优势。《突发事件应对法》确立了属地管理原则，在应对跨大行政区域但级别不高的突发事件时，更应该充分发挥属地管理所带来的信息优势。在紧急情况下，相较于上一级政府，事发地政府在信息的接触、利用上更具优势。如果跨区域的突发事件尚未达到需要上级政府负责的级别，属地政府间的信息沟通和交流对于事件的成功应对就至关重要。通过跨区域横向协同应对机制，参与协议的政府之间可以实现高效的信息共享，在信息的利用上更加及时充分，这一点在应对跨区域、低级别但经常性发生的突发事件时优势更加突出。因为，对于经常性发生的突发事件，地方政府之间可以通过分享信息尽量还原事件原貌，进行应对策略的调整和反思，从而可以在下一次事件的应对中发挥经验优势。

第三，能够弥补部分地区应急管理能力的不足。从法律安排来看，我国对同一层级地方政府的权责安排基本上采取了统一的规定，但这种模式的缺陷在于相对忽略了同级的不同政府所在区域的人口规模、自然环境、经济发展程度等差别。虽然偶尔在实践和法律中会对这种差别进行微调，如设立"较大的市"和"计划单列市"，赋予其高于其他地级市的某些权限，但这种微小的差别安排仍难以解决同级的多个行政区域之间存在的禀赋差异。在应对突发事件的整个过程中，这种差别主要表现为一些地方的应急管理能力不足，具体体现在应急早期的资源准备、中期的处置能力和后期的恢复重建阶段。有观点曾提出，可以通过对同级行政区在突发事件应对中的职责作出差别化的设计，从而尽量实现"个别情况个别处理"，减少"一刀切"模式下不周延的情况。[1] 对于这种差别化的设计，北京等一些较大城市已经有所实践，比如规定在中心区由市政府承担突发事件的第一响应职责，而在郊区则由区县政府承担。但从短期来看，要在全国范围内推广这种做法并不容易，因此，一些自身能力相对较弱的地方政府在突发事件的冲击下呈现出更多的

---

[1] 参见林鸿潮：《公共应急管理中的横向府际关系探析》，载《中国行政管理》2015年第1期。

脆弱性。但是，如果这些地方政府就某些跨大区域的、经常发生的突发事件与相邻的、应急资源禀赋较佳的地方政府建立起区域应急协作机制，那么在一定程度上，便实现了应急资源跨区域高效配置，弥补了落后地区一定时间内难以依赖自身补齐的应急能力短板。

三、横向协同应对机制的完善路径

第一，建立区域间利益分享和利益补偿制度。总的来说，府际间的应急合作大致有两种类型，一种是互补型区域合作，另一种是补偿型区域合作。"互补型区域合作指地方政府之间通过利益交换而实现双方利益增加，即通常所说的优势互补、互利共赢。"① 这种协作方式常见于我国长三角、珠三角等较为发达的地域。而补偿型区域合作主要解决"外部性"的内部化问题。比如，当经济实力相对落后的政府为保证相邻较富裕地方的公共安全而在一些方面作出牺牲时，或者该地区应急管理领域的投入建设会为较富裕的地方相应减轻应急准备的负担时，由于相对贫穷的政府所做的应急储备投入会产生正外部性影响，相对富裕的地方如果试图采取"搭便车"行为而阻却外部性的内部化，区域合作可能很难得到持续。② 针对跨区域突发事件的应急管理，无论是互补型区域合作还是补偿型区域合作，由于参与合作的政府不可避免地受到地方利益驱动的影响，加之应急行为目标中内在多元价值的复杂冲突，都会将应急合作滑向"最小化己方损害"，实现转嫁风险的不正当目标。因此，只有建立起区域间的利益分享和利益补偿机制，构造地方政府在政治、社会或经济领域中交换的利益激励，才能确保区域合作始终有利益激励的推动，从根本上实现区域应急协作机制有效运转。

第二，创新应急演练机制。跨区域的应急演练旨在通过桌面推演、功能演练、局部演练、全程演练等方式，发现并评估原有协作协议中存在的问题，从而加以改进。应对突发事件时，现场需要动员与调配各种资源，面临跨行政区域的场景时情况更为复杂，因而协作各方在现场必须拥有极强的应急协调能力，确保高效、有序地开展协作。这也意味着，日常应急联动的演练必须得到足够重视。具体表现为，对于演练的频次、方式、评估等问题在协作

---

① 邢华：《我国区域合作治理困境与纵向嵌入式治理机制选择》，载《政治学研究》2014年第5期。
② 参见王薇：《跨域突发事件府际合作应急联动机制研究》，载《中国行政管理》2016年第12期。

协议中应当明确规定，并且有必要引入第三方机构对演练的效果予以评估、分析，便于及时反馈和学习。为了防止日常应急协作演练"形式化"、提升演练的有效性，应当将有关演练的硬性规定等纳入各方相应的具有法律约束力的应急预案中，间接增强协作协议的法律效力。

第三，完善信息共享机制。良好的沟通和协作建立在信息共享的基础上，如果地方政府"各自为战"，因担忧政绩等情况而隐藏或者拒绝提供经验和风险信息，就会从根本上动摇跨区域协同应急的基础，难以充分发挥协作应对危机的功效。这也意味着，跨域协作各方要摒弃以往垄断信息和"以我为主"的本位观念。在应急状态下，风险信息的准确性、全面性将对应急决策的成功起到至关重要的作用。因此，协作各方应制定政府间的信息共享规则，并通过定期召开应急管理交流会等方式推进信息共享的常态化，从而为应急状态下共同选择更优的应急策略奠定基础。

第四，强化应急管理全流程思维。跨区域协作机制应当贯穿应急管理的全流程，即风险管理、事前准备、事中处置和救援、事后重建和反思各个阶段。其中，事前准备和事后反思环节的跨区域协作在实践中较为缺乏，但对突发事件应对效果的呈现极其重要。通过将合作协议的实施常态化，即在突发事件的事前管理中就引入合作框架，如共同制定应急规划、共同编制应急预案、建立信息共享机制、共同开展应急演练、共同开展风险评估等。一方面，有利于强化协作机制的制度惯性，将区域合作机制融入地方政府应急管理常态化的工作中；另一方面，能够增强协作机制的运行实效，保证这些机制在公共危机发生后能够真正运转，真正实现关口前移。对于事后反馈环节，在一般的突发事件发生后往往被遗忘。但是，对于跨行政区域但级别不高的突发事件，以及跨区域、高级别突发事件中的非全局性问题，总结和反思类别突发事件的发生规律、演变方式等，对将来可能发生的类似事件的应对能够提供不可多得的经验。而这也是建立跨区域应急协作机制以应对此类事件的重要理由所在。对于事中处置和救援环节，为了避免地方政府在共同应对突发事件过程中因推诿扯皮、权责不明而降低应急决策的效率，府际协作机制应当对应急指挥权的配置予以明确，并且结合处置结束后的反馈情况及时更新、优化。本书认为，在应急指挥权的配置上可以遵循这样的基本原则：突发事件发生区域的事态能够区分主次的，由主要发生地政府承担主要职责；

不能区分主次的，由首发地政府承担主要职责；不能区分主次也不能判别首发地的，由首先启动应急响应的政府承担主要职责。在确定了对应急响应承担主要职责的地方政府之后，协作机制中的其他地方政府应当承担约定的配合协助义务。

第二十一条 【部门职责】 县级以上人民政府应急管理部门和卫生健康、公安等有关部门应当在各自职责范围内做好有关突发事件应对管理工作，并指导、协助下级人民政府及其相应部门做好有关突发事件的应对管理工作。

【释　义】

本条规定了县级以上人民政府各部门在突发事件应对管理中的职责。在突发事件应对中，县级以上人民政府各职能部门的工作包括两个方面：其一，根据相关法律法规、三定方案等规范性法律文件的规定，在各自职责范围内做好分内的专业性工作。例如，在突发事件发生后，应急管理部门收集统筹各类灾情信息、卫生健康部门负责突发事件遇难伤员的救治、公安部门负责维持突发事件应急处置期间的社会治安稳定等。其二，发挥自身层级和专业优势，指导、协助下级人民政府及有关部门的突发事件应对管理工作。这种指导、协助不限于突发事件应急处置期间，而是贯穿突发事件应对的整个流程，从事前的日常行政监督工作，到事中的应急处置救援，再到后期的事后恢复重建，县级以上人民政府的各部门均应当积极履行法定职责。

【评　析】

本次修法明确，突发事件应对过程中，县级以上人民政府的有关职能部门应当在各自职责范围内做好突发事件应对管理的相关工作。然而在实际操作中，各部门的职责范围可能由于有关规定过于宏观或法律法规及三定方案对各部门职责的规定本身存在交叉等原因而产生争议,从而产生"三不管"地带,这一点在事故灾难的追责环节中体现得尤为明显。例如,2019 年 3 月 21 日,位于江苏省盐城市响水县生态化工园区的天嘉宜化工有限公司发生特别重大爆炸事故,造成 78 人死亡、76 人重伤、640 人住院治疗,直接经济损失 19.86 亿元。① 事后,应急管理部门和生态环境部门就职责划分和责任承担问题产生了争议。产生争议的原因在于,本次事故的直接原因是该公司长期违法贮存的硝化废料持续积热升温导致自燃并引发爆炸,而法律对于处置危险固体废物的行为具体由哪个部门监督管理缺乏明确规定,导致应急管理部门和生态环境部门各执一词,认为应当由对方进行监管。实际上,2018 年应急管理部组建后,在应急管理部门直接监督管理的矿山、烟花爆竹和危险化学品及 8 个工贸行业中,应急管理部门除了与生态环境部门职能交叉之外,与市场监督、自然资源、住房城乡建设等部门之间都存在一些职能交叉的具体问题,这些具体问题在事故发生后的调查和追责程序中又演化为一系列争议。从本次修法的立场来看,未来可以从以下两个方面进行优化。

第一,理顺应急管理部门的职能定位。应急管理部门的职能定位是"综合监管"部门,所谓"综合监管",既不是"大包大揽""什么都管",也不是"凌驾"于其他部门之上的"监管之监管",应急管理部门主要负责组织编制预案和应急规划、推动预案建设和预案演练、建立灾情报告系统并统一发布灾情、统筹应急力量建设和物资储备,并在救灾时统一调度、组织灾害救助体系建设等"合优于分"的事项。除此之外,应急管理部门还负责指导安全生产类、自然灾害类应急救援,指导火灾、水旱灾害、地质灾害等防治,承担国家应对特别重大灾害指挥部的日常工作,负责安全生产综合监督管理和工矿商贸行业安全生产监督管理等。公安消防部队、武警森林部队转制后,与安全生产等应急救援队伍一并作为国家综合性常备应急骨干力量,由应急管理部管理,实行专门管理和政策保障。

第二,职责划分不清的,以有效应对危机为第一考量。从应急管理的实际情况来看,各部门职能交叉的情况在所难免,也非应急管理领域所独有,

---

① 参见《江苏响水天嘉宜化工有限公司"3·21"特别重大爆炸事故调查报告公布》,载应急管理部网,https://www.mem.gov.cn/xw/bndt/201911/t20191115_340724.shtml,最后访问时间:2024 年 7 月 13 日。

问题的关键在于如何处理好这种争议，避免出现"三不管"地带。诚然，进一步完善相关法律法规或制定权责清单等能够解决争议，但一方面法律和权责清单不可能穷尽列举，应急管理的突发性、紧急性、多变性的特征决定了依然会有新的职责交叉问题出现；另一方面法律法规的完善和权责清单的编制也需要一定的过程。因此，在危机发生时，各部门应当以有效应对危机作为第一考量，本条所规定的"在职责范围内做好"，不仅意味着各部门要"做好"已经明确的职责，还意味着各部门应当基于行政协助原则"做好"有待划分的职责。所谓行政协助原则，是指行政机关之间应当基于行政的整体性、统一性，相互提供协助，共同完成行政管理任务，主要适用于没有明确隶属关系的行政机关之间在无法避免职能交叉时，基于行政一体化的要求，建立有效的协作机制，以达成整体的行政目标，是行政组织法的基本原则之一。基于行政协助原则的要求，当突发事件应对过程中各部门之间出现职能交叉、职责划分不清的情况时，原则上突发事件应对的主责部门应当与其他部门相互配合、齐抓共管、信息共享、资源共用。同时，应急管理部门还应主动发挥各部门信息交流渠道的功能，根据政府的委托牵头调动各职能部门的力量，及时协调多部门工作中出现的问题，起到综合监督管理的作用。

❖ 突发事件应急指挥体制

第十九条　【行政领导机关和应急指挥机构】县级以上人民政府是突发事件应对管理工作的行政领导机关。

国务院在总理领导下研究、决定和部署特别重大突发事件的应对工作；根据实际需要，设立国家突发事件应急指挥机构，负责突发事件应对工作；必要时，国务院可以派出工作组指导有关工作。

县级以上地方人民政府设立由本级人民政府主要负责人、相关部门负责人、国家综合性消防救援队伍和驻当地中国人民解放军、中国人民武装警察部队有关负责人等组成的突发事件应急指挥机构，统一领导、协调本级人民政府各有关部门和下级人民政府开展突发事件应对工作；根据实际需要，设立相关类别突发事件应急指挥机构，组织、协调、指挥突发事件应对工作。

【释　义】

本条第一款规定了县级以上人民政府在突发事件应对管理工作中的角色、地位，第二款规定了国务院的应对指挥权，第三款规定了突发事件应急指挥机构的设置。其中，设置各级应急指挥机构及配置相应的指挥权是应急管理体制的核心，是以政府为代表的国家公权力体系在紧急情况下用最短的时间最大限度地驱动全社会资源用于应对突发事件的关键。应急指挥体制涉及三个层面的问题：首先，整合政府系统内部的指挥关系，这个问题颇为复杂，涉及不同层级的政府之间、政府与部门之间、部门与部门之间等纵向、横向、斜向府际关系。其次，协调公共部门系统间的指挥关系，即党委、政府、军队之间如何确定领导关系、如何协同行动等。最后，如何统筹公共部门外部指挥关系，即公共部门在突发事件应对中如何有效动员并指挥社会力量。

【评　析】

一、从"条块分割"到"以块为主"的历史变革

2003年"非典"疫情之前，我国政府对应急管理还没有形成比较清晰的认识，管理和干预公共危机的理念也比较薄弱，也就没有专门适用于应急管理的组织框架，而是基本沿用日常的行政管理体系。因此，这个阶段的应急管理机构带有鲜明的部门化色彩。突发事件按照其类型与政府部门的职责分工相对应，分属于不同部门应对。由民政部门、水利部门、地震部门、气象部门主导减灾救灾体系，由原安全生产监督管理部门主导安监体系，由卫生部门主导疾控体系，以及由公安部门主导治安"维稳"体系。这表明，哪些部门承担一定种类突发事件的应对任务，哪些部门就是此类事件的应急管理机构——既是决策指挥机构，也是日常工作机构。至于政府本身的综合协调能力，则比较薄弱，因为人们普遍认为以部门分工为基础所建立的危机应对体系已经足够，政府系统在应对突发事件时，只需要像处理其他公共事务一样，采用正常运转模式就可以了。如果公共危机的应对确实超出了一个部门的职权范围，需要进行跨部门的协调，那就通过设立临时机构（如"××应急指挥部"）的形式予以个案式的解决。这种机构因重大公共危机的出现而成立，也随着危机的结束而解散。

"非典"疫情的暴发使上述危机应对体制的弊端——"条块分割"暴露无遗。"非典"疫情的应对远远超过单个职能部门的应对能力，涉及卫生、公安、财政等多个部门的职责，而长期以来"以条为主"的应对思路导致部门之间分割严重，出现各部门之间协调不力、互推责任、各行其是的现象。

在"非典"疫情的触动下，我国政府系统内部展开了应急指挥体制的改革。改革的核心就是在行政系统内部强调地方各级人民政府在突发事件应对管理中的领导地位，打破"条块分割"的局面。这些改革措施可以被概括为三个方面：首先，将县级以上人民政府而不是政府中的各个部门确定为绝大多数突发事件应对的主责机关；其次，以县级以上人民政府为依托设立各层级应急指挥机构；最后，在纵向府际关系问题上，将县级人民政府确定为应急管理的权责重心，并在指挥机构设置和指挥权配置问题上再次强调属地管

理为主的原则。这些措施被 2007 年《突发事件应对法》和本次修订后的《突发事件应对法》所吸收。但这两个版本的规定存在一些细微不同。相较于 2007 年《突发事件应对法》，本次修法删除了"国务院和县级以上地方各级人民政府是突发事件应对工作的行政领导机关"，规定"县级以上人民政府是突发事件应对管理工作的行政领导机关"，原因在于：其一，从长期以来的应急管理实践来看，中央层面的行政管理工作由应急管理部等国务院的组成部门承担，本条中"突发事件应对工作"的说法被"突发事件应对管理工作"所取代，删除"国务院"后可以避免歧义。其二，从立法技术上来看，本条第二款已经规定了"国务院在总理领导下研究、决定和部署特别重大突发事件的应对工作；根据实际需要，设立国家突发事件应急指挥机构，负责突发事件应对工作；必要时，国务院可以派出工作组指导有关工作"，已完整地概括了国务院在突发事件应对中的职权，没有必要在同一条的不同款中再行赘述。

二、突发事件应急指挥体制的遗留问题

第一，县级以上人民政府系统内部指挥机构设置尚待理顺。2007 年《突发事件应对法》颁布实施后，很多地方政府曾经设立应急委员会作为本区域内突发事件应对的最高指挥机构，下设应急管理办公室作为其日常工作机构，承担综合协调的职能。但是，随着新型、复合型突发事件频发，应急委员会的指挥任务日益繁重和专业化，再加上应急管理办公室只是政府的内设机构，没有以自己的名义对外行使职权的资格，导致应急委员会逐步被各种以专业部门为依托、以突发事件类型为划分标准的专项指挥部架空。随着 2018 年国家机构改革的实施，原政府应急管理办公室被撤销，按照"准大部制"思路构建的应急管理部整合了多个部门的应急管理职责，各级地方政府同时组建应急管理部门，负责辖区内的生产安全事故类和自然灾害类突发事件的综合管理工作。按照应急管理部三定方案的要求，应急管理部门承担国家应对特别重大灾害指挥部的工作，统一协调指挥各类应急救援队伍。应急管理部的成立在一定程度上影响了各级地方政府指挥权的配置，特别是在原政府应急管理办公室职能的整合问题上，只有北京等少数地方将应急管理办公室代表地方政府（或应急委员会）综合协调的职能整合到了新组建的应急管理部门，其他大多数地方都没有这样做，导致地方政府（或应急委员会）的综合协调能力在一定程度上被削弱。

第二，属地应急指挥机构的决策指挥权限较小。以突发公共卫生事件的应急处置为例，2006年2月国务院颁布《国家突发公共卫生事件应急预案》，分别授予全国和省级突发公共卫生事件的应急指挥部决策指挥权，但对于县、市两级地方应急指挥机构的组织和决策指挥权几乎没有规定。此后，各个省、市以此作为参照，相继制定了自己的突发公共卫生事件应急预案，几乎都对基层应急指挥机构及其决策指挥权避而不谈。本次修法继续明确了县级以上人民政府是突发事件应对管理工作的行政领导机关，坚持了"以块为主"的正确方向，并进一步规定县级以上地方人民政府可以设立常态化的应急指挥机构，不必再按照《国家突发公共卫生事件应急预案》《突发公共卫生事件应急条例》的规定，在突发事件发生后先经过相关专业部门的研判再成立临时性的专项指挥机构，这在很大程度上纾解了属地应急指挥机构决策指挥权限较小的问题。

第三，缺乏跨区域、跨层级的指挥机制。虽然将县级人民政府确立为应急指挥枢纽在大多数情况下是适当的，但当发生特别重大的突发事件，波及多个行政区域时，"以块为主"、以属地政府为核心的应急体制不仅可能造成处置责任和应急能力的深度错配，还有可能加剧"各自为政"的地方保护主义倾向。本条第二款"根据实际需要，设立国家突发事件应急指挥机构，负责突发事件应对工作；必要时，国务院可以派出工作组指导有关工作"的规定，在一定程度上解决了跨区域、跨层级指挥机制阙如的不足。

第四，应急指挥体系中的"条块分割"问题未彻底解决。应急指挥体系高效运行的前提是权力的一体化，要想做到这一点，就必须彻底解决突发事件应对过程中的"条块分割"问题。我国的应急指挥体系在2007年《突发事件应对法》颁布实施后大致实现了从"以条为主"向"以块为主"的转变。然而，"条块分割"的问题仍然没有彻底得到解决：首先，属地人民政府难以调动指挥实行垂直管理的某些特殊行政部门、大型企业事业单位等；其次，多数跨行政区域的突发事件的指挥依然依赖于共同的上一级政府的介入，而上一级政府还是需要调动属地应急资源，导致应急指挥的决策链条延长。相较之下，行政区域间通过府际协议建立跨行政区域应急指挥机制虽然可以有效缩短应急指挥的决策链条、提高应急联动能力，但在我国应急实践中还属于个例。

第五,党军地一体化的指挥机制有待完善。历次重特大突发事件应对的经验证明,仅凭政府一己之力,无法独自应对,只有借助我党广泛而强大的动员能力,再加上解放军、武警等武装力量的大力支持,才能顺利度过危机。就党政关系而言,在应急管理实践中,党的各级机关与各级人民政府已基本实现一体化运作,各级党委负责人掌握应急指挥的最终决策权,以政府或应急指挥机构的名义对外作出行为。尽管本次修法未直接规定由各级党委负责人担任应急指挥机构的最高领导人,但从"党的领导"这一基本政治准则和宪法原则出发,各级党委有权通过确立方针政策、进行广泛的动员与号召等方式参与突发事件应对是毫无疑问的。就军地关系而言,应急管理实践中通常由应急指挥机构赋予任务,具体行动由军队自行指挥。这一方案固然具有一定的合理性,但没有真正做到应急指挥的集中、统一、高效、灵敏。由于军地关系涉及的层面较为复杂,我们将在本章后文中详细评述。

三、突发事件应急指挥体制的优化

第一,完善应急指挥机构的组织架构,并明确其法律责任承担问题。实践中,虽然《突发事件应对法》摒弃了突发事件应对中的"个案协调"式指挥机制,规定了县级以上地方各级人民政府应当设立常态化的应急指挥机构,但因为应急决策的任务繁重、专业性欠缺等因素被各种专项应急指挥部架空。本书认为,《突发事件应对法》设立常态化应急指挥机构的思路是正确的,实现了应急决策权的相对集中,基本合乎应急管理的科学规律,但应当从以下两个方面予以完善:首先,应当在应急指挥机构中纳入本级党委的主要负责人。实践证明,无论是在平时还是在应急状态下,无论是在中央还是在地方,党的动员力和凝聚力都是最强的,在我国历次重特大突发事件应对中,无论是以间接方式还是以直接方式,党发挥核心领导作用是我国能够在短时间内克服他国所不能克服之危机的关键所在,也是我国社会主义制度优越性的集中体现,尤其是在超出政府应急能力的非常规突发事件应对中,确立党的直接领导地位尤为重要。其次,将应急指挥机构作为应急处置的法定主体之一,但规定其对外实施的行为在法律后果上由同级人民政府承担。考虑到大多数情况下由政府负责应急处置就足以胜任突发事件的应对任务,而在重特大突发事件的处置中则需要党委出面统筹,此时继续使用政府的名义确有"名实不副"的问题，也不足以体现党委"统一领导"所需要彰显的号召力和权威性，直接使用应急指挥机构的名义对外发布相关决定和命令效果更佳。对此，本次《突发事件应对法》新增的第二十条已经进行了回应，我们将在本章后文进行详述。

第二，适当扩大县级应急指挥机构的应急决策权限。按照突发事件分级管理的基本原则，在发生重大、特别重大突发事件，超出属地县级人民政府的应对能力时，县级人民政府要请求扩大响应，寻求上级人民政府的支持，在采取一些重大应急处置措施时还需要经过上级人民政府的批准。此时，县级人民政府主要是应急决策的"执行者"而非"决策者"。但在通常情况下，直接处于突发事件一线的县级人民政府直接掌握突发事件的一手信息，更容易把握应急处置的最佳时机，是突发事件应对的法定主责机关。出于及时控制突发事件危害后果蔓延的考虑，有必要给予县级人民政府更加广泛的授权，允许其在第一时间作出必要的应急决策，采取相关的应急处置措施，这也与权责统一的基本法律原则相一致。当然，应急决策有其特殊性，由于决策者必须在有限时间、有限条件下作出决策，而县级人民政府的水平和能力可能存在不足，有可能出现决策失误。此时，就要求我们站在实质法治的立场，从应急管理的实际需求出发，用比较宽容的眼光评价基层政府这种第一响应式决策的合法性问题，并要求上级人民政府在综合研判各种情况之后，对基层采取的应急处置措施作出必要的纠正。

第三，建立跨层级、跨区域的联防联控机制。突发事件应对的"条块关系"一直是一个理论和实践难题，这一难题除了涉及同级人民政府、政府的职能部门之间的横向分工，以及中央与地方、上级与下级政府之间的纵向分工之外，还涉及国企、央企以及中央垂直领导的部门等一般条块关系之外的特殊条块问题。而在非常规突发事件的背景下，由于涉及从中央到基层几乎所有的层级，"条"与"块"的纵横交错的网络结构更加复杂。为了厘清这种复杂的条块关系结构，本书认为，在横向上，可以以牵头部门为依托、多部门分工合作形成合力；在纵向上，中央对地方进行指导协调、支持协助、督促调查，地方充分配合、发挥主体作用的格局，建立以党的领导为前提，以应急指挥机构综合指挥为基础，强力职能部门牵头，有关部门和有关地方共同应对的联防联控机制。

第二十四条 【解放军、武警部队和民兵组织参与】 中国人民解放军、中国人民武装警察部队和民兵组织依照本法和其他有关法律、行政法规、军事法规的规定以及国务院、中央军事委员会的命令,参加突发事件的应急救援和处置工作。

【释　义】

本条规定了突发事件应对过程中的军地协作。在我国,军队在非战争军事行动领域发挥着越来越重要的作用。实践证明,军地联合应对各类突发事件已成为新形势下政府和军队均需强化的一项全新职能。从本条的规定来看,中国人民解放军、中国人民武装警察部队和民兵组织参与应急救援和处置的方式有两种:一是根据有关法律、行政法规、军事法规的特别规定。例如,《反恐怖主义法》第八条第二款规定:"中国人民解放军、中国人民武装警察部队和民兵组织依照本法和其他有关法律、行政法规、军事法规以及国务院、中央军事委员会的命令,并根据反恐怖主义工作领导机构的部署,防范和处置恐怖活动。"根据《军队参加抢险救灾条例》的规定,军队是抢险救灾的突击力量,执行国家赋予的抢险救灾任务是军队的重要使命。二是根据国务院、中央军委的命令。

【评　析】

在重大的、非常规的突发事件应对中,军队作为突击力量参与应急救援和处置工作是我国集中力量应对急难险重任务的制度优势体现。由于政府在应对重大风险与非常规突发事件中对党拥有的资源动员能力高度依赖,军队和政府之间又处于平行、互不隶属的关系,因此,如何突破军队和政府在常规情况下相对分离的运作模式,构建统一指挥、权责一致、权威高效的整合型应急管理体制,既确保军队、政府在重大危机情况下实现危机应对能力的快速整合,又不违背最基本的法治要求,是值得进一步思考的问题。

一、军地联合指挥机制的问题

2003 年的"非典"疫情颠覆了大众对公共突发事件的一般性认知,即有时即使依靠政府及其部门间的协调配合，也不足以及时克服危机，必须借助军队的力量才能有效应对突发事件。尽管本次修订后的《突发事件应对法》第十九条规定了军地一体化的指挥机构，但并未就应急状态下军队和地方之间到底"谁指挥谁"的问题作出明示规定。由于指挥机制不明，在突发事件应对实践中曾一度造成混乱。一个典型的例子就是，2008年汶川地震发生初期曾因军地双方协调不畅而在一定程度上影响了应急救援的效率。吸取教训之后，震后第四天便确立了军地合署办公机制。这时，解放军、武警、消防、地方救援等四个方面的力量才被有效地统合起来。

对于汶川地震救灾在军地协作初期所出现的不协调，其原因大致可以归纳为如下三点：第一，军地联合应急指挥权的问题没有在立法上予以明确解决。中国人民解放军及其他武装力量在中华人民共和国成立之后具有双重属性，一方面是中国共产党领导的武装力量，另一方面是保证国家安全的国防力量，必须为国家安全利益服务。在"党指挥枪"的根本原则下，军队和政府的关系就显得比较特殊，两者形成互不统属的平行系统。因此，军队参加突发事件应对救援须经政府提出，由相应级别的军事机关决定或认可，军方负责人参加应急指挥机构。虽然这一体制兼顾了稳定和效率双重目标，但在突发事件应对中，这种互不统属的平行关系容易造成应急救援时的指挥权相互冲突，应急指挥和决策没有真正做到集中、统一、高效、灵敏。第二，军地联合应对突发事件缺乏常态化的、稳定的应急管理协作机制。第三，党的统筹决策、领导作用未能得到充分发挥。

二、建立常态化军地应急协作机制

除了建立军地联合的应急指挥机制，本书认为，还应当建立常态化的军队应急管理协作机制。如果仅仅明确"战时"军地双方"谁指挥谁"的问题，虽然能够一定程度上消减应急协作的混乱与无序、提升应急救援效率，但并不能从根本上提高应急救援的合力。首先，如果军地双方日常缺乏相互协作的协同训练，仅仅依靠突发事件发生之后的临时性"强行整合"，即使指挥权的归属得到了明确，双方的磨合效果也可能不尽如人意。其次，临时性的整合是"一次性组合"，事态一旦处置结束，该组合即告解散。但是，在应急处置和救援的合作中，双方所获得的经验教训是极为宝贵的，而这种"一次性组合"显然不利于经验总结和能力提升，下一次突发事件到来时又要

"从零开始"。因此,有必要注重如下几个方面的制度建设,为军地应急协作机制的构建切实提供保障。

一是信息沟通制度。应当明确相应级别的军方负责人参与到应急指挥机构的日常工作当中,比如军队中负责应急救援的干部应当在当地的应急委员会办公室中担任相应职务,从而建立起常态化的信息沟通机制。通过将信息沟通规范化,可以为有效组织政府部门和军队开展应急准备和演练提供基础,同时有利于分享突发事件处置和救援中获得的经验教训,及时进行反馈学习。

二是信息共享制度。由于我国军队与地方政府间在日常中是互不统属的平行系统,因此,两者在突发事件应对中的信息来源渠道并不完全相同。相比较而言,地方政府的信息利用更加全面,其信息获取渠道也更多,来源范围更广;而军队对信息的获取则更强调准确性,专业性也更强。[1] 因此,有必要建立军地的突发事件信息共享平台,促进信息的无障碍共享和双方沟通交流,以提高应急决策时利用信息的能力。此外,虽然军方收集的一些信息因涉密性等原因不便于共享,但本书认为,原则上军方应当共享预警系统监测到的信息,以及事件处置之后的经验信息,如果确实因一些特殊情况不便直接共享,应当书面向相应的应急管理部门说明理由,并使用可行的替代性方式传递相应信息。

三是协同演练制度。应当将双方演练的频次、方式等加以量化规范,同时,探索第三方演练评估机制,对评估发现的合作薄弱环节进行有针对性的专门训练。通过规范化、实效化的日常协同演练,一方面可提高军地应急专业力量的融合度,另一方面可提前适应应急状态下军地联合指挥机制的架构和运作,确保"政主军辅"的应急联合指挥机制能够在"战时"以最快的速度有序运行。

---

[1] 参见佘廉、潘毅、郑琛:《军地协同处置突发事件应急管理现状及对策》,载《武汉理工大学学报(信息与管理工程版)》2016年第2期。

第二十条 【应急指挥机构职责权限】 突发事件应急指挥机构在突发事件应对过程中可以依法发布有关突发事件应对的决定、命令、措施。突发事件应急指挥机构发布的决定、命令、措施与设立它的人民政府发布的决定、命令、措施具有同等效力，法律责任由设立它的人民政府承担。

【释　义】

本条是此次修法的新增条款，从法律上确定了突发事件应急指挥机构在突发事件应对过程中依法发布有关决定、命令、措施的权力，并明确事件应急指挥机构发布的决定、命令、措施的法律效力及责任承担机制。

【评　析】

一、突发事件应急指挥机构的权力

关于突发事件应急指挥机构的法律定位在学界存在一定争议，本书认为，应急指挥机构应属于《国务院行政机构设置和编制管理条例》《地方各级人民政府机构设置和编制管理条例》中所规定的议事协调机构。此认识也在一些官方声明和回应中有所印证。实践中，应急指挥机构的定位时常与党的议事协调机构相混淆，造成普遍的误解。从行政法的角度来看，议事协调机构是指为了完成某项特殊性或临时性任务而设立的跨部门组织。无论是中央还是地方，议事协调机构特别是常设性的议事协调机构设立应当严格控制，一般不设实体性办事机构，不单独确定编制，所需要的编制由承担具体工作的行政机构解决，一般不对外发布决定和命令，有法律的特别授权除外。本条正是对突发事件应急指挥机构的特别授权，旨在为紧急情况下国家权力分配的"微调"提供法律依据，允许突发事件应急指挥机构履行部分行政机关和立法机关权力。同时，本条也规定了特殊权力行使的限制：首先，必须是在突发事件应对过程中，也就是从危机开始到结束的过程中，常态情况下无权发布。其次，必须依法发布，即使在突发事件应对的情境下，有关决定、命令和措施也不得逾越法律的限制，尤其不得对公民的权利造成非法侵越。最后，决定、命令、措施必须与突发事件应对相关，如涉及危机的紧急处置、应急资源的调配等。

此次修法还明确了突发事件应急指挥机构发布的决定、命令、措施与设立它的人民政府发布的决定、命令、措施具有同等效力。也就是说，应急指挥机构的决定、命令、措施将由国家强制力保证实施，拒不执行的，可根据《刑法》《行政处罚法》《治安管理处罚法》《传染病防治法》《人民警察法》《突发公共卫生事件应急条例》等法律法规进行处理。

三、各级人民政府依然是应急管理对外责任主体

如前文所述，为保障党政军三者在重大突发事件应对中能够最大限度地整合力量、发挥能量，在各级突发事件应急指挥机构中应实现决策指挥的一体化。但是，突发事件应急指挥机构不宜对外直接作为应急管理的责任主体，扮演这一角色的，仍然应该是各级人民政府。也就是说，以各级突发事件应急指挥机构作为载体，在党和政府的领导下对应急管理各环节中的重大事务作出决策，包括在突发事件发生之后作出应急决策，但是这些决策的结果在转化为对外的行政活动，特别是在转化为针对公民、法人或者其他组织的行政行为时，仍然应当以各级人民政府的名义。之所以如此，是因为在坚持加强党的全面领导和党中央集中统一领导的前提下，党政之间仍然是存在分工的，党的领导并不意味着党对政府工作的替代和包办，政府仍然是对外产生法律关系和承担法律责任的主体。

第二十五条　【本级人大监督】县级以上人民政府及其设立的突发事件应急指挥机构发布的有关突发事件应对的决定、命令、措施，应当及时报本级人民代表大会常务委员会备案；突发事件应急处置工作结束后，应当向本级人民代表大会常务委员会作出专项工作报告。

【释　义】

本条是关于人大监督的规定。首先，突发事件应急指挥机构在本法第二十条中被授予发布有关突发事件应对的决定、命令、措施的权力，本条将县级以上人民政府与其并列，规定二者发布有关突发事件应对的决定、命令、措施应当及时向本级人大常委会备案，并在应急处置工作结束后向本级人大常委会作出专项工作报告；其次，本条规定了国家权力机关对突发事件应对管理工作的监督形式，包括备案和事后报告两种。

【评　析】

如前文所述，突发事件法律规范应当由两方面组成：一是规定突发事件应对管理的机制、流程，以保证尽快度过公共危机；二是规定紧急权力的来源、行使的限制等，以保证紧急权力行使的合法性。本条之所以将县级以上人民政府及其设立的应急指挥机构在突发事件应对过程中的决定、命令、措施纳入国家权力机关的监督视野，一方面是因为政府及其所设立的应急指挥机构作为突发事件应对的执行机关，在应急管理过程中拥有比平时更重大、更特殊的各项权力，在具体实施各项应急措施的过程中又需要对公民权利作出必要限制或克减，这使得行政紧急权力的行使极易对公民的合法权利造成伤害。因此，需对紧急权力予以监督，而国家权力机关是最为合适的监督主体。另一方面，我国实行以权力机关为各级政权核心的人民代表大会制度，各级国家权力机关对同级人民政府的工作可以实施全面监督，突发事件应对工作作为县级以上人民政府的一项重要职能，其履行过程同样需要接受权力机关的监督。

❖ 突发事件应对的基层职责和个体义务

第二十二条 【基层职责】乡级人民政府、街道办事处应当明确专门工作力量,负责突发事件应对有关工作。

居民委员会、村民委员会依法协助人民政府和有关部门做好突发事件应对工作。

【释 义】

本条是关于基层应急能力建设的规定,为本次修法新增条款。基层应急能力直接关系广大人民群众的生命财产安全,是筑牢应急管理防线、夯实应急管理基础的关键所在。只有使乡镇、街道办、居民委员会、村民委员会等基层单元充分发挥"救早、救小、救初期"的作用,打通突发事件应对的"最后一公里",才能最大限度地减轻突发事件对正常社会秩序的危害。

【评 析】

本书认为,加强基层应急能力建设可以从以下几个方面入手。

第一,培育基层应急救援队伍。乡级人民政府(街道办)可以以辖区内可调动的应急队伍力量为基础,依托基层网格资源,将现有警务、医务、民兵、森林消防、消防站、物业管理、企业事业单位及志愿者等人员组成一支半专业化的综合性应急救援队伍,负责灾害事故先期处置、受困群众现场救援、受威胁群众转移撤离等工作。行政村(社区)可根据实际情况,组织村(居)民小组长、民兵、卫生所(室)、青壮年等人员成立本村(社区)的救援队,在突发事件发生后组织互救自救。此外,还应当引导基层应急救援队伍与国家综合性消防救援队伍、政府专职综合性应急救援队伍、各种专业化应急救援队伍与社会应急救援力量开展联合培训、演练和日常交流，形成应急救援合力。

第二，推动应急网格建设。为推动联防联控、群防群治，乡级人民政府（街道办）应当引导城乡村居（社区）依托现有的党建、综合治理、疫情防控、城市管理等功能性网格建立健全应急网格，统筹完善基础治理网格体系。具体而言，整合行政村（社区）现有的山洪地质灾害群测群防员、水库巡查员、护林员、灾情信息员、安全生产管理员，"多员合一"为应急网格员。应急网格员应当在政府和有关部门的指导下，积极向所在村居（社区）成员宣传普及应急管理基本知识、常识和技能；定期排查网格内安全生产、自然灾害等风险隐患；进行经常性的巡查监控，第一时间向行政村（社区）报告险情、灾情和违规非法生产经营行为；组织网格内各单位和村（居）民进行应急逃生、自救互救演练；熟悉本村（社区）转移避险路线、安全避难场所；突发事件来临时组织群众转移避险安置，承担网格内灾情统计报送、核查、损失评估和救助管理等相关工作。明确每村（社区）至少配备一名应急网格员，应急网格员应当符合一定的任职资格，不能由村委会干部（居委会干部）兼任。定期组织辖区内应急专员进行业务培训，提升应急专员的专业能力。

第三，明确乡级人民政府、街道办事处、居民委员会、村民委员会的日常工作职责。乡镇（街道）承担本辖区安全生产、防汛抗旱、森林防灭火、消防、气象、地震、地质灾害防范应对和应急救援等日常工作，包括通过各种形式向社会公众普及应急管理知识和各类灾害事故防范应对技能；排查辨识辖区内安全生产和自然灾害风险隐患；组织编制各类应急预案，并定期组织开展实战演练，按照有关规定配备、使用、管理应急物资、救援装备；协助县级应急管理部门开展监管执法，积极探索加强基层应急管理执法的途径和方式；配合县级人民政府有关部门严厉打击辖区内烟花爆竹、煤矿、非煤矿山、危险化学品等领域非法违法生产经营行为等。行政村（社区）要积极协助乡镇（街道）做好安全生产、防灾减灾救灾等基本知识、常识和技能的宣传普及；协助做好安全生产事故防范及自然灾害等防治，定期巡查检查、督促隐患整治；协助有关部门和乡镇（街道）应急执法有关工作等，发挥应急管理"前哨"和"耳目"作用。

第二十三条　【公民、法人和其他组织义务】公民、法人和其他组织有义务参与突发事件应对工作。

【释　义】

本条是关于公民、法人和其他组织参与突发事件应对的义务的规定。在应急管理领域，社会动员被视为一项基本原则。我国积极鼓励社会力量参与到应急管理当中，并且社会力量也显现出了巨大的优势，在资源汇集、风险沟通、专业化程度、运作效率等方面与政府之间形成优势互补。本条的意义在于，让社会力量以法治化身份和方式参与应对突发事件，明确应急管理是以政府为主、社会力量为辅的多元公共治理格局。

【评　析】

一、突发事件应对中各类社会主体的角色转换

学理上，应急法治化包含双重价值目标：一方面是保障公共应急管理机制的建立和运行；另一方面是实现对紧急权力滥用的控制，保障公权力与私权利的再度平衡。关于二者何为优先的问题，学界至今未形成通论。本书认为，突发事件应对法律体系首先是一种法律化的应急管理机制，其次才是控制或者平衡紧急权力的工具。通观《突发事件应对法》全文不难发现，本法规定了大量的应急管理权力、流程、措施，以增强公权力机关在危机治理中的权威和能力。本条的意义也在于此，通过强调各类社会主体在突发事件应对角色中的转换来保障公共应急机制的顺利运行。

第一，突发事件应对中社会主体的权利被克减。在突发事件应对的过程中，社会主体可能需要扮演有别于平常的角色，这种角色的转换体现为公权力机关权力的扩张和责任的增强，政府将比平时更加强烈地干预私人的生活；公权与私权的界限可能被打破，公民的人身自由权、财产权和部分政治权利的行使可能被暂时限制等，而公民、法人、其他组织对此应当服从、配合。

第二，突发事件应对中社会主体的义务被强调。应急机制是人们在历次

突发事件应对中付出巨大代价所获得的，经事件证明的行之有效地对抗公共危机的策略和方法，是经过历史沉淀的经验法则。但对于每一次突发事件应对中的社会主体而言，这种经验法则未必能够获得高度认同和自发遵循，尤其是当公权力机关的行为可能对个体利益造成一定程度的减损时，人们的感性认知和行为选择未必都是理性的。而一旦突发事件来临，又要求既定的应急机制在短时间内快速被实施以应对普遍的公共危机，不能放任人们各行其是。因此，要通过规定突发事件应对中社会主体的义务来约束社会主体的非理性行为，包括强调社会主体在突发事件应对中配合、服从政府命令的义务，在必要时参与应急救援或提供专业服务的义务等。

二、社会公众参与突发事件应对的意义

第一，有助于形成突发事件应对的凝聚力。通过参与突发事件应对，可以使社会公众在某个重要问题上取得共识，增进社会凝聚力，实现有效的社会合作，使整个社会的潜能得到充分释放，从而形成应急管理的巨大合力。

第二，有助于突发事件的高效处置。突发事件的应急处置是一个系统工程，往往具有规模大、影响深、资源消耗大等特征，并在一定程度上超出了政府控制和管理的范围。吸纳和动员社会各种力量，调整和整合各种社会资源共同应对和处置突发事件，是应急管理的有效途径。

第三，有助于形成政府与社会公众良性互动关系。一方面，政府广泛动员社会公众积极参与应急管理活动，是政府民主意识和公信力的充分体现，也是政府决策可信度和可参与度提高的充分体现；另一方面，社会公众根据政府的指挥参与应急管理，也增强了社会公众的自豪感。

第四，有助于平复突发事件不可预测性所导致的应急需求波动，确保公共效益。突发事件的不确定性决定了政府及有关部门对应急需求难以作出精确计算。当突发事件骤然降临或者急剧蔓延时，应急需求大幅度增加；当突发事件结束或呈现回落时，应急需求大幅度减少。政府一般不会不计成本地在平时储备过多的应急物资、设备等。进行应急社会动员可以平复应急需求在常态与非常态之间的波动，实现经济效益与公共安全效益的"双赢"。

第五，有助于将社会应急潜力转化为应急能力，降低应急管理成本。突发事件发生后可能扰乱社会正常运行秩序，在此情形下，如果仅依靠政府应对，效率可能大打折扣。如果社会公众被有效动员起来，能够提高应急管理效率，克服社会公众的恐慌情绪，增强社会凝聚力，实现自救、互救与公救相结合，降低应急管理成本，防止次生、衍生灾害，增强社会应对各种突发事件的能力。

第六，有助于实现应急管理的关口前移与重心下移。应急管理的最高境界是将突发事件消弭于无形之中。因此，应急管理必须关口前移，以预防为主。如果政府能够调动企业事业单位、公民个人等非政府力量的积极性，增强其应急意识，就能够防止和减少很多突发事件的发生。此外，基层是应急管理的关键，也是社会动员的重点。开展应急社会动员，有助于下移应急管理的重心，使突发事件在萌芽或者始发阶段就得到有效控制。

三、社会公众参与突发事件应对的问题

第一，如何界定社会公众在突发事件应对中的义务。作为一部国家法律，《突发事件应对法》只是笼统地规定了"公民、法人和其他组织有义务参与突发事件应对工作"，更偏向于原则性和指引性的规定，至于如何参与、参与到何种程度、公民与法人和其他组织参与突发事件应对的方式是否有所不同则有赖于下位法的进一步规定。本书认为，在进一步规定时，对于国有企业事业单位、公办的社会团体等具有"半官方"色彩的社会主体，直接规定其参与应急处置、承担应急救援费用甚至帮助政府进行物资和产能储备、开发巨灾保险产品等是适当的；但对于民办企业、个人而言，其在突发事件应对中的义务主要体现为服从和配合管理、报告风险隐患、遵守禁止性规定等，是否对其义务进行直接规定有待考量。

第二，如何保证应急指挥机构有效指挥社会应急力量。无论社会应急力量的重要性被如何强调，政府在突发事件应对中应当始终占据主导地位。因此，社会公众在参与突发事件应对时，其自主性将受到比较大的限制，更多的是服从应急指挥机构的调度，否则可能反而成为应急管理秩序的障碍。本书认为，为保障社会应急力量良性发展和有序参与，有必要充分运用大数据、云计算等信息化手段开发应急管理平台，把"社会力量"这一数据集群接入"平台"，强化应急统一指挥、力量分布、资源调配等方面信息的共享与联通，为社会力量参与应急管理提供有力支撑。

第三，如何在应急管理中保障参与者的利益。社会公众参与突发事件应对管理工作具有公益性质，必要的、制度化的利益保障机制是社会公众源

不断涌入应急领域的保障。本书认为，可以从两个方面保障参与者的利益：一是建立激励机制，如对参与企业实行优惠税收，对参与个人进行交通费、生活补助等物质补偿，对做出突出贡献的组织和个人给予公开表彰等；二是建立抚恤保障机制，如对因参与应急救援而遭受伤亡的参与者，按照一定标准加以抚恤，为参与应急救援的个人购买人身保险等。

第三章　预防与应急准备

本章概述

本章介绍预防与应急准备制度，主要围绕《突发事件应对法》第三章"预防与应急准备"即第二十六条至第五十七条展开。本章聚焦加强突发事件应对能力建设、做好突发事件预防和应急准备工作，从应急预案、应急规划、预防措施、单位的预防和应急准备职责、应急的人力资源、应急的物质资源、应急演练、应急保障制度、社会力量与市场机制九个方面进行解析。

❖ 应急预案体系建设

第二十六条 【**应急预案体系**】国家建立健全突发事件应急预案体系。

国务院制定国家突发事件总体应急预案，组织制定国家突发事件专项应急预案；国务院有关部门根据各自的职责和国务院相关应急预案，制定国家突发事件部门应急预案并报国务院备案。

地方各级人民政府和县级以上地方人民政府有关部门根据有关法律、法规、规章、上级人民政府及其有关部门的应急预案以及本地区、本部门的实际情况，制定相应的突发事件应急预案并按国务院有关规定备案。

【释　义】

本条是关于突发事件应急预案体系的规定。第一，国家负有建立健全突发事件应急预案体系的义务。第二，在中央层面，国务院与国务院有关部门均有职责制定应急预案。其中，国务院负责制定国家突发事件总体应急预案，并组织制定国家突发事件专项应急预案；国务院有关部门负责制定国家突发事件部门应急预案，报国务院备案。第三，在地方层面，地方各级人民政府和县级以上地方人民政府有关部门均有职责制定应急预案。一方面，地方层面制定应急预案必须根据有关法律、法规、规章，上级人民政府及其有关部门的应急预案以及本地区、本部门的实际情况；另一方面，地方层面的所有应急预案都应当按国务院有关规定备案。

本条的修改之处有二：一是增加了应急预案备案的要求。国务院有关部门、地方各级人民政府和县级以上地方人民政府有关部门制定的应急预案都应当进行备案，前者应当报国务院备案，后者应当按国务院有关规定备案。

二是将"本部门"的实际情况纳入地方应急预案的依据范畴。

【评析】

一、突发事件应急预案概述

根据《突发事件应急预案管理办法》第二条的规定，应急预案是指各级人民政府及其部门、基层组织、企事业单位和社会组织等为依法、迅速、科学、有序应对突发事件，最大程度减少突发事件及其造成的损害而预先制定的方案。有备才能无患，充分准备是应急管理的重要原则。突发事件应急预案是应急准备制度的重要组成部分，在突发事件应急处置中处于指导性地位。应急预案主要包括以下内容：突发事件应对管理工作的组织指挥体系与职责、突发事件的预防与预警机制、处置程序、应急保障措施以及事后恢复与重建措施等。

应急预案的价值有二：一是体现在应急准备方面，即作为"居安思危""有备无患"的危机应对方案；二是作为一种暂时突破常规、提高政府应急响应效率的预决策制度，应急预案对现场指挥机构和基层决策者赋权，同时限定其基本的行为边界，进而将应急预案体系作为现场指挥和综合决策两个应急管理层次分立的基石，不仅可以节约应急决策成本，还可以最大限度地提升应急法律体系的实施效能。

二、突发事件应急预案的种类

本条规定了六类突发事件应急预案：一是国务院制定的国家突发事件总体应急预案；二是国务院组织制定的国家突发事件专项应急预案；三是国务院有关部门制定的国家突发事件部门应急预案；四是地方各级人民政府制定的地方突发事件总体应急预案；五是地方各级人民政府组织制定的地方突发事件专项应急预案；六是县级以上地方人民政府有关部门制定的地方突发事件部门应急预案。

根据层级高低进行分类，其中前三类属于国家层面的突发事件应急预案，后三类属于地方层面的突发事件应急预案。国家层面的应急预案侧重规范国家层面的突发事件应对行动，体现政策性和指导性；省级应急预案侧重规范省级层面的突发事件应对行动，体现指导性和实用性；市县级应急预案侧重规范市（地）级和县级层面的突发事件应对行动，落实相关任务，细化工作流程，体现针对性和可操作性。①

根据内容进行分类，第一类和第四类属于总体应急预案，第二类和第五类属于专项应急预案，第三类和第六类属于部门应急预案。总体应急预案是指应对突发事件的总体安排，突出应急处置中的原则、体制、机制要素，并对各方的权利义务作出有序分配，具有宏观性和前瞻性。专项应急预案是为了应对特定类型的突发事件，或者实现特定的应急目的而制定的预案，一般涉及两个及以上部门的工作职责，由主要职责部门牵头制定，并报本级政府批准实施。部门应急预案是指职能部门根据本部门的职责，为应对本领域可能出现的突发事件而制定的预案，由部门自行编制、审核、发布。

三、突发事件应急预案备案的意义

本条之所以增设了应急预案备案制度，源于应急预案备案的重要意义。

一是规范应急预案，完善应急管理体系。要求应急预案备案有利于对应急预案进行严格审核，组织综合评估和适时更新，从而保障应急预案的合法性、合理性、科学性和实用性。此外，建立健全应急预案备案制度还有助于促使各级人民政府及有关部门全面了解不同突发事件的应急预案内容，及时进行风险预防和资源配置等相关工作，有效提高应急管理能力，促进应急管理体系的完善。

二是综合协调，完善应急预案体系。要求应急预案备案有助于各级人民政府及主管部门提前了解各项总体、专项和部门应急预案的不同内容安排，发现各项应急预案之间的矛盾冲突部分，从而在突发事件发生前预先进行调整、修改，促进不同应急预案之间的综合协调与相互衔接，推动应急预案体系的建立健全。

三是快速处置，提高应急反应水平。应急预案备案能够促使不同层级、不同部门"在突发事件发生前进行事先预警防范、准备预案等工作，对有可能发生的突发事件做到超前思考、超前谋划、超前化解"②，从而在突发事件发生后迅速调用相应的应急预案，并按照预案采取相应的应急措施，提高应急

---

① 参见《突发事件应急预案管理办法》第十条。
② 钟开斌、张佳：《论应急预案的编制与管理》，载《甘肃社会科学》2006 年第 3 期。

反应速度和反应质量，更加依法、迅速、科学、有序地应对突发事件，从而减少突发事件带来的冲击与负面影响，更好地保障人民群众的生命财产安全。

第二十七条 【应急预案衔接】 县级以上人民政府应急管理部门指导突发事件应急预案体系建设，综合协调应急预案衔接工作，增强有关应急预案的衔接性和实效性。

【释　义】

本条是关于突发事件应急预案衔接的规定。第一，县级以上人民政府应急管理部门作为应急预案体系建设的主管部门，负责指导突发事件应急预案体系建设。第二，应急预案体系建设离不开综合协调应急预案衔接工作，在已有应急预案的基础上进行综合协调，促进不同层级、不同内容的应急预案之间的衔接。第三，应急预案体系建设的目标之一是增强有关应急预案的衔接性和实效性。

本条为此次修法新增条款，反映了国家对应急预案体系建设的重视。

【评　析】

此次修订《突发事件应对法》新增本条规定的意义在于进一步规范应急预案的制定和实施。第一，将已有应急预案的体系建设和内容衔接增效通过法律的形式加以概括确定，进一步凸显了应急预案作为突发事件处置工作方案和法律实施预决策机制的功能。第二，对各级各类应急预案的编制提出更高的要求，规范中央和地方各级应急预案的制定和修改，为我国应急预案制定和实施指明进一步完善的方向。第三，以应急预案体系建设带动应急预案规范化治理，使应急预案的定位更加明晰。第四，有利于敦促各级人民政府和有关部门进一步完善启动应急响应、采取应急处置措施的流程，明确各级行政机关的决策范围和方式。

第二十八条 【应急预案制定依据与内容】应急预案应当根据本法和其他有关法律、法规的规定，针对突发事件的性质、特点和可能造成的社会危害，具体规定突发事件应对管理工作的组织指挥体系与职责和突发事件的预防与预警机制、处置程序、应急保障措施以及事后恢复与重建措施等内容。

应急预案制定机关应当广泛听取有关部门、单位、专家和社会各方面意见，增强应急预案的针对性和可操作性，并根据实际需要、情势变化、应急演练中发现的问题等及时对应急预案作出修订。

应急预案的制定、修订、备案等工作程序和管理办法由国务院规定。

【释　义】

本条是关于应急预案制定、修订以及管理的规定。第一，应急预案的主要内容。应急预案主要包括突发事件应对管理工作的组织指挥体系与职责和突发事件的预防与预警机制、处置程序、应急保障措施以及事后恢复与重建措施等。第二，应急预案的内容依据。一方面，应急预案应以有关法律法规为根据；另一方面，应急预案应针对突发事件的性质、特点和可能造成的社会危害来具体规定各项内容。第三，应急预案的制定程序。应急预案制定机关应当贯彻正当程序原则，广泛听取有关部门、单位、专家和社会各方面意见，以增强应急预案的针对性和可操作性。第四，应急预案的修订。应急预案制定机关必须根据实际需要、情势变化、应急演练中发现的问题等及时对应急预案作出修订，让应急预案与时俱进。第五，应急预案的制定、修订和备案等工作程序和管理办法由国务院规定。

本条的修改之处有五：一是将突发事件"应急"管理工作改为突发事件"应对"管理工作；二是增加了制定应急预案的程序要求，即"广泛听取有关部门、单位、专家和社会各方面意见，增强应急预案的针对性和可操作性"；三是增加了"应急演练中发现的问题等"作为应急预案的修订依据；四是将"适时修订应急预案"修改为"及时对应急预案作出修订"，突出修订应急预案的及时性,确保应急预案能够满足实际应急需要;五是增加了应急预案的制定、修订"管理办法"和应急预案"备案等工作程序和管理办法"由国务院规定,一方面突出应急预案备案制度,另一方面有助于加强对应急预案的管理。

【评 析】

一、突发事件应急预案的定位与主要内容

2003年"非典"疫情之后,我国开始构建比较完整的公共应急体系。其中,应急预案编制工作和应急法律制定工作基本同步启动。但由于立法工作周期长,预案通常早于相关立法出台。为了弥补立法缺失,实现对实践的指导作用,确实存在一段"以案代法"的时期。[①] 随着应急法律体系的逐步建立,预案应当逐步与法律应承担的功能剥离。但实践中,有些行政机关的认识还没有转变过来,对应急预案性质的认知存在偏差。因此,本条的意义在于,明确应急预案的性质和真正作用,重新梳理应急预案应当包含的主要内容。

首先,应急预案是一种处置突发事件的工作方法,而非法律规范。因此,应急预案一方面应当根据《突发事件应对法》和其他有关法律规范编制;另一方面必须在风险辨识和评估、开展应急资源调查评估的基础上,针对突发事件的性质、特点和可能造成的社会危害等客观因素进行编制。

其次,应急预案的主要内容包括突发事件应对管理工作的组织指挥体系与职责和突发事件的预防与预警机制、处置程序、应急保障措施以及事后恢复与重建措施等内容,旨在为突发事件应对提供全过程、全方位的指引。此次修法过程中将"应急"修改为"应对",虽仅一字之差,却彰显了国家对在突发事件"事前"阶段制定并应用应急预案的重视,也从侧面展现出突发事件应急预案的性质与定位——"传统的应急预案概念是在突发事件发生后如何应对处置的方案,而现代应急预案则是强调突发事件发生之前怎样做好

---

① 参见于安:《论国家应急基本法的结构调整——以〈突发事件应对法〉的修订为起点》,载《行政法学研究》2020年第3期。

准备的方案"[1]。

二、增强突发事件应急预案的针对性和可操作性

本条新增了制定应急预案的程序要求，特别是听取意见程序，落实民主决策要求，有利于增强突发事件应急预案的针对性和可操作性。

一是听取意见程序。在应急预案的制定过程中，制定机关应及时将应急预案向社会公布（涉密内容向有关人员公布），主动邀请业内人士、专家学者以及社会各方面参与，广泛听取有关部门、单位、专家和社会各方面意见，并将收集的意见作为制定应急预案的重要依据，这有利于增强应急预案的针对性和可操作性，增进社会各方面对应急预案的理解和支持。

二是应急预案的修订。本条规定，应根据实际需要、情势变化、应急演练中发现的问题等及时对应急预案作出修订。应急预案应与时俱进，本条新增了"应急演练中发现的问题"作为修订依据，从而进一步提高应急预案的科学性。应对突发事件需要快速高效稳定地动员与调配各种资源，这要求有关部门必须足够重视日常的全局与专项应急演练。应急演练可以帮助应急预案制定机关发现并评估原有预案中存在的问题从而加以改进。对应急演练中预案的执行情况、预案的合理性与可操作性等情况进行评估，并对演练中出现的问题进行总结，有利于促进应急预案的更新完善。

三、规范管理突发事件应急预案

应急预案必须保持针对性和实用性，才能在突发事件的事前、事中、事后各个阶段真正发挥作用。本条对应急预案制定、修订和备案等方面都作了规定，有利于加强突发事件应急预案的规范化管理。

《突发事件应急预案管理办法》第三十四条第一款规定："应急预案编制单位应当建立应急预案定期评估制度，分析应急预案内容的针对性、实用性和可操作性等，实现应急预案的动态优化和科学规范管理。"因此，应急预案编制单位应当建立定期评估制度，在评估的基础上对预案进行修订。具体而言，应当重点对应急预案内容的针对性、实用性和可操作性进行分析评价，对应急预案实施动态化管理。

事关组织指挥体系与职责、应急处置程序、主要处置措施、突发事件分

---

[1] 刘铁民：《突发事件应急预案体系概念设计研究》，载《中国安全生产科学技术》2011年第8期。

级标准等重要内容的，应急预案制定机关严格遵循国务院规定的应急预案制定程序和办法进行预案编制、审批、公布等预案管理工作，从而增强应急预案在程序上的严谨性，节约行政和时间成本。同时，严格执行国务院规定的应急预案修订和备案工作办法，履行修订备案职责，保障应急预案及时更新。

❖ 应急规划

第二十九条 【应急体系建设规划】县级以上人民政府应当将突发事件应对工作纳入国民经济和社会发展规划。县级以上人民政府有关部门应当制定突发事件应急体系建设规划。

【释　义】

本条是关于突发事件应对工作规划制度的规定。第一,将突发事件应对工作纳入国民经济和社会发展规划。县级以上人民政府负责将突发事件应对工作纳入国民经济和社会发展规划,强化对突发事件应对工作的重视。第二,制定突发事件应急体系建设规划。县级以上人民政府有关部门应当制定突发事件应急体系建设规划,为突发事件应急体系建设指明方向。

本条为此次修法新增条款。

【评　析】

一、我国突发事件应对工作规划制度的发展

突发事件应对工作规划制度,是指有关部门按照国家法律法规和相关政策的要求,遵照突发事件应对管理工作发展的内在规律,在一定的行政区域范围内,针对一定时期内突发事件应对管理的工作目标、主要任务和重点难点等制定的比较全面长远的发展计划。

从表面上看,突发事件具有的突发性、紧迫性和不确定性似乎与行政规划所具有的全局性、长远性和方向性相抵触,虽然修订前的《突发事件应对法》中未规定突发事件应对工作规划制度,但在实践中,突发事件应急体系建设规划从 2003 年"非典"疫情之后就受到了重视,国家不仅将"强化应急体系建设"纳入"十一五"规划，还专门编制了《"十一五"期间国家突发公共事件应急体系建设规划》。此后"十二五"期间、"十三五"期间也都编制了国家突发事件应急体系建设规划，明确了不同时期应急体系建设目标、主要任务、重点建设项目、政策措施等。2021年，国务院发布《"十四五"国家应急体系规划》，对"十四五"时期安全生产、防灾减灾救灾等工作进行了全面部署。此外，地方各级政府按照中央的文件精神也因地制宜编制了本区域的应急体系建设规划。这些突发事件应对规划发挥了推进突发事件应对管理工作法治化、规范化和精细化的作用，有关突发事件应对规划制度的实践也臻于成熟。

新时代国家突发事件应急体系的创新发展，要求在总体国家安全观的理论指导下，基于国家总体发展战略的系统维度构建国家突发事件应急体系。此外，由于突发事件应对工作的经验色彩较为浓厚，编制规划的意义正在于根据长期积累的应急工作经验，逐渐摸索并制定出较为科学的管理方案以应对未来突发事件的不确定性，引导和促进事态向有利的方向发展，以最大限度地防控风险和消除隐患。因此，此次修改《突发事件应对法》新增本条的目的在于，将突发事件应对工作正式纳入国家经济社会总体发展战略规划，要求有关部门制定系统长远的应急管理体系建设规划，使应急管理体系适应经济社会快速发展的需要。

二、建立突发事件应对工作规划制度的必要性

正确认识建立突发事件应对工作规划制度的必要性，以法律的形式对突发事件应对规划的编制和实施予以明确授权和保障，对提高突发事件应对能力、减少突发事件造成的生命财产损失、促进社会和谐安定具有重要意义。

第一，建立突发事件应对工作规划制度顺应了风险社会的发展趋势，有助于提高应急工作的前瞻性和科学性，合理有效地规避和防范风险。在新的历史时期，突发事件呈现出日益复杂化的趋势，我国突发事件应对管理工作面临一系列巨大挑战。将突发事件应对工作纳入国民经济和社会发展规划、建立突发事件应急体系建设规划将是有效应对风险的前提和必要条件。

第二，建立突发事件应对工作规划制度有利于把握我国突发事件应对工作的发展方向，提高突发事件应对能力。制定应急规划是应对突发事件的必然要求，有助于统筹谋划突发事件应对布局，合理调配各项应急资源。

第三，建立突发事件应对工作规划制度有助于健全我国突发事件应对的法律体系。突发事件应对工作规划制度的作用模式在于，通过提前预设未来一段时期的工作目标、主要任务、重点难点等内容，为具体开展突发事件应对工作提供方向和指引。依法应对突发事件是突发事件应对工作规划制度必须坚持的基本原则和重点所在，突发事件应对工作规划制度必然涉及如何运用法治思维和法治方式构建适应应急管理体制的法律法规和标准体系。因此，建立突发事件应对工作规划制度有助于完善突发事件应对法律体系，推动实现应急管理的制度化、法治化、规范化。

第三十条 【国土空间规划等考虑预防和处置突发事件】 国土空间规划等规划应当符合预防、处置突发事件的需要，统筹安排突发事件应对工作所必需的设备和基础设施建设，合理确定应急避难、封闭隔离、紧急医疗救治等场所，实现日常使用和应急使用的相互转换。

【释　义】

本条规定了国土空间规划等应考虑预防和处置突发事件。第一，本条的适用对象是国土空间规划等规划。第二，为确保各类规划符合预防、处置突发事件的需要，需要满足两点要求：一是统筹安排突发事件应对工作所必需的设备和基础设施建设；二是合理确定应急避难、封闭隔离、紧急医疗救治等场所，实现日常使用和应急使用的相互转换。

本条的修改之处有四：一是将"城乡规划"修改为"国土空间规划等规划"；二是将"应对突发事件"修改为"突发事件应对工作"，表述上更为科学；三是在应急避难场所之外，增加了"封闭隔离、紧急医疗救治等"场所，适应公共卫生事件的应对需要；四是增加了"实现日常使用和应急使用的相互转换"的要求，体现了"平急两用"理念。

【评　析】

一、国土空间规划的重要性

2019年5月，中共中央、国务院印发了《关于建立国土空间规划体系并监督实施的若干意见》（以下简称《意见》）。《意见》指出，国土空间规划是国家空间发展的指南、可持续发展的空间蓝图，是各类开发保护建设活动的基本依据。建立国土空间规划体系并监督实施，将主体功能区规划、土地利用规划、城乡规划等空间规划融合为统一的国土空间规划，实现"多规合一"，强化国土空间规划对各专项规划的指导约束作用，是党中央、国务院作出的重大部署。2019年修订的《土地管理法》新增了第十八条，规定："国家建立国土空间规划体系。编制国土空间规划应当坚持生态优先，绿色、可持续发展，科学有序统筹安排生态、农业、城镇等功能空间，优化国土空间结构和布局，提升国土空间开发、保护的质量和效率。经依法批准的国土空间规划是各类开发、保护、建设活动的基本依据。已经编制国土空间规划的，不再编制土地利用总体规划和城乡规划。"这就意味着，《土地管理法》对"国土空间规划"的地位在法律上予以了确定。也就是说，当前的国土空间规划合并了过去分设在不同部门的主体功能区规划、土地利用规划和城乡规划。因此，本法与《土地管理法》《意见》对于国土空间规划的规定保持了一致，贯彻了党中央、国务院对国土空间规划体系的部署。

二、增加封闭隔离、紧急医疗救治场所的意义

2020年，针对一些突发公共卫生事件，十三届全国人大常委会第十六次会议指出，"现行法律制度还有不完备不适应的地方，法律实施中也存在落实不够好不到位的问题"[①]。突发公共卫生事件及其防控经验，推动了突发事件应对领域的新一轮立法、修法活动。本条基于过往突发公共卫生事件应对工作经验的总结和未来突发公共卫生事件应对工作所面临的形势、挑战，增加了有关部门应合理确定封闭隔离、紧急医疗救治场所的要求，使国土空间规

---

① 《在第十三届全国人大常委会第十六次会议上的讲话》，载人大新闻网，http://npc.people.com.cn/n1/2020/0304/c14576-31616497.html，最后访问时间：2024年7月13日。

划等规划更符合预防、处置突发公共卫生事件的需要。

三、贯彻落实"平急两用"理念

2023年7月，国务院常务会议审议通过《关于积极稳步推进超大特大城市"平急两用"公共基础设施建设的指导意见》，会议指出，在超大特大城市积极稳步推进"平急两用"公共基础设施建设，是统筹发展和安全、推动城市高质量发展的重要举措。超大特大城市在建设改造民宿、旅游酒店、医疗机构、仓储基地等设施时，提前嵌入公共卫生等突发公共事件应急功能，打造一批"平急两用"公共基础设施，进一步完善医疗应急服务体系，补齐临时安置、应急物资保障短板，推动城市更高质量、更可持续、更为安全地发展。本条要求"实现日常使用和应急使用的相互转换"是贯彻实施"平急结合、平急两用"理念的体现，强调既要满足各类突发事件的应急需求，也要防止造成资源浪费。

❖ 预防措施

第三十一条 【应急避难场所标准体系】 国务院应急管理部门会同卫生健康、自然资源、住房城乡建设等部门统筹、指导全国应急避难场所的建设和管理工作，建立健全应急避难场所标准体系。县级以上地方人民政府负责本行政区域内应急避难场所的规划、建设和管理工作。

【释　义】

本条是关于应急避难场所的规定。第一，全国应急避难场所的建设和管理。国务院应急管理部门会同卫生健康、自然资源、住房城乡建设等部门统筹、指导全国应急避难场所的建设和管理工作，同时负责建立健全应急避难场所标准体系。第二，地方应急避难场所的规划、建设和管理。县级以上地方人民政府，而非地方应急管理部门是本行政区域内应急避难场所的规划、建设和管理工作的责任主体。

本条属于此次修法新增条款。

【评　析】

一、建设应急避难场所的必要性

作为防灾减灾救灾的基础设施，应急避难场所是突发事件应对工作的重要组成部分。在突发事件预警响应、抢险救援、过渡安置过程中，应急避难场所能够发挥转移避险、安置避难群众和维护社会稳定的重要作用。建设应急避难场所，能够有效提高突发事件中人员的避难成功率，从而提升应急避难能力和水平。

经过多年发展，我国已建成相当规模和数量的应急避难场所，截至 2023 年 11 月底，我国已建成各级各类应急避难场所超过 13.7 万个。① 但目前我国应急避难场所建设仍存在一些问题，如缺乏统一的分级分类、场址选择、设计建设、功能分区、设施设备配置、标志标识和管护使用等技术要求。针对这些现实问题，本次修订《突发事件应对法》新增了应急避难场所的规定，以加强对应急避难场所的统一规划、建设和管理，让应急避难场所真正发挥应急作用。

二、应急避难场所的责任主体

第一，关于全国应急避难场所的建设和管理主体。国务院应急管理部门是履行突发事件应对管理职责的核心部门，但不是参与突发事件应对管理工作的唯一部门。国务院应急管理部门在面对自然灾害、事故灾害、公共卫生事件、社会安全事件等各类不同的突发事件时，需要卫生健康、自然资源等不同部门的协助和参与。同样，对于全国应急避难场所的建设和管理工作，也需要应急管理部门会同卫生健康、自然资源、住房城乡建设等部门统筹、指导，建立健全应急避难场所标准体系。具体而言，涉及全国应急避难场所的建设和管理工作，因卫生健康、自然资源、住房城乡建设等部门在其职能范围内有科学布局规划的职责，有相应的物资管理权限等优势，应急管理部门需要与这些部门协作配合。此外，应急管理部门通过积极组织协调不同部门，能够最大限度地发挥各相关部门人员的专业优势，突破部门之间的限制，从而精准实施应急避难场所建设和管理工作，促进应急避难场所纳入政府公共服务体系建设范畴，健全与地方经济社会发展和公共安全需求相协调的投入保障机制。

第二，关于地方应急避难场所的规划、建设和管理主体。各行政区域内应急避难场所的规划、建设和管理工作由县级以上地方人民政府，而非地方应急管理部门负责，以充分发挥地方人民政府的资源统筹调动能力。

三、应急避难场所的要求

第一，应急避难场所的规划。2023 年 12 月，应急管理部、自然资源部联

---

① 参见《应急管理部和自然资源部相关司局负责人解读〈应急避难场所专项规划编制指南〉》，载应急管理部网，https://www.mem.gov.cn/gk/zcjd/202312/t20231226_473147.shtml，最后访问时间：2024 年 7 月 13 日。

合印发了《应急避难场所专项规划编制指南》,指出应急避难场所专项规划是国土空间规划体系中的专项规划,需符合本级国民经济和社会发展规划、国土空间总体规划,并与应急体系、人民防空、综合防灾减灾、恢复重建等规划相衔接。在规划编制过程中,需把握好以下七个方面的重点:一是科学布局各级各类应急避难场所,二是统筹利用各类应急避难资源合理建设,三是加强室内型、综合性应急避难场所建设,四是加强城镇应急避难场所标准化改造,五是加强乡村应急避难场所建设,六是科学设置应急避难场所功能与设施,七是充分考虑高原、高寒、高温、高山峡谷等特殊条件下应急避难需要。①

第二,建立健全应急避难场所标准体系。2024年,市场监管总局(国家标准委)批准发布了《应急避难场所 术语》(GB/T 44012—2024)、《应急避难场所 分级及分类》(GB/T 44013—2024)、《应急避难场所 标志》(GB/T 44014—2024)三项新制定的国家标准。这三项国家标准对避难场所分级分类、场址选择、设计建设、功能分区、设施设备配置、标志标识和管护使用等进行了统筹规范,有助于完善全国应急避难场所标准体系,进一步加强应急避难场所全生命周期工作,推动全国应急避难场所建设新发展。②

第三,应急避难场所应当储备必要的应急物资,配备必要的医疗急救设施,设有符合紧急疏散要求、标志明显、保持畅通的安全通道。

第三十二条 【突发事件风险评估体系】 国家建立健全突发事件风险评估体系,对可能发生的突发事件进行综合性评估,有针对性地采取有效防范措施,减少突发事件的发生,最大限度减轻突发事件的影响。

---

① 参见《应急管理部和自然资源部相关司局负责人解读〈应急避难场所专项规划编制指南〉》,载应急管理部网,https://www.mem.gov.cn/gk/zcjd/202312/t20231226_473147.shtml,最后访问时间:2024年7月13日。

② 参见《〈应急避难场所 术语〉〈应急避难场所 分级及分类〉〈应急避难场所 标志〉国家标准发布》,载应急管理部网,https://www.mem.gov.cn/xw/yjglbgzdt/202405/t20240510_487805.shtml,最后访问时间:2024年7月13日。

【释 义】

本条是关于突发事件风险评估的规定。第一，进行风险评估，发现风险所在。国家建立健全突发事件风险评估体系，对可能发生的突发事件进行综合性评估。第二，采取预防措施。根据评估结果，有针对性地采取有效防范措施，以减少突发事件的发生，最大限度减轻突发事件的影响。

本条的修改之处有四：一是删除原条文中的"突发事件应对工作实行预防为主、预防与应急相结合的原则"，移至第五条基本原则部分；二是将"建立重大突发事件风险评估体系"修改为"建立健全突发事件风险评估体系"，强调"突发事件风险评估体系"应不断完善；三是增加了"有针对性地采取有效防范措施"的规定，将风险评估的结果落到实处；四是将"重大突发事件"修改为"突发事件"，扩大了风险评估制度的适用范围。

【评 析】

一、突发事件风险评估制度概述

突发事件风险评估指的是根据一个国家或地区有关突发事件在过去和现在的情况，运用逻辑推理和科学预测的方法、技术，对公共危机的出现及未来发展趋势和演变规律等做出的估计和推断，进而指导人们有计划、有步骤地进行公共危机预防和应对的一系列活动。[①] 突发事件风险评估是指导突发事件预防与应对工作的基础，体现了预防为主、预防与应急相结合的原则。

突发事件风险评估是风险管理理念的产物，有助于提高突发事件应对的科学性和有效性，推动应急管理领域风险意识的提升和应急工作的改善。本条规定了"国家建立健全突发事件风险评估体系"的义务，为风险评估体系建构提供了明确的法律依据。突发事件应对管理工作有关部门应当重视突发事件风险评估制度，建立健全突发事件风险评估体系，积极履行评估职责，

[①] 参见李飞主编：《中华人民共和国突发事件应对法释义》，法律出版社2007年版，第148—149页。

根据已有的数据、情报和资料对可能发生的突发事件进行综合性评估，从而更有针对性地采取有效防范措施，减少突发事件的发生、最大限度减轻突发事件的影响。

二、突发事件风险评估制度的主要内容

第一，评估类型和职权主体。根据风险性质，可以将突发事件风险评估分为综合性评估和专项评估，综合风险评估由应急管理部门牵头，专项风险评估可以由其他相关部门根据职权负责。

第二，评估指标体系。突发事件风险评估指标体系是突发事件风险评估制度的重要组成部分。结构合理的风险评估指标体系，不但有利于抓住突发事件应对能力的主要方面和重要观测点，而且能够从宏观和微观两个角度反映突发事件应对能力的薄弱和不足之处。基于风险的定性和定量相结合的综合评分方法有利于比较客观地反映突发事件应对能力与突发事件风险需求之间的关系。[1] 合理的风险评估指标体系才能够得出科学的评估结果，明确风险评估结果的法律效力和应用范围、方式等，科学应用评估结果，是突发事件应对管理卓有成效的关键。

第三，风险等级划分。风险等级划分是风险评估结果应用的重要方式，也是确立风险管控措施的科学依据。突发事件风险等级划定的依据是风险评估结果，即有关部门必须依据风险评估结果划定风险等级，而不能主观臆断。根据实践中突发事件的特点和分类，风险等级划分可以适用于"区域""领域""行业""单位""部位"等，即确保风险等级划定维度的多元化，从而服务于更加精细化的风险防控。此外，突发事件的风险等级并非一经评估就一成不变，相反，即使在短期的评估过程中，风险程度都有可能发生变化。因此，必须重视对突发事件风险的动态更新。对风险关注度始终保持较高水平的事件和风险关注度趋势明显上升的事件，应予以优先应急准备和资源配置，[2] 并对其相关危险源和危险区域等关联事物加强监管。

---

[1] 参见江田汉、邓云峰、李湖生等：《基于风险的突发事件应急准备能力评估方法》，载《中国安全生产科学技术》2011年第7期。

[2] 参见黄晓燕、徐奕丽、向妮娟等：《突发事件公共卫生风险评估的关注点分析及相关对策建议》，载《中国卫生资源》2019年第3期。

第三十三条　【安全防范措施】县级人民政府应当对本行政区域内容易引发自然灾害、事故灾难和公共卫生事件的危险源、危险区域进行调查、登记、风险评估，定期进行检查、监控，并责令有关单位采取安全防范措施。

省级和设区的市级人民政府应当对本行政区域内容易引发特别重大、重大突发事件的危险源、危险区域进行调查、登记、风险评估，组织进行检查、监控，并责令有关单位采取安全防范措施。

县级以上地方人民政府应当根据情况变化，及时调整危险源、危险区域的登记。登记的危险源、危险区域及其基础信息，应当按照国家有关规定接入突发事件信息系统，并及时向社会公布。

【释　义】

本条是关于危险源和危险区域治理的规定。第一，县级人民政府对危险源和危险区域的治理职责。县级人民政府作为本行政区域内危险源和危险区域治理的责任主体，应当对本行政区域内容易引发自然灾害、事故灾难和公共卫生事件的危险源和危险区域进行治理。第二，省级和设区的市级人民政府对危险源和危险区域的治理职责。省级和设区的市级人民政府作为本行政区域内危险源和危险区域治理的责任主体，应当对本行政区域内容易引发特别重大、重大突发事件的危险源和危险区域进行治理。前述责任主体的职责有三：一是调查、登记、风险评估，二是组织进行检查、监控，三是责令有关单位采取安全防范措施。第三，调整危险源和危险区域的登记。县级以上地方人民政府作为危险源和危险区域治理的责任主体，还应当根据情况变化，及时调整危险源和危险区域的登记。第四，危险源、危险区域及其基础信息公开制度。登记的危险源、危险区域及其基础信息，应当按照国家有关规定接入突发事件信息系统，并及时向社会公布。

本条的修改之处有三：一是增加了县级以上人民政府"根据情况变化，及时调整危险源、危险区域的登记"的职责；二是将危险源、危险区域的"基础信息"纳入公开范围，更加充分地保障社会公众的知情权；三是增加了登记的危险源、危险区域及其基础信息"应当按照国家有关规定接入突发事件信息系统"的要求,确保危险源、危险区域及其基础信息全网可查。

【评　析】

一、危险源和危险区域的治理环节

危险源,是指可能引发突发事件的风险点、风险因素。危险区域,是指存在引发突发事件风险点、风险因素的地区。治理危险源和危险区域主要包含两个相互关联的环节:危险源和危险区域的发现,以及危险源和危险区域的处置。

第一个环节是危险源和危险区域的发现。自然灾害、事故灾难和公共卫生事件的危险源发现主要依靠两种途径:第一种途径是借助科学手段,第二种途径是参与式的隐患排查。在一些比较微观的场所,对危险源的排查应当更加注重参与方式,调动各方主体的积极性。[①] 危险区域的发现与危险源相似,一般而言,存在危险源或者危险源较为集中的地区便应划归为危险区域。换言之,危险区域是危险源的载体,危险源是危险区域划定的主要标准。

第二个环节是危险源与危险区域的处置。识别和发现危险源和危险区域后,就需要采取相应的措施对危险源或者危险区域进行处置,以防止危险源转化为现实的危险,或者减缓危险源的危害。根据危险源性质不同,可以采取的措施也应有所区别。理论上,有些危险源可以通过采取措施消除,如事故灾难、部分自然灾害和部分公共卫生事件的危险源。[②] 有些危险源是无法消除的,只能对其进行隔离,[③] 最典型的就是传染病。

二、危险源和危险区域的治理措施

一是对危险源和危险区域进行调查、登记、风险评估,目的是掌握本行政区域内危险源和危险区域的位置、数量、风险大小,以便采取针对性的预

[①] 参见马小林、昌伟伟:《基于事故致因链的天津港"8·12"火灾爆炸事故分析》,载《安全》2022年第5期。

[②] 参见林鸿潮:《应急法概论》,应急管理出版社2020年版,第118页。

[③] 参见雷长群:《安全生产领域基本概念辨析及双重预防机制研究》,载《中国安全生产科学技术》2017年第2期。

防措施。其中，县级人民政府负责对本行政区域内容易引发自然灾害、事故灾难和公共卫生事件的危险源、危险区域进行调查、登记、风险评估。省级和设区的市级人民政府负责对本行政区域内容易引发特别重大、重大突发事件的危险源、危险区域进行调查、登记、风险评估。此外，县级以上地方人民政府应当根据情况变化，及时调整危险源、危险区域的登记。这有利于政府各部门和社会各方面能够在最短时间内和最大限度上获取危险源和危险区域的最新信息，提高对危险源和危险区域的风险程度变化的认知水平。

二是对危险源和危险区域定期进行检查、监控，目的是保持对危险源和危险区域基本情况的全面及时把控，最大限度地防范突发事件发生。其中，县级人民政府负责对本行政区域内容易引发自然灾害、事故灾难和公共卫生事件的危险源、危险区域定期进行检查、监控。省级和设区的市级人民政府负责对本行政区域内容易引发特别重大、重大突发事件的危险源、危险区域组织进行检查、监控。

三是责令有关单位采取安全防范措施。之所以对危险源、危险区域进行调查、登记、风险评估，定期进行检查、监控等，归根结底是为了采取有针对性的安全防范措施，从而防范危险源与危险区域转化为现实的突发事件。

四是将登记的危险源、危险区域及其基础信息按照国家有关规定接入突发事件信息系统，并及时向社会公布。首先，扩大了信息公布的范围，除危险源和危险区域信息外，相关基础信息也应公布。这有利于政府各部门和社会各方面更迅速、更全面、更详细地掌握危险源和危险区域的信息，从而更加科学地应对。其次，确保危险源和危险区域信息纳入全国统一的突发事件信息系统，能够使信息获取更加便捷，有利于推动信息共享，进而促进突发事件应对中各主体的协作配合。最后，将危险源、危险区域及其基础信息及时向社会公布，保障公众的知情权。

第三十四条　【及时调处矛盾纠纷】县级人民政府及其有关部门、乡级人民政府、街道办事处、居民委员会、村民委员会应当及时调解处理可能引发社会安全事件的矛盾纠纷。

【释　义】

本条是关于调解处理可能引发社会安全事件的矛盾纠纷的规定。社会安全事件的诱因与自然灾害、事故灾难、公共卫生事件不同，其主要诱因在于各种矛盾纠纷，既可能是个人与个人之间的矛盾，也可能是个人与政府、个人与社会之间的矛盾。因此，对于社会安全事件这类突发事件而言，及时调解处理作为诱因的矛盾纠纷是最主要的预防措施。考虑到县级及县级以下的基层单位更能把握各类矛盾纠纷的关键点，本条规定有义务开展矛盾纠纷调解处理工作的主体为县级人民政府及其有关部门、乡级人民政府、街道办事处、居民委员会、村民委员会。

【评　析】

一、及时调处相关矛盾纠纷的意义

按照本法第五条的规定，突发事件应对工作实行"预防为主、预防与应急相结合"的原则。突发事件的预防是指通过分析、调查突发事件可能发生的诱因，依法采取各种手段消除突发事件存在的条件，避免突发事件的发生或避免造成人身、财产的损失。从某种程度上讲，突发事件的预防比单纯的某一特定突发事件的解决更为重要。因为如果能在突发事件发生之前就及时把根源消除掉，将危机化解于萌芽之时，便能有效维护社会秩序的平衡稳定，也可节约大量的人力、物力和财力。对于社会安全事件，既然其根源在于各类矛盾纠纷，那么及时把这些矛盾纠纷化解在基层、化解在萌芽状态就成为预防社会安全事件的必然举措。相应地，如果各类矛盾纠纷都能实现前端化解、实质化解，很多社会安全事件也就失去了发生空间。

除此之外，及时调解处理可能引发社会安全事件的矛盾纠纷还有其他三个方面的意义：一是强化预防和源头治理，减少社会不安定因素，提高社会稳定性。二是增强基层治理能力。县级人民政府及其有关部门、乡镇人民政府和基层群众自治组织是联系群众的桥梁和纽带，要求他们及时调解处理相关矛盾纠纷，有助于增强基层治理能力，提高对社会矛盾和冲突的应对能力。

三是促进社会和谐。及时调解处理矛盾纠纷,有助于缓解社会矛盾,减少社会冲突,营造良好的社会环境,为经济发展和社会进步提供有力保障。

二、调处相关矛盾纠纷的责任主体

基层既是产生利益冲突和社会矛盾的"源头",也是协调利益关系和疏导社会矛盾的关键。因此,承担调解处理相关矛盾纠纷义务的责任主体主要是基层行政机关和基层自治组织。本条规定,"县级人民政府及其有关部门、乡级人民政府、街道办事处、居民委员会、村民委员会"负责调处可能引发社会安全事件的矛盾纠纷,最大限度地把人民群众反映的各类矛盾问题解决在当地。只有把基层的事解决好,把群众身边的问题解决好,人民才能安居乐业、社会才能安定有序、国家才能长治久安。《信访工作条例》第十五条第三款也规定,积极协调处理化解发生在当地的信访事项和矛盾纠纷,努力做到小事不出村、大事不出镇、矛盾不上交。

三、责任主体调处相关矛盾纠纷的具体工作

对于承担调处相关矛盾纠纷义务的"县级人民政府及其有关部门、乡级人民政府、街道办事处、居民委员会、村民委员会"而言,重点应做好以下五个方面的工作:一是及时识别与评估,快速响应与调解。即建立有效的机制,及时发现和识别可能引发社会安全事件的矛盾纠纷。相关矛盾纠纷一经发现,立即启动调解程序。调解过程应公正、公平、透明,确保当事人的合法权益得到保障,积极引导当事人通过对话、协商等方式解决分歧,避免矛盾升级。二是加强沟通与协调。各责任主体应当通过沟通与协调共同应对可能引发社会安全事件的矛盾纠纷,通过信息共享、资源整合等方式,提高调解工作的效率。三是记录与报告。对调解过程和结果进行全过程记录,并向上级部门报告,便于上级部门了解调解工作的进展和效果,为制定相关政策提供依据。四是持续跟进与监督。对于已经调解成功的矛盾纠纷,应进行持续跟进,确保调解结果得到落实。对于未能及时调解或调解失败的矛盾纠纷,应加强监督和管理,防止其进一步升级。五是加强宣传与教育。即通过各种渠道加强宣传教育,提高公众对矛盾纠纷调解工作的认识和理解,增强公众的法治意识和社会责任感,促进社会和谐稳定。

❖ 单位的预防和应急准备职责

第三十五条 【安全管理制度】所有单位应当建立健全安全管理制度，定期开展危险源辨识评估，制定安全防范措施；定期检查本单位各项安全防范措施的落实情况，及时消除事故隐患；掌握并及时处理本单位存在的可能引发社会安全事件的问题，防止矛盾激化和事态扩大；对本单位可能发生的突发事件和采取安全防范措施的情况，应当按照规定及时向所在地人民政府或者有关部门报告。

【释 义】

本条是关于单位建立健全安全管理制度的规定。第一，建立健全安全管理制度的责任主体。所有单位都负有"建立健全安全管理制度"的法律义务，包括机关、企业事业单位、人民团体等。第二，安全管理制度的主要内容。一是定期开展危险源辨识评估，制定安全防范措施；二是定期检查本单位各项安全防范措施的落实情况，及时消除事故隐患；三是掌握并及时处理本单位存在的可能引发社会安全事件的问题，防止矛盾激化和事态扩大；四是对本单位可能发生的突发事件和采取安全防范措施的情况，应当按照规定及时向所在地人民政府或者有关部门报告。

本条的修改之处有二：一是增加了"定期开展危险源辨识评估，制定安全防范措施"的要求；二是将"人民政府有关部门"调整为"有关部门"。

【评 析】

一、单位建立健全安全管理制度的意义

建立健全安全管理制度，旨在通过明确的规则和程序，预防和控制潜在的安全风险，避免发生突发事件。第一，对于单位而言，一方面，通过定期的安全检查和隐患排查，减少因安全事故导致的生产中断、设备损坏和人员伤害等问题，从而保障单位运营的连续性和稳定性，提高单位的工作效率和生产力。另一方面，健全的安全管理制度也是单位实现可持续发展的重要保障，有助于减少安全事故的发生，从而降低环境污染和资源浪费，为社会创造更多的价值，实现经济效益和社会效益的双赢。再一方面，安全状况是单位形象的重要组成部分，一个重视安全管理、积极履行社会责任的单位，更容易获得公众的信任和认可。建立健全安全管理制度，有助于单位树立良好的社会形象，提升单位价值。[①] 第二，对于个人而言，建立健全安全管理制度不仅能确保员工在工作场所的人身安全，还能防止因单位管理不善导致的公共安全事故，保护广大民众的生命财产安全。第三，对于社会而言，安全管理制度是法治建设的重要组成部分。一方面，建立健全安全管理制度，可以提高公众对安全问题的重视程度和防范意识，形成全社会共同关注安全、共同维护安全的良好氛围。另一方面，建立健全安全管理制度，能够减少社会不稳定因素，有力支持社会经济的发展，维护社会的和谐稳定，促进社会的公平正义，为法治社会的建设奠定坚实基础。因此，所有单位都应高度重视安全管理制度的建立和完善工作，确保安全管理制度的有效落实。

二、建立健全安全管理制度的责任主体

本条规定，"所有单位"都应当建立健全安全管理制度。"所有单位"是一个比较广泛的概念，涵盖了各种类型、规模和行业的组织或机构。具体来说，"所有单位"包括但不限于以下几种类型：一是行政机关，如各级政府、政府组成部门等。这些单位在提供公共服务、行使管理职能的同时，也要建立健全内部安全管理制度，确保工作的顺利进行和公共利益安全。二是企事业单位，包括国有企业、民营企业、外资企业、合资企业、事业单位等。这些单位在生产经营、科研教学、医疗卫生、文化体育等领域活动，需要制定并实施安全管理制度，以保障员工和客户的安全，防止生产事故和职业危害的发生。三是社会团体，如行业协会、慈善组织、基金会等。这些单位虽然不以营利为主要目的，但在开展活动、提供服务时，也需要确保相关活动的

---

① 参见闪淳昌：《提升新时代我国应急管理水平》，载《社会治理》2018年第5期。

安全性和参与者的安全。四是个体经营者。个体经营者虽然规模较小，但作为社会经济的重要组成部分，在经营过程中也要遵守安全管理规定，确保自身和消费者的安全。五是其他组织，如学校、幼儿园、医院、图书馆、博物馆、娱乐场所等公共场所。这些场所通常人流量较大，建立健全安全管理制度对于维护公共秩序、保障人员安全具有重要意义。

三、建立健全安全管理制度的具体要求

本条主要规定了各单位在安全管理方面的基本职责和要求，旨在确保各单位做到"预防为主、防治结合"，最大限度降低突发事件的发生概率，保障人民群众的生命财产安全。具体而言，各单位应做到如下几点：

一是定期开展危险源辨识评估，制定安全防范措施。所有单位应定期对其内部可能存在的危险源进行辨识和评估，从而及时发现潜在的安全隐患。根据危险源辨识评估的结果，各单位应制定相应的安全防范措施。这些措施应具有针对性和可操作性，从而有效降低安全事故的发生概率。

二是定期检查安全防范措施落实情况，及时消除事故隐患。各单位应定期对已制定的安全防范措施进行检查，确保其得到有效落实。通过检查，可以及时发现防范措施落实中的问题和不足，并及时进行改进。消除事故隐患是防止安全事故发生的关键环节，各单位在发现事故隐患后必须高度重视，立即采取措施加以消除。

三是掌握并处理可能引发社会安全事件的问题，防止矛盾激化和事态扩大。各单位应密切关注本单位内部可能引发社会安全事件的问题，一经发现要立即采取措施进行处理，防止矛盾激化和事态扩大。

四是突发事件和防范措施报告。对本单位可能发生的突发事件和采取安全防范措施的情况，应当按照规定及时向所在地人民政府或者有关部门报告。报告内容应当真实、准确、完整，使政府和有关部门及时了解情况并采取相应措施，最大限度地减少事故损失和降低社会影响。

第三十六条　【矿山和危险物品单位预防义务】矿山、金属冶炼、建筑施工单位和易燃易爆物品、危险化学品、放射性物品等危险物品的生产、经营、运输、储存、使用单位，应当制定具体应急预案，配备必要的应急救援器材、设备和物资，并对生产经营场所、有危险物品的建筑物、构筑物及周边环境开展隐患排查，及时采取措施管控风险和消除隐患，防止发生突发事件。

【释　义】

本条是关于高危单位防止发生突发事件的规定。第一，本条规定的负有"防止发生突发事件"义务的单位有两类：一类是矿山、金属冶炼、建筑施工单位，另一类是易燃易爆物品、危险化学品、放射性物品等危险物品的生产、经营、运输、储存、使用单位。这两类单位有一个共同的特征，即发生突发事件的概率较高，必须采取特殊的预防措施。第二，这两类单位为防止发生突发事件需具体做以下工作：一是制定本单位的应急预案，二是配备必要的应急救援器材、设备和物资，三是对生产经营场所、有危险物品的建筑物、构筑物及周边环境开展隐患排查，四是发现隐患后及时采取措施管控风险和消除隐患。

本条的修改之处有四：一是新增了"金属冶炼"单位这类责任主体；二是把"储运"改为"运输、储存"，表述上更加严谨；三是在具体职责中增加了"配备必要的应急救援器材、设备和物资"的要求，以更好地应对突发事件；四是新增了"管控风险"目标，作为与"消除隐患"并列的防范要求。

【评　析】

一、要求高危单位承担防止发生突发事件职责的意义

本条之所以特别要求矿山、金属冶炼、建筑施工单位和易燃易爆物品、危险化学品、放射性物品等危险物品的生产、经营、运输、储存、使用单位

承担防止发生突发事件的职责，主要是因为这些单位都具有高危属性，发生突发事件，尤其是生产安全事故的可能性较高。要求其承担较为严格的预防义务，有助于实现以下四重目的。

一是预防和控制安全事故。制定详细的应急预案，有助于明确突发事件的应对流程、责任划分和处置措施，确保在紧急情况下能够迅速、有序地展开救援工作；对生产经营场所、有危险物品的建筑物、构筑物及周边环境进行隐患排查，能够及时发现潜在的安全风险，并采取相应的措施进行控制和消除，从而预防安全事故的发生。

二是提高应急救援能力。配备必要的救援器材、设备和物资，有助于在安全事故发生后迅速启动救援工作，为救援人员提供必要的支持和保障；通过全面调查和客观分析本单位以及周边单位和政府部门可请求援助的应急资源状况，确保在紧急情况下能够充分利用各种资源，提高应急救援能力。[1]

三是降低事故损失。制定应急预案和提高应急救援能力，有助于迅速响应，从而最大限度减少人员伤亡、财产损失和环境破坏，维护社会稳定和公共安全，保障人民群众的生命财产安全。

四是推动安全生产工作。对特定单位科以预防责任，有助于增强这些单位的安全生产意识，推动安全生产工作深入开展。

二、承担防止发生突发事件职责的高危单位

本条规定，特定单位必须采取一系列预防措施，承担相应的预防突发事件发生的责任。一是矿山单位，即所有从事矿产开采活动的单位。无论是地下矿还是露天矿，作业内容均涉及高风险的地质环境和复杂的作业流程[2]，必须制定具体的应急预案，并配备必要的救援器材和物资，以确保在紧急情况下能够及时、有效应对。二是金属冶炼单位。这些单位涉及高温、高压、易燃易爆等危险因素，对操作安全和生产环境的要求极高，制定应急预案、配备救援器材和开展隐患排查是确保金属冶炼过程安全稳定的关键。三是建筑施工单位。建筑施工活动通常在高空、地下或复杂环境中进行，存在诸多安全隐患，为确保施工现场的安全，建筑施工单位必须制定应急预案，并配备

---

[1] 参见闪淳昌：《提升新时代我国应急管理水平》，载《社会治理》2018年第5期。
[2] 参见任盟博：《矿山企业推行精细化安全管理的认识与实践》，载《现代职业安全》2022年第11期。

必要的救援设备和物资，以应对可能发生的突发事件。四是易燃易爆物品、危险化学品、放射性物品等危险物品的生产、经营、运输、储存、使用单位。这些单位涉及高度危险的物品，一旦管理不善或发生泄漏、爆炸等事故，后果不堪设想，因此必须制定严格的应急预案，确保在紧急情况下能够迅速、有效地应对，并尽量减少突发事件带来的损失。

三、高危单位防止发生突发事件的具体职责

一是制定具体应急预案。矿山、金属冶炼、建筑施工单位以及易燃易爆物品、危险化学品、放射性物品等危险物品的生产、经营、运输、储存、使用单位必须制定具体的应急预案，详细规划在发生突发事件时如何应对，包括应急流程、责任分配、资源调配、人员疏散等各个方面，确保发生突发事件时能够迅速、有序地采取行动。

二是配备必要的应急救援器材、设备和物资。矿山、金属冶炼、建筑施工单位以及易燃易爆物品、危险化学品、放射性物品等危险物品的生产、经营、运输、储存、使用单位需要配备必要的应急救援器材、设备和物资，以便在紧急情况下及时使用。这些器材、设备和物资应当与可能发生的突发事件相匹配，包括但不限于灭火器材、急救设备、防护装备、通信设备等。此外，对这些器材、设备和物资需要定期进行检查和维护，确保其处于良好的工作状态。

三是开展隐患排查。矿山、金属冶炼、建筑施工单位以及易燃易爆物品、危险化学品、放射性物品等危险物品的生产、经营、运输、储存、使用单位需要对生产经营场所、有危险物品的建筑物、构筑物及周边环境进行隐患排查。隐患排查的目的是及时发现可能存在的安全风险，如设备故障、操作不当、管理漏洞等，并采取相应的措施进行整改，以消除或降低这些风险。隐患排查应当定期进行，并建立相应的记录和报告制度。

四是及时管控风险和消除隐患。矿山、金属冶炼、建筑施工单位以及易燃易爆物品、危险化学品、放射性物品等危险物品的生产、经营、运输、储存、使用单位在隐患排查过程中，如果发现存在安全风险或隐患，必须及时采取措施进行管控和消除，包括修复设备、改进操作程序、加强安全管理等，有效降低突发事件发生的概率。

第三十七条　【人员密集场所经营单位或者管理单位的预防义务】 公共交通工具、公共场所和其他人员密集场所的经营单位或者管理单位应当制定具体应急预案，为交通工具和有关场所配备报警装置和必要的应急救援设备、设施，注明其使用方法，并显著标明安全撤离的通道、路线，保证安全通道、出口的畅通。

有关单位应当定期检测、维护其报警装置和应急救援设备、设施，使其处于良好状态，确保正常使用。

【释　义】

本条是关于公共场所和人员密集场所的经营单位或者管理单位应急准备职责的规定。第一，本条的适用对象是公共交通工具、公共场所和其他人员密集场所的经营单位或者管理单位。这类单位的特点是人流量大，一旦发生突发事件，造成的后果往往比较严重。第二，这类单位具体应当承担以下应急准备职责：一是制定具体应急预案；二是配备报警装置和必要的应急救援设备、设施，注明其使用方法；三是显著标明安全撤离的通道、路线，保证安全通道、出口的畅通；四是定期检测、维护报警装置和应急救援设备、设施，使其处于良好状态，确保正常使用。

【评　析】

一、要求公共场所和人员密集场所的经营单位或者管理单位承担应急准备职责的意义

本条之所以特别规定公共交通工具、公共场所和其他人员密集场所的经营单位或管理单位通过制定应急预案等做好应急准备，主要是因为这些单位具有公共性，人流量大，安全风险较高。这一要求的意义有三：一是提高应急响应能力。通过制定具体应急预案和配备必要的应急救援设备、设施，提高责任主体的应急响应能力，确保在突发事件发生时能够迅速、有效地采取行动。二是减少人员伤亡和财产损失。显著标明安全撤离的通道、路线，保证其畅通无阻，能够在紧急情况下迅速疏散人员，减少人员伤亡。同时，完善的应急设施和设备也能在一定程度上减少财产损失。三是维护社会稳定和公共安全。公共交通工具、公共场所和其他人员密集场所是社会生活的重要组成部分，其安全运营直接关系到社会稳定和公共安全。

二、承担应急准备职责的公共场所和人员密集场所

本条规定了三类承担应急准备职责的单位：一是公共交通工具的经营单位或管理单位，如公交公司、地铁运营公司、航空公司、轮船公司等。这类单位负责确保所运营交通工具的安全，必须制定应急预案、配备报警装置和应急救援设备、标明安全撤离通道等。二是公共场所的经营单位或管理单位，如商场、电影院、剧院、体育场馆、展览馆等。这类单位具有开放性和人员密集性，一旦发生突发事件，后果非常严重。因此必须通过制定应急预案、配备必要的应急设备等措施，确保突发事件发生后，人员能迅速安全撤离。三是其他人员密集场所的经营单位或管理单位，如火车站、汽车站、码头、机场、医院、学校等。这类单位因其特定的功能或活动，可能吸引大量的人群聚集，因此也需要配备相应的应急预案、营救救援设施等。

三、公共场所和人员密集场所承担的具体应急准备职责

一是制定具体应急预案。针对可能发生的突发事件，制定详细的应急预案是确保及时、有效应对的关键。预案应包含应急响应流程、责任分配、资源调配、人员疏散等各个环节的具体措施。《机关、团体、企业、事业单位消防安全管理规定》第十六条即规定："公众聚集场所应当在具备下列消防安全条件后，向当地公安消防机构申报进行消防安全检查，经检查合格后方可开业使用：……（六）制定灭火和应急疏散预案。"

二是配备报警装置和应急救援设备、设施，注明其使用方法。根据场所特性和潜在风险，配备适用的报警装置（如火灾报警器、紧急呼叫按钮等）和应急救援设备、设施（如灭火器、应急照明灯等），确保报警装置和应急救援设备、设施数量充足，并合理分布在场所的各个关键位置。明确标注使用方法，确保在紧急情况下人员能够迅速、正确地使用这些设备。

三是显著标明安全撤离的通道、路线，保证安全通道、出口的畅通。使用醒目的标识（如发光标志、箭头指示等）标明安全撤离的通道和路线，确保标识的位置易被发现，并避免被遮挡或损坏。加强日常管理，确保安全通道和出口不被占用或锁闭。定期进行应急演练，检验安全通道和出口的畅通情况，并根据演练结果进行改进，保证人员在紧急情况下能够迅速撤离。

四是定期检测、维护报警装置和应急救援设备、设施。根据设备使用情况和厂家建议，制定合理的设备检测周期（包括设备清洁、功能测试、损坏部件更换等），确保设备处于良好状态。建立检测和维护记录，对发现的问题及时报告并处理。例如，《机关、团体、企业、事业单位消防安全管理规定》第二十一条第一款即规定："单位应当保障疏散通道、安全出口畅通，并设置符合国家规定的消防安全疏散指示标志和应急照明设施，保持防火门、防火卷帘、消防安全疏散指示标志、应急照明、机械排烟送风、火灾事故广播等设施处于正常状态。"

❖ 应急的人力资源

第三十八条　【应对管理培训制度】县级以上人民政府应当建立健全突发事件应对管理培训制度，对人民政府及其有关部门负有突发事件应对管理职责的工作人员以及居民委员会、村民委员会有关人员定期进行培训。

【释　义】

本条是关于突发事件应对管理培训制度的规定。第一，建立健全突发事件应对管理培训制度。县级以上人民政府负有建立健全突发事件应对管理培训制度的义务。第二，突发事件应对管理的培训对象。突发事件应对管理培训的对象有两类：一类是人民政府及其有关部门负有突发事件应对管理职责的工作人员，另一类是居民委员会、村民委员会有关人员。第三，突发事件应对管理培训要定期开展。

本条的修改之处有三：一是把突发事件"应急"管理培训制度改为突发事件"应对"管理培训制度，表述上更为严谨；二是把"处置突发事件"职责改为"突发事件应对管理"职责，与前文保持一致；三是增加了"居民委员会、村民委员会有关人员"这类培训对象，与本法第二十二条第二款"居民委员会、村民委员会依法协助人民政府和有关部门做好突发事件应对工作"相契合。

【评　析】

一、建立健全突发事件应对管理培训制度的意义

突发事件应对管理培训是指，面向人民政府及其有关部门对突发事件负

有应对管理职责的工作人员以及居民委员会、村民委员会有关人员开展应对突发事件知识和技能的培训。突发事件应对管理培训是建立突发事件应对管理长效机制的重要措施，其意义有四。

一是提升应急管理能力。定期培训能够确保相关人员掌握最新的应急管理理论、法律法规、技术手段和实战技巧，从而提升他们在突发事件中的决策能力、组织协调能力和现场处置能力。此外，培训过程中，通过分享国内外成功的应急管理案例和实战经验，促进相关工作人员在面对类似事件时迅速反应、有效应对。

二是增强公众的安全意识与自救互救能力。虽然直接培训的对象是政府及其有关部门负有突发事件应对管理职责的工作人员以及基层自治组织的有关工作人员，但他们的作用会间接辐射到广大民众。这些工作人员在接受培训后，不仅能够在突发事件初期发挥关键作用，及时组织民众疏散、自救，有效减轻灾害损失，还能够开展宣传教育活动，提高民众的应急意识和自救互救能力。[①]

三是完善应急管理体系。健全的应急培训制度是突发事件应对管理体系中不可或缺的一环，有助于促进应急管理体系的规范化、制度化，推动构建全方位、多层次的突发事件应对管理体系。

四是应对新时代挑战。随着社会的进步和科技的发展，突发事件的形式和特征也在不断变化，定期培训能够使政府及其相关部门工作人员、基层自治组织人员保持敏锐的洞察力，适应新形势下的突发事件应对管理需求，更好地维护国家安全和社会稳定。

二、突发事件应对管理培训制度的适用对象

突发事件应对管理培训制度的适用对象广泛，涵盖了从政府、政府部门到基层自治组织，从专业应急管理人员到普通社区工作者的各个层面，具体分为以下两类。

一类是县级以上人民政府及其有关部门负有突发事件应对管理职责的工作人员，包括但不限于应急管理、公安、消防、卫生健康、民政、交通、水

[①] 参见沈燕梅、张斌：《社会组织参与应急救援的现状、困境与路径探析》，载《广东行政学院学报》2020年第2期。

利、气象等部门的专业人员。他们在突发事件应对中扮演着重要角色，需要掌握应急管理的基本理论、法律法规、政策导向以及具体的操作程序和技能。突发事件应对管理培训有助于提高他们应对突发事件的能力，确保他们在关键时刻能够迅速、有效地做出决策和行动。

另一类是居民委员会、村民委员会的有关人员。作为基层自治组织，居民委员会和村民委员会在突发事件应对中发挥着重要作用。他们与社区居民、村民联系紧密，能够第一时间获取现场信息并组织居民、村民进行自救互救，有必要通过定期培训提高他们的应急意识和组织能力。

三、建立健全突发事件应对管理培训制度的具体要求

第一，县级以上人民政府应制定详细的突发事件应对管理培训制度。要明确培训的目标、任务、组织管理机构、实施程序及监督考核等内容，根据不同层级、不同岗位的职责需求，制定差异化的培训计划，灵活安排培训形式（包括但不限于组织专家、学者集中授课；突发事件场景实战演练；利用网络平台在线学习；组织专题研讨会和经验交流会），加强师资建设，增加必要的应急实物、基础设施、教学设备与模拟仿真训练系统。[1] 不断更新培训内容和方法，关注接受培训人员需求，提供个性化的培训服务，确保培训内容与实际工作紧密结合，提升培训质量。

第二，人民政府及其有关部门工作人员和居民委员会、村民委员会有关人员应当增强应急管理意识、提高应急指挥决策能力，重点学习国家和地方关于应急管理的法律法规、政策文件、指示精神以及应急预案的编制与实施、应急处置程序和方法、应急指挥新技术设备和指挥手段的运用等，同时通过对国内外成功的应急管理案例和实战经验的学习，提高应对复杂情况的能力。[2]

第三，落实定期培训要求。培训时间根据具体情况而定，但应保证每年有一定的累计学时。建立严格的考核机制，对参加培训的人员进行考核。考核内容包括但不限于培训参与度、学习成果、应急演练表现等。考核结果作为年终考核、个人评优评先的重要指标之一。

---

[1] 参见刘铁民：《构建新时代国家应急管理体系》，载《中国党政干部论坛》2019年第7期。
[2] 参见闪淳昌、周玲、秦绪坤等：《我国应急管理体系的现状、问题及解决路径》，载《公共管理评论》2020年第2期。

第四,建立健全培训监督机制。对培训过程进行全程监督,确保培训活动的规范性和有效性,定期对培训效果进行评估,收集参加培训人员的反馈意见,及时改进培训内容和方式,同时对评估结果进行公示和通报,激励先进、鞭策后进。

第三十九条 【应急救援队伍】国家综合性消防救援队伍是应急救援的综合性常备骨干力量,按照国家有关规定执行综合应急救援任务。县级以上人民政府有关部门可以根据实际需要设立专业应急救援队伍。

县级以上人民政府及其有关部门可以建立由成年志愿者组成的应急救援队伍。乡级人民政府、街道办事处和有条件的居民委员会、村民委员会可以建立基层应急救援队伍,及时、就近开展应急救援。单位应当建立由本单位职工组成的专职或者兼职应急救援队伍。

国家鼓励和支持社会力量建立提供社会化应急救援服务的应急救援队伍。社会力量建立的应急救援队伍参与突发事件应对工作应当服从履行统一领导职责或者组织处置突发事件的人民政府、突发事件应急指挥机构的统一指挥。

县级以上人民政府应当推动专业应急救援队伍与非专业应急救援队伍联合培训、联合演练,提高合成应急、协同应急的能力。

【释 义】

本条是关于应急救援队伍体系的规定。第一,综合性消防救援队伍与专业应急救援队伍。前者是应急救援的综合性常备骨干力量,按照国家有关规定执行综合应急救援任务;后者由县级以上人民政府有关部门根据实际需要设立。第二,志愿者应急救援队伍、基层应急救援队伍与专职或者兼职应急救援队伍。县级以上人民政府及其有关部门可以建立由成年志愿者组成的应急救援队伍。乡级人民政府、街道办事处和有条件的居民委员会、村民委员会可以建立基层应急救援队伍，及时、就近开展应急救援。单位应当建立由本单位职工组成的专职或者兼职应急救援队伍。第三，社会化应急救援队伍。一方面，国家鼓励和支持社会力量建立提供社会化应急救援服务的应急救援队伍。另一方面，社会力量建立的应急救援队伍参与突发事件应对工作应当服从履行统一领导职责或者组织处置突发事件的人民政府、突发事件应急指挥机构的统一指挥。第四，专业应急救援队伍与非专业应急救援队伍的协同。专业救援队伍与非专业救援队伍各有所长，县级以上人民政府应当推动专业应急救援队伍与非专业应急救援队伍联合培训、联合演练，提高合成应急、协同应急的能力。

本条的修改之处有五：一是把"县级以上人民政府应当整合应急资源，建立或者确定综合性应急救援队伍"改为"国家综合性消防救援队伍是应急救援的综合性常备骨干力量，按照国家有关规定执行综合应急救援任务"；二是把"人民政府有关部门"修改为"县级以上人民政府有关部门"，表述更为严谨；三是增加了"乡级人民政府、街道办事处和有条件的居民委员会、村民委员会可以建立基层应急救援队伍，及时、就近开展应急救援"；四是新增了第三款关于社会力量建立应急救援队伍及其开展救援的规定；五是把县级以上人民政府"应当加强专业应急救援队伍与非专业应急救援队伍的合作，联合培训、联合演练"改为"应当推动专业应急救援队伍与非专业应急救援队伍联合培训、联合演练"，表述更加准确。

【评　析】

一、建立应急救援队伍体系的意义

建立健全综合与分工相结合、专业与非专业相结合、专职与兼职相结合的应急救援队伍体系，对于提升国家整体应急救援能力、构建全方位多层次的应急救援体系、保障国家安全、社会稳定和人民生命财产安全具有深远的意义。

一是强化国家应急救援的核心力量。本条明确了国家综合性消防救援队伍作为综合性常备骨干力量的地位，确保其能够按照国家规定高效执行综合应急救援任务。这不仅有助于提升国家应对突发事件的能力，也为其他应急救援队伍树立了标杆，提升应急救援工作的专业性和有效性。

二是促进应急救援体系的专业化、多元化发展。通过鼓励县级以上人民政府设立专业应急救援队伍、志愿者应急救援队伍，乡级人民政府、街道办事处和有条件的居民委员会、村民委员会建立基层应急救援队伍，以及支持社会力量建立应急救援队伍，形成政府主导、社会参与的应急救援格局。这种多元化模式有助于整合各方资源，实现优势互补，扩大应急救援的覆盖面。

三是加强基层应急能力建设。推动乡级人民政府、街道办事处及有条件的基层自治组织建立基层应急救援队伍，有利于实现应急救援力量的下沉，确保突发事件发生后能够迅速响应、就近处置，减少突发事件造成的损失，保障人民群众生命财产安全。

四是增强各单位的自救互救能力。要求单位建立专职或兼职应急救援队伍，有助于提高各单位在突发事件中的自我救援和相互救助能力。这种"第一响应者"机制对于控制事态发展、减轻灾害影响具有重要意义。

五是促进应急救援队伍间的协同合作。推动专业与非专业应急救援队伍的联合培训和演练，有助于提升各类应急救援队伍之间的协同作战能力。在实战中，这种协同合作能够迅速形成合力，提高应急救援的整体效能。

六是强化统一指挥和协调。明确社会力量建立的应急救援队伍在参与突发事件应对时应服从统一指挥，确保应急救援工作的有序性和高效性。这种统一指挥机制有助于避免多头指挥、各自为政的问题，确保救援资源得到合理调配和使用。

二、建立应急救援队伍体系的具体要求

第一，国家综合性消防救援队伍是应急救援的综合性常备骨干力量，承担国家赋予的综合性消防救援职责，并且按照国家有关规定执行综合应急救援任务，确保在各类突发事件中迅速响应、有效处置。国家综合性消防救援队伍由应急管理部管理。

第二，县级以上人民政府有关部门可以根据需要设立专业应急救援队伍。县级以上人民政府有关部门设立专业应急救援队伍并非强制性规定，而是根据所属区域、管辖领域的实际情况，决定是否建立专业应急救援队伍。

第三，县级以上人民政府及其有关部门还可以根据本地、本部门实际情况，有选择性地建立志愿者应急救援队伍。志愿者应急救援队伍是应急救援中的重要力量，在专门应急救援队伍力量不足时，志愿者应急救援队伍能够发挥重要作用。

第四，乡级人民政府、街道办事处以及有条件的居民委员会、村民委员会可以建立基层应急救援队伍。基层应急救援队伍应能够及时、就近开展应急救援工作，为突发事件初期的应急处置提供有力支持。

第五，各单位应当建立由本单位职工组成的专职或者兼职应急救援队伍。各单位要充分挖掘现有力量，将本单位职工充分动员起来，建立专职或兼职的应急救援队伍。

第六，国家鼓励和支持社会力量建立提供社会化应急救援服务的应急救援队伍。社会力量建立的应急救援队伍在参与突发事件应对工作时，应当服从履行统一领导职责或者组织处置突发事件的人民政府、突发事件应急指挥机构的统一指挥。即社会力量组建的应急救援队伍在开展突发事件应对工作时要有组织有纪律，听从有关部门或机构的统一领导。

第七，县级以上人民政府应当推动专业应急救援队伍与非专业应急救援队伍联合培训、联合演练。联合培训、联合演练，有助于提高应急救援队伍的应急处置能力和水平，提高不同队伍之间的合作紧密程度，提高合成应急、协同应急的能力，为应对真正的突发事件打好基础。例如，2024年5月10日，国家防汛抗旱总指挥部办公室、应急管理部、浙江省政府在浙江金华等地联合举办超强台风防范和特大洪涝灾害联合救援演习，代号"应急使命·2024"。参与演习的有国家综合性消防救援队伍、解放军和武警部队、应急管理、公安、交通运输、水利、住建、自然资源、卫健、渔政、海事、铁路、电力、通信、燃气、危化等专业救援力量以及社会应急力量约8000人。[①]

[①] 参见《国家防总办公室、应急管理部、浙江省政府联合举办"应急使命·2024"防汛防台风演习》，载应急管理部网，https://www.mem.gov.cn/xw/yjyw/202405/t20240510_487544.shtml，最后访问时间：2024年7月10日。

第四十条　【应急救援人员人身保险和资格要求】 地方各级人民政府、县级以上人民政府有关部门、有关单位应当为其组建的应急救援队伍购买人身意外伤害保险，配备必要的防护装备和器材，防范和减少应急救援人员的人身伤害风险。

专业应急救援人员应当具备相应的身体条件、专业技能和心理素质，取得国家规定的应急救援职业资格，具体办法由国务院应急管理部门会同国务院有关部门制定。

【释　义】

本条是关于应急救援人员的规定。第一，防范和减少应急救援人员的人身伤害风险。一方面，责任主体是地方各级人民政府、县级以上人民政府有关部门和有关单位；另一方面，三类责任主体为防范和减少应急救援人员的人身伤害风险，具体应采取两项举措：一是为其组建的应急救援队伍购买人身意外伤害保险，二是配备必要的防护装备和器材。第二，专业应急救援人员的资质条件。专业应急救援人员应当具备相应的身体条件、专业技能和心理素质，取得国家规定的应急救援职业资格。具体办法由国务院应急管理部门会同国务院有关部门制定。

本条的修改之处有四：一是将应当为应急救援队伍购买人身意外伤害保险的主体由"国务院有关部门、县级以上地方各级人民政府及其有关部门、有关单位"改为"地方各级人民政府、县级以上人民政府有关部门、有关单位"；二是把"专业应急救援人员"改为"其组建的应急救援队伍"，体现了"谁组建，谁购买"的原则；三是把"减少应急救援人员的人身风险"改为"防范和减少应急救援人员的人身伤害风险"，表述上更为合理、严谨；四是新增第二款，对专业应急救援人员提出了更高的要求。

【评　析】

一、"谁组建，谁购买"原则

本条第一款明确，地方各级人民政府、县级以上人民政府有关部门、有关单位应当为其组建的应急救援队伍购买人身意外伤害保险，配备必要的防护装备和器材，即确立了"谁组建，谁购买"的原则。这是顺应时代发展、满足现实需求的重要举措，对于提升我国应急管理水平、保障人民群众生命财产安全具有重要意义。具体而言：

一是强化政府责任，提升公众信任度。本条第一款将"购买人身意外伤害保险，配备必要的防护装备和器材"的义务具体到组建单位，进一步明确和强化了各单位在应急救援队伍建设中的责任，体现了对人民群众生命安全的重视，有助于提升公众对政府应急工作的信任和支持。

二是充分保障应急救援人员的合法权益。2007年的《突发事件应对法》未明确为应急救援队伍购买人身意外伤害保险的责任主体，导致实践中各部门、各单位互相推诿购买职责，一些应急救援人员难以获得人身意外伤害保险作为保障。修改后的规定通过要求"组建者"担责，能够推动购买人身意外伤害保险普遍化，确保所有的应急救援队伍都能得到必要保障。

三是扩大保障范围，增强应急响应能力。新法将"购买人身意外伤害保险，配备必要的防护装备和器材"的对象由"专业应急救援人员"扩大至"应急救援队伍"，意味着除专业救援人员外，参与应急救援的非专业人员或志愿者团队也能得到相应的保险和装备保障，这有助于鼓励更多社会力量和公众参与到应急救援中来，提高整体应急响应能力和效率。

二、要求应急救援人员具备相应资质的目的

本条新增了关于专业应急救援人员应当具备的资质条件的规定，包括相应的身体条件、专业技能和心理素质，还需取得国家规定的应急救援职业资格。具体而言，目的有三。

一是提升应急救援队伍的专业性。明确专业应急救援人员需要具备的身体条件、专业技能和心理素质，是确保应急救援工作高效、安全进行的基础，这不仅关乎应急救援人员自身的安全，也直接影响应急救援行动成败。通过

设定明确的标准,可以筛选出更适合应急救援工作的专业人员,从而提升整个应急救援队伍的专业素养和战斗力。

二是规范应急救援职业资格认证。要求专业应急救援人员取得国家规定的应急救援职业资格,能够规范行业准入,提高应急救援工作的标准化和规范化水平。此外,职业资格认证制度可以确保救援人员具备必要的专业知识、技能和经验,能够在紧急情况下迅速、准确地判断和行动,同时提升公众对应急救援工作的信任度和认可度。

三是促进应急救援人员的职业发展。职业资格认证不仅是对应急救援人员专业能力的认可,也是他们职业发展的重要里程碑。通过不断学习和实践,应急救援人员可以不断提升自己的专业技能和水平,进而获得更高级别的职业资格认证。这种职业发展的激励机制可以激发救援人员的工作热情和积极性,激励他们在应急救援领域不断深耕细作。

三、应急救援人员的要求与保障措施

第一,专业应急救援人员应当具备相应的身体条件、专业技能和心理素质,取得国家规定的应急救援职业资格。首先,专业应急救援人员需要具备适应应急救援工作的身体条件,包括良好的身体素质、耐力、反应能力等,确保他们在紧急情况下能够迅速行动,有效应对各种挑战。其次,应急救援人员应具备良好的心理素质,包括冷静、果敢、坚忍不拔等品质,在紧急情况下保持清醒头脑,做出正确判断。最后,专业应急救援人员还需具备专业技能,具备必要的专业知识和技能水平;[1] 取得国家规定的应急救援职业资格,能够胜任应急救援工作。2021年,"应急救援员"被纳入《国家职业资格目录(2021年版)》。2019年,人力资源和社会保障部、应急管理部共同制定了《应急救援员国家职业技能标准》,明确了应急救援人员的要求。

第二,地方各级人民政府、县级以上人民政府有关部门、有关单位应当为其组建的应急救援队伍购买人身意外伤害保险,配备必要的防护装备和器材,防范和减少应急救援人员在执行任务过程中可能遭受的人身伤害风险。

---

[1] 参见康岫、张志:《我国应急管理职能整合后的救援队伍建设》,载《中国应急救援》2018年第4期。

一是购买人身意外伤害保险，减少应急救援人员因为人身意外伤害而带来的损失，保障其合法权益。二是为救援人员配备必要的防护装备和器材，如防护服、头盔、呼吸器、急救包等，以确保他们的人身安全。这些装备和器材应当符合国家标准和行业标准，具备良好的防护性能和使用性能。

❖ 应急的物质资源

第四十四条 【经费保障】 各级人民政府应当将突发事件应对工作所需经费纳入本级预算，并加强资金管理，提高资金使用绩效。

【释　义】

本条是关于应对突发事件经费保障的规定。第一，应对突发事件经费保障的责任主体为各级人民政府，即国务院、省级人民政府、市级人民政府、县级人民政府、乡级人民政府。第二，应对突发事件的经费保障措施有三：一是将突发事件应对工作所需经费纳入本级预算，二是加强资金管理，三是提高资金使用绩效。

本条的修改之处有三：一是把"国务院和县级以上地方各级人民政府"修改为"各级人民政府"，拓宽了负责突发事件经费保障的主体范围；二是把"采取财政措施，保障突发事件应对工作所需经费"具体化为"将突发事件应对工作所需经费纳入本级预算，并加强资金管理，提高资金使用绩效"，更具可操作性。

【评　析】

一、保障应急经费的意义

应对突发事件是一项耗资巨大的工程，需要雄厚的资金支撑。应急经费是指为迅速且顺利地应对突发事件，保护公众的生命和财产安全，维护社会经济稳定而以货币形态存在的、在突发事件发生时可立即投入流通的现金。应急经费主要用于突发事件发生后的应急处置阶段和对受灾群众的生活救助，如果在突发事件发生前缺乏充分的经费供应，突发事件发生后就很难及时调拨资金予以应对。保障应急经费是应急管理工作的重要抓手，其责任主体是各级政府。应急经费保障制度旨在合理划分各级政府应对突发事件的财政事权和支出责任，引导各级政府加大应急经费投入，强化各类应急资金统筹协调，规范支出范围，加强资金管理，严肃财经纪律，确保应急经费保障反应迅速、管理规范、运转高效、保障有力。此外，应急经费保障制度也有利于集中财力解决各类突发事件面临的突出问题和薄弱环节，有效提高应急救灾能力，最大限度保障人民群众的生命和财产安全，维护社会和谐稳定。

二、保障应急经费的方式

第一，建立应急经费预算制度。政府财政经费是应急经费保障的主渠道，在我国"一级政府一级预算"的预算体制下，各级人民政府都应当将突发事件应对工作所需经费纳入本级预算，为突发事件应对工作提供充足的经费。

第二，完善预备费使用制度。财政预算预备费是政府确保应对突发事件所需经费的主要方式。《预算法》第四十条规定："各级一般公共预算应当按照本级一般公共预算支出额的百分之一至百分之三设置预备费，用于当年预算执行中的自然灾害等突发事件处理增加的支出及其他难以预见的开支。"因此，在预算执行中，由于发生自然灾害等突发事件，必须及时增加预算支出的，应当先动支预备费。

第三，确保应急管理财政投入资金的重点支出。应急管理资金的支出重点包括：保证应急管理相关部门的正常运转，确保应急管理部门职能正常发挥；建立和完善突发事件预测预警系统，开展风险分析；保证各有关部门应急处置的资金需求和应急管理资金及时拨付到位；保证灾后重建和相关善后工作及时开展；支持应急管理技术研究和攻关，加强公共安全科学研究和技术开发，充分发挥专家队伍和专业人员的作用；加强应急管理宣传和培训教育工作，提高公众应对各类突发事件的综合素质。

第四，严格按照规定和程序管理使用应急资金。各级政府所需突发事件应对工作资金应由政府有关部门提出，经财政部门审核后，按照规定程序列入财政预算。要明确各级财政在突发事件应对中的责任范围，确定各级财政各自承担的资金比例和共同承担的资金部分。对受突发事件影响较大和财政困难的地区，根据事发地实际情况和当地政府的请求，上级财政应按规定给予协助和支持。

第五，加强对财政应急保障资金和捐助资金的监管。各级财政和审计部门要对突发事件财政应急保障资金与捐助资金的使用和效果进行监管和评估，确保资金的合理、有效使用。要及时向公众公布资金的具体运用特别是救灾资金和社会捐赠资金的使用安排，自觉接受社会监督。

第六，积极拓宽社会捐助渠道。政府及其有关部门要制定相关政策和措施，支持、鼓励、保护社会各方进行捐赠和援助。

第四十五条 【应急物资储备保障制度和目录】 国家按照集中管理、统一调拨、平时服务、灾时应急、采储结合、节约高效的原则，建立健全应急物资储备保障制度，动态更新应急物资储备品种目录，完善重要应急物资的监管、生产、采购、储备、调拨和紧急配送体系，促进安全应急产业发展，优化产业布局。

国家储备物资品种目录、总体发展规划，由国务院发展改革部门会同国务院有关部门拟订。国务院应急管理等部门依据职责制定应急物资储备规划、品种目录，并组织实施。应急物资储备规划应当纳入国家储备总体发展规划。

【释　义】

本条是关于国家建立健全应急物资储备保障制度的规定。第一，国家建立健全应急物资储备保障制度应遵循"集中管理、统一调拨、平时服务、灾时应急、采储结合、节约高效"的原则。第二，应急物资储备保障制度的主要内容有二：一是目录储备即"动态更新应急物资储备品种目录"；二是产能储备即"完善重要应急物资的监管、生产、采购、储备、调拨和紧急配送体系，促进安全应急产业发展，优化产业布局"。第三，国务院应急管理等部门负责制定应急物资储备规划、品种目录，其中应急物资储备规划应当纳入国家储备总体发展规划，后者由国务院发展改革部门会同国务院有关部门拟订。

本条的修改之处有五：一是明确了应急物资保障制度的基本原则是"集中管理、统一调拨、平时服务、灾时应急、采储结合、节约高效"；二是增加了"动态更新应急物资储备品种目录"的要求；三是增加了应急物资"采购"环节的体系建设；四是确立了"促进安全应急产业发展，优化产业布局"的建设目标；五是加强了应急物资保障制度的顶层设计，即本条第二款。

【评 析】

一、国家建立健全应急物资储备保障制度的意义

2022年印发的《"十四五"应急物资保障规划》指出，应急物资保障是国家应急管理体系和能力建设的重要内容。其中，应急物资是指为有效应对自然灾害和事故灾难等突发事件所必需的抢险救援保障物资、应急救援力量保障物资和受灾人员基本生活保障物资。一方面，应急物资是资金准备的物化形态。突发事件发生时需要大量应急物资，资金准备必须在一定比例上向物资储备转化。另一方面，应急物资是其他应急准备的物质基础和必要条件。应急救援队伍的维持、培训、演练需要各类应急救援设施、装备，通信保障需要各类通信设施和器材，知识、技能的准备也需要认识、掌握各类应急救援物资、应急救援装备，这些都离不开应急物资储备。[1] 由此可见，如果没有充分的物资保障，就不可能具备应对各类突发事件的应急能力，更不可能及时控制、减轻和消除突发事件所造成的严重危害。

二、国家建立健全应急物资储备保障制度的原则

应急物资储备保障制度建设的原则是"集中管理、统一调拨、平时服务、灾时应急、采储结合、节约高效"。根据《"十四五"应急物资保障规划》，"集中管理，统一调拨"是指发挥中国特色社会主义制度的优越性，建立政府集中管理的应急物资保障制度，打破部门、区域、政企壁垒，实行统一指挥、统一调拨、统一配送，确保应急物资调运快捷高效。"平时服务，灾时应急"是指在保障应急需求的前提下，充分发挥市场机制作用，合理扩大应急物资

---

[1] 参见莫于川、肖竹主编：《突发事件应对法制度解析与案例指导》，中国法制出版社2009年版，第128页。

使用范围，提高应急物资的平时轮换和服务效率。应急期间，启动重大灾害事故应急物资保障相关工作机制，确保应急物资保障有序有力。"采储结合，节约高效"是指立足需求、服务应急，把储备和采购等环节统一起来，完善应急物资采购机制，开展常态化统筹管理和动态监控，综合运用实物储备、协议储备、产能储备等多种储备方式，提高应急物资使用效率，提升应急物资储备效能。

三、国家建立健全应急物资储备保障制度的内容

应急物资保障制度主要是指应急物资保障中各主体的角色、地位、组织形式和相互关系以及权力与职能的设定和分配等。根据《"十四五"应急物资保障规划》，应急物资保障制度的建设目标是"到 2025 年，建成统一领导、分级管理、规模适度、种类齐全、布局合理、多元协同、反应迅速、智能高效的全过程多层次应急物资保障体系"。应急物资储备主要指向目录储备与产能储备。

一是目录储备，即应急物资储备品种目录。目录储备是一种科学的应急物资储备方式，有助于丰富应急物资储备品种，不断夯实应急物资储备基础。一方面，国务院应急管理等部门负责制定应急物资品种目录并组织实施，明确应急物资储备品种和规模；另一方面，应急物资储备品种目录必须动态更新，即在定期评估的基础上对应急物资储备品种目录进行动态调整，提高应急物资使用效率，提升应急物资储备效能。

二是产能储备，即提升应急物资生产能力，保障应急物资供应。产能储备是另一种提升应急物资储备效能的方式。一方面，需完善重要应急物资的监管、生产、采购、储备、调拨和紧急配送体系，不断完善应急物资协议储备和集中生产调度等机制，有效拓宽应急期间的供应渠道，做到应急物资在关键时刻拿得出、调得快、用得上。另一方面，促进安全应急产业发展，不断提升应急物资企业生产能力。加强应急物资生产能力的动态监控，选择条件较好的企业，将其纳入产能储备企业范围。健全应急物资集中生产调度机制，在重特大灾害事故发生时，引导和鼓励产能储备企业应急生产和扩能转产。再一方面，优化产业布局。开展应急物资产能分布情况调查，分类掌握重要应急物资上下游企业供应链分布。结合区域灾害事故风险以及重要应急物资生产、交通运输能力分布，实施应急产品生产能力储备工程，建设区域

性应急物资生产保障基地,优化应急物资生产能力空间布局。培育和优化应急物资产业链,引导应急物资产能向中西部地区转移。①

第四十六条 【应急救援物资、装备等生产、供应和储备】 设区的市级以上人民政府和突发事件易发、多发地区的县级人民政府应当建立应急救援物资、生活必需品和应急处置装备的储备保障制度。

县级以上地方人民政府应当根据本地区的实际情况和突发事件应对工作的需要,依法与有条件的企业签订协议,保障应急救援物资、生活必需品和应急处置装备的生产、供给。有关企业应当根据协议,按照县级以上地方人民政府要求,进行应急救援物资、生活必需品和应急处置装备的生产、供给,并确保符合国家有关产品质量的标准和要求。

国家鼓励公民、法人和其他组织储备基本的应急自救物资和生活必需品。有关部门可以向社会公布相关物资、物品的储备指南和建议清单。

【释 义】

本条是关于地方层面应急物资储备保障制度的规定。第一,建立地方应急物资储备制度。设区的市级以上人民政府和突发事件易发、多发地区的县级人民政府,负有建立应急物资储备保障制度的法律义务。第二,规范应急物资储备保障政企协作。对于县级以上地方人民政府而言,应当根据本地区的实际情况和突发事件应对工作的需要,依法与有条件的企业签订协议,保障应急救援物资、生活必需品和应急处置装备的生产、供给。对于企业而言,应当根据协议,按照县级以上地方人民政府要求,进行应急救援物资、生活

---

① 参见《"十四五"应急物资保障规划》。

必需品和应急处置装备的生产、供给，并确保符合国家有关产品质量的标准和要求。第三，加强应急物资储备社会协同。一方面，国家鼓励公民、法人和其他组织储备基本的应急自救物资和生活必需品；另一方面，有关部门可以向社会公布相关物资、物品的储备指南和建议清单。

本条的修改之处有五：一是将"储备制度"改为"储备保障制度"，表述更为严谨；二是将"突发事件应对工作的需要"增设为政企协作的依据；三是将"有关企业"修改为"有条件的企业"，并增加了"依法"要求，提高了政企合作的门槛；四是增加规定了企业生产、供给应急物资的合同责任，"有关企业应当根据协议，按照县级以上地方人民政府要求，进行应急救援物资、生活必需品和应急处置装备的生产、供给，并确保符合国家有关产品质量的标准和要求"；五是增加了应急物资储备社会协同制度，即本条第三款。

【评　析】

一、地方建立应急物资储备保障制度的意义和内容

建立应急物资储备保障制度是为了解决突发事件应对中的物资供应问题。为了避免在突发事件发生之后陷入被动，地方人民政府应结合当地的实际情况建立应急物资储备保障制度，为应急处置提供充分的物资支持。

地方应急物资储备保障制度包括三个方面的内容：第一，地方应急物资储备保障制度的建设主体是省、设区的市、突发事件易发多发地的县三级政府。三类主体应不断推进应急物资储备保障制度建设，开展应急物资储备保障工作，促进形成"中央—省—市—县—乡"五级应急物资储备网络。第二，地方应急物资储备保障制度的核心内容是储备应急物资，包括应急救援物资、生活必需品和应急处置装备等应急救援中所需要的各类物资。此外，应急物资储备保障制度建设还与储备相关重要环节有关，如应急物资的生产、储存、调拨、紧急配送以及对相应环节的监管等。第三，地方建立应急物资储备保障制度的目标是建成全过程多层次的应急物资储备保障体系。

二、规范地方应急物资储备保障的政企协作

本条规定，县级以上地方人民政府应当根据本地区的实际情况和突发事件应对工作的需要，依法与有条件的企业签订协议，保障应急救援物资、生

活必需品和应急处置装备的生产、供给。这种政企合作协议属于行政协议，具有下列法律特征：[1] 第一，主体要素，即发生在政府与经营应急物资的企业之间。第二，目的要素，即行政协议是行政机关实施行政管理的一种方式，这类协议的签订目的是提高应急物资储备保障能力。第三，意思要素，即需经双方协商，意思达成一致方能成立。第四，内容要素，行政协议的内容表现为行政法上的权利与义务。具体到本条规定的此类行政协议，有关企业亦需履行义务，即"根据协议，按照县级以上地方人民政府要求，进行应急救援物资、生活必需品和应急处置装备的生产、供给，并确保符合国家有关产品质量的标准和要求"。

为规范地方应急物资储备保障的政企协作制度，地方政府还需做好以下两个层面的工作：一是全面掌握企业资质信息。分门别类梳理应急物资生产企业名录并定期更新，形成包括企业信息、产品规格及产能等信息在内的供给清单；依托国家应急资源管理平台，搭建重要应急物资生产企业数据库。二是综合统筹产能平衡，开展区域布局产能调查等工作，鼓励各地区依托安全应急产业示范基地等，优化配置应急物资生产能力。对实物储备和常态产能难以完全保障的关键品种应急物资，支持企业加强技术研发，填补关键技术空白，强化应急物资领域先进技术储备。[2]

三、提升多元主体的应急物资储备能力

只有提升多元主体的应急物资储备能力，使应急物资储备相互衔接、互为补充，才能形成政府储备和社会储备相互结合的应急物资储备体系，综合提高国家应急能力。对此，国家应当完善应急物资储备保障模式，重视多元主体的参与，积极调动社会力量共同参与物资储备，提升多元主体的应急物资储备能力，促进社会主体各司其职、上下联动。就国家而言，应当建立社会化应急物资协同储备制度，制定社区、企事业单位、社会组织、家庭等主体的应急物资储备建议清单，引导各类社会主体储备必要的应急物资。针对市场保有量充足、保质期短、养护成本高的应急物资，提高协议储备比例，优化协议储备结构。大力倡导家庭应急物资储备，将"家庭应急物资储备示

---

[1] 参见胡建淼：《行政法学》，法律出版社2023年版，第700页。
[2] 参见《"十四五"应急物资保障规划》。

范"作为重点建设工程项目,并将企事业单位、社会组织等储备信息纳入国家应急资源管理平台。① 就个人而言,应储备生活必需品和应急自救基本物资。就法人和其他组织而言,应结合实际情况储备本单位应急防护用品和常用应急物资。对于非常用的应急物资,仍由国家负责储备。

第五十四条 【救援资金和物资管理】有关单位应当加强应急救援资金、物资的管理,提高使用效率。

任何单位和个人不得截留、挪用、私分或者变相私分应急救援资金、物资。

【释 义】

本条是关于应急救援资金、物资管理的规定。第一,有关单位负有加强应急救援资金、物资管理的义务,以提高应急救援资金、物资的使用效率。第二,应急救援资金、物资必须合法使用,任何单位和个人不得截留、挪用、私分或者变相私分应急救援资金、物资。

本条为此次修法新增条款。

【评 析】

一、应急救援资金、物资概述

应急救援资金是指为迅速且顺利地应对突发事件,保护公众的生命和财产安全,维护社会经济稳定而以货币形态存在的、在突发事件发生时可立即投入流通的现金。应急救援资金包括应急处置经费和应急救援力量常态建设经费等,其中应急处置经费主要表现为应急预备费、应急专项资金等,应急救援力量常态建设经费主要包括应急队伍组建与日常运行维护、应急演练活动、应急装备配备、应急物资储备、应急救援训练基地的建设与运行维护等

---

① 参见《"十四五"应急物资保障规划》。

项目所需耗费的资金。应急救援资金筹措的渠道包括财政经费、社会捐赠、社会保险赔付、银行信贷等。

应急物资是指为应对自然灾害、事故灾难、公共卫生事件和社会安全事件等突发事件所必需的物资保障。从广义上概括，凡是突发事件应对过程中所用的物资都可称为应急物资。政府是应急物资储备最核心的主体，其发挥物资储备作用的途径主要包括一般秩序下的政府采购和发生突发事件后的紧急采购。

二、规范应急救援资金、物资管理的必要性

在突发事件应对过程中，对应急救援资金、物资的需求呈现两个特点：一是需求急迫，二是需求量大。从应急救援资金、物资需求的突发性和时效性出发，一旦发生突发事件就必须迅速调用所需的应急救援资金、物资，才能保障突发事件的有效应对。因此，为了保障应急救援资金、物资的及时可靠供应，提高应急救援、救灾能力，就必须加强应急救援资金、物资的管理，致力于提高应急救援资金、物资的使用效率，使应急救援资金、物资能够最大限度地用于突发事件应对和保障受灾人员基本生活。

我国在应急救援资金、物资管理中还存在一些不足。一是一些应急救援资金、物资统计数据不实，在一些重大突发事件中，应急救援资金、物资无法满足需要；二是一些应急救援资金、物资分配、使用不及时，无法完全满足突发事件应对的紧迫性；三是一些应急救援资金、物资分配、使用不科学，还不能最大限度地发挥应急救援资金、物资的救援效果；四是应急救援资金、物资相关信息公开还不到位，截留、挪用和私分应急救援资金、物资等违法问题仍有发生。为了解决这些问题，必须加强对应急救援资金、物资的管理。既要着力提高应急救援资金、物资的使用效率，让应急救援资金、物资的效用最大化；又要防止截留、挪用、私分或者变相私分应急救援资金、物资的行为，让应急救援资金、物资全部用于突发事件应对。否则，负有责任的领导人员和直接责任人需要承担法律责任。

❖ 应急演练

第四十一条 【解放军、武警和民兵专门训练】 中国人民解放军、中国人民武装警察部队和民兵组织应当有计划地组织开展应急救援的专门训练。

【释　义】

本条是关于解放军、武警部队和民兵组织开展应急救援训练的规定。第一，本条的适用对象是中国人民解放军、中国人民武装警察部队和民兵组织。第二，其负有有计划地组织开展应急救援专门训练的法律义务。

【评　析】

一、武装力量开展应急救援专门训练的意义

要求中国人民解放军、中国人民武装警察部队和民兵组织有计划地开展应急救援专门训练，对于提升我国应急救援能力、增强协同作战能力、保障人民生命财产安全、促进全社会应急救援水平的提升都具有重要意义。

一是提升应急响应能力。突发事件往往具有突发性、紧急性和不确定性，要求救援力量能够迅速、有效地应对。通过有计划地组织开展应急救援专门训练，解放军、武警和民兵组织能够熟练掌握各种应急救援技能，提高快速反应和处置能力，确保关键时刻能够迅速投入救援行动，最大限度地减少突发事件带来的损失。

二是增强协同作战能力。应急救援工作往往需要多个部门、多种力量密切配合，解放军、武警和民兵组织是重要的应急救援力量。通过专门的应急救援训练，可以提升解放军、武警和民兵组织与其他救援队伍之间的协同作战能力，提高整体救援效率。这种协同作战能力在应对大规模、复杂的突发事件时尤为重要。

三是保障人民生命财产安全。解放军、武警和民兵组织是维护国家安全和社会稳定的重要力量，也是保障人民生命财产安全的坚强后盾。通过开展应急救援专门训练，能够督促他们更好地履行职责，为人民群众提供及时、有效的救援服务。

四是提高全社会的应急救援水平。开展应急救援训练，不仅能够提升解放军、武警和民兵组织的应急救援能力，还能对全社会起到示范和带动作用，促进全社会应急救援水平的提升，[①] 从而推动更多的社会力量参与到应急救援工作中来，形成全社会共同应对突发事件的良好局面。

二、开展应急救援专门训练的武装力量

中国人民解放军、中国人民武装警察部队和民兵组织历来承担着重要的应急救援任务。要求其有计划地组织开展应急救援知识和技能的专门训练，就是为了提高其应急知识和技能水平，做好充分的应急准备。如《国防法》第六十一条规定："军人应当发扬人民军队的优良传统，热爱人民，保护人民，积极参加社会主义现代化建设，完成抢险救灾等任务。"《军队参加抢险救灾条例》第二条规定："军队是抢险救灾的突击力量，执行国家赋予的抢险救灾任务是军队的重要使命。各级人民政府和军事机关应当按照本条例的规定，做好军队参加抢险救灾的组织、指挥、协调、保障等工作。"

三、武装力量开展应急救援专门训练的具体要求

中国人民解放军、中国人民武装警察部队和民兵组织开展应急救援专门训练应当着眼于处理实际问题的能力和对复杂情况的应变能力。具体要求如下。

第一，明确训练目标。一是确保解放军、武警和民兵组织成员熟练掌握各类应急救援技能，包括但不限于搜救、抢险、医疗救护、心理疏导等。二是加强武装救援力量与其他应急救援力量（如消防、医疗、公安等）的协同作战训练，提升在复杂环境下的联合救援能力。三是通过训练缩短响应时间，提高决策速度和执行效率，确保突发事件发生时能够迅速、有效地开展救援行动。

---

① 参见康屾、张志：《我国应急管理职能整合后的救援队伍建设》，载《中国应急救援》2018年第4期。

第二，制定训练计划。一是根据解放军、武警和民兵组织的实际情况，制定长期和短期的应急救援训练计划，确保训练的连续性和系统性。二是针对不同类型的突发事件，设计专门的训练科目和场景，提高训练的针对性和实效性。三是对已完成训练的成员进行定期复训，巩固和提高应急救援技能，确保在需要时能够迅速投入救援行动。

第三，强化训练保障。一是为训练提供必要的训练场地和设施，确保训练顺利进行。二是根据训练需要，配备相应的救援装备和器材。三是组建具备丰富的应急救援经验和教学能力的训练师资队伍，负责训练的组织实施和指导。[①] 四是在训练过程中严格遵守安全规定和操作规程，确保参训人员的安全，制定应急预案，以应对可能发生的突发事件。

第四，加强监督评估。一是对训练过程进行全程监督，确保训练计划得到有效执行，同时对训练中发现的问题进行及时整改和纠正。二是通过模拟演练、实战考核等方式，对训练效果进行评估，根据评估结果，对训练计划进行调整和优化，以提高训练质量和效果。

第四十二条　【应急知识宣传普及和应急演练】县级人民政府及其有关部门、乡级人民政府、街道办事处应当组织开展面向社会公众的应急知识宣传普及活动和必要的应急演练。

居民委员会、村民委员会、企业事业单位、社会组织应当根据所在地人民政府的要求，结合各自的实际情况，开展面向居民、村民、职工等的应急知识宣传普及活动和必要的应急演练。

【释　义】

本条是关于基层应急知识宣传和应急演练制度的规定。第一，基层开展应急知识宣传普及和应急演练的责任主体：一类是县级人民政府及其有关部

[①] 参见冯桂、张远、冯银均等：《新时代背景下社会应急救援队伍建设的思考》，载《科技与创新》2020年第4期。

门、乡级人民政府、街道办事处，另一类是居民委员会、村民委员会、企业事业单位、社会组织。第二，两类责任主体开展应急知识宣传普及和应急演练的对象分别是"社会公众"和"居民、村民、职工等"。

本条的修改之处有四：一是明确了县级人民政府及其有关部门、乡级人民政府、街道办事处组织开展应急知识宣传普及活动和应急演练的对象，即"社会公众"；二是明确了"社会组织"作为开展应急知识宣传和应急演练的责任主体；三是明确了居民委员会、村民委员会、企业事业单位、社会组织开展应急知识宣传普及和应急演练的对象，即"居民、村民、职工等"；四是删除了 2007 年《突发事件应对法》第二十九条第三款"新闻媒体应当无偿开展突发事件预防与应急、自救与互救知识的公益宣传"，将其置于本法第八条第三款。

【评　析】

一、基层开展应急知识宣传普及和应急演练的意义

开展应急知识宣传普及主要有三个方面的意义：一是增强社会公众的安全意识。目前，我国社会公众的安全意识整体上还不够高。加强应急知识宣传工作，有助于增强公众"思危有备，有备无患"的忧患意识，提高公众的安全意识和风险防范能力。二是增强社会公众的自救互救能力。社会公众仅具有安全意识还不足以应对各种危机和风险，还需具备正确的应急知识和良好的自救互救能力。开展应急知识宣传普及有助于提高社会公众的自救互救能力，从而迅速、有效地应对各类突发事件。三是唤醒公众参与预防和处置突发事件的责任感和自觉性。通过宣传普及应急知识，使广大人民群众认识到突发事件的严重后果和巨大危害性，增强全社会的责任感和自觉性。

开展应急演练主要有五个方面的意义：一是检验预案，发现应急预案中存在的问题，提高应急预案的针对性、实用性和可操作性。二是完善准备工作，完善应急管理标准制度，改进应急处置技术，补充应急装备和物资，提高应急能力。三是磨合机制，厘清应急管理部门、相关单位和人员的工作职责，提高协调配合能力。四是宣传教育，普及应急管理知识，提高参演和观摩人员的风险防范意识和自救互救能力。五是锻炼队伍，熟悉应急预案，提

高应急人员在紧急情况下妥善处置的能力。

二、基层开展应急知识宣传普及和应急演练的主体和对象

开展应急知识宣传普及和应急演练的基层责任主体分为三类：一是行政机关，包括县级人民政府及其有关部门、乡级人民政府、街道办事处；二是基层群众自治组织，包括居民委员会和村民委员会；三是企业事业单位和社会组织。之所以确定以上三类责任主体，主要是考虑到这些主体与群众的联系最为紧密，从而有利于结合本地区、本单位的实际情况开展活动。具体而言，县级人民政府及其有关部门、乡级人民政府、街道办事处面向社会公众开展应急知识宣传普及和应急演练，居民委员会、村民委员会分别面向居民、村民开展应急知识宣传普及和应急演练，企业事业单位和社会组织面向职工开展应急知识宣传普及和应急演练。上述主体的义务内容和强度是有区别的，政府不仅拥有较强的公信力，而且能调配各类公共资源，组织动员能力强，因而应当成为宣传普及应急知识和开展演练的主要力量。需要强调的是，此次修法新增了"社会组织"这类责任主体，旨在发挥社会力量在应对突发事件中的积极作用。社会组织是为支持实现公共利益而在地方、国家或国际层面建立的自愿的非营利公民团体，具有非营利性、非政府性、志愿性、民间性、公益性、自律性等特征，将社会组织作为责任主体，有利于充分调动社会力量，补足政府主导的应急管理体系的短板。[1]

此次修法还明确了基层开展应急知识宣传普及和应急演练的面向对象，目的在于增强不同责任主体开展应急知识宣传普及和应急演练的针对性。即根据不同受众的特点，压实相关主体责任，促使应急知识宣传普及和应急演练落到实处、见到实效，切实增强公众对突发事件的认识，提高应急避险能力。

三、基层开展应急知识宣传普及和应急演练的重点内容

基层应急知识宣传普及的重点内容包括：一是宣传安全发展理念，大力宣传习近平总书记关于应急管理的重要论述和党中央、国务院决策部署，牢固树立安全发展理念，弘扬生命至上、安全第一的思想。二是宣传安全生产和自然灾害防治形势任务，引导社会各方科学理性地认识各类突发事件，增强忧患意识、风险意识、安全意识和责任意识。三是宣传安全生产、防灾减

---

[1] 参见马金芳：《社会组织多元社会治理中的自治与法治》，载《法学》2014年第11期。

灾救灾和应急救援等工作举措，推进工作理念、制度机制、方法手段创新运用，强化社会安全自觉，深化社会共治理念。四是宣传相关法律规范，宣传党委、政府的安全监管职责，企业和从业人员等各方面的安全权利、义务和责任，提高安全法治意识、法治水平和法治素养。五是宣传公共安全知识，普及与人民群众生产生活息息相关的风险防范、隐患排查、应急处置和自救互救等安全常识，营造良好安全舆论氛围，夯实社会安全基础。

基层应急演练的重点内容是培养公众的风险意识，掌握紧急情况下的逃生方法，提高自救能力。主要措施包括制定演练计划、改进演练工作、编制演练方案和脚本、实施演练过程、进行演练评估等。

第四十三条　【学校的应急教育和演练义务】 各级各类学校应当把应急教育纳入教育教学计划，对学生及教职工开展应急知识教育和应急演练，培养安全意识，提高自救与互救能力。

教育主管部门应当对学校开展应急教育进行指导和监督，应急管理等部门应当给予支持。

【释　义】

本条是关于学校开展应急教育的规定。第一，各级各类学校都负有开展应急教育的法律义务。一是把应急教育纳入教育教学计划，二是对学生及教职工进行应急知识教育并开展应急演练。之所以强制性要求学校开展应急教育，主要目的有二：一是培养学生和教职工的安全意识，二是提高学生和教职工的自救与互救能力。第二，学校开展应急教育并非单打独斗，一方面，教育主管部门应进行指导和监督；另一方面，应急管理等部门应当给予支持。

本条的修改之处有四：一是把"应急知识教育"改为"应急教育"，后者不仅包括前者，还包括"应急演练"；二是把"教学内容"改为"教育教学计划"；三是新增"教职工"作为应急教育的对象；四是增加了应急管理等部门对学校开展应急教育的保障义务。

【评　析】

一、学校开展应急教育的意义

学校开展应急教育，旨在培养学生及教职工的安全意识与自救互救能力，从而产生"教育一个学生，带动一个家庭，影响整个社会"的效应，提升全社会的应急能力。此次修法将应急教育内容扩展为应急知识教育和应急演练，覆盖面从学生扩展至教职工，有助于在全校范围内培养风险意识，提高应急能力。

具有安全意识，是应对突发事件的前提。能否正确地认识到风险存在，是否具有敏锐的风险意识和反应能力，直接决定着能否有效规避和化解风险。因此，必须加强应急知识教育和应急演练，使学生及教职工树立"珍爱生命，安全第一，遵纪守法，和谐共处"的意识，增强学生及教职工的心理素质，提高突发事件的心理承受能力，最大限度地减轻突发事件来临时的非理性行为。

提高自救与互救能力，是应对突发事件的关键。通过开展应急教育，使学生及教职工掌握必要的安全知识和应急技能，了解相关的法律、法规常识，养成在日常生活和突发事件中正确应对的习惯，最大限度地减轻突发事件对学生及教职工的伤害。

二、学校开展应急教育的具体措施

第一，发挥课堂安全教育主渠道作用。各级各类学校积极推进应急教育"进教材、进课堂、进头脑"，确保"教材、课时、师资、经费"四落实，制定教学计划，明确教学任务和目标，帮助学生和教职工系统、科学地掌握应急知识和技能。同时，在学科教学和综合实践活动课程中渗透应急知识教育，促进应急教育与学科教学有机整合。此外，学校还可充分利用现代信息技术，通过新技术、新媒体等开展线上教育。

第二，开展形式多样的专题应急教育。利用班会、升旗仪式、专题讲座、墙报、板报和参观等方式，并结合"国家安全教育日"等，全方位、多角度开展应急专题教育。根据季节气候特点和事件事故发生规律，在重要时间节点，有针对性地组织防溺亡、防中毒、防自然灾害等安全教育。

第三，强化应急演练和实践体验。广泛开展应急演练，定期开展应急疏散演练。推进应急教育进军训、进野外教学实践。依托青少年学生校外活动综合实践基地、安全体验馆等，定期组织学生进行突发事件应对的实践体验，提高应急教育的针对性、可操作性、实效性。

三、学校开展应急教育的保障机制

应急教育的保障机制是指由教育主管部门对学校开展应急教育进行指导和监督，由应急管理等部门为其提供必要的资源、资金等支持，保障应急教育顺利实施。就教育主管部门的指导监督而言，教育主管部门掌握更多信息和资源，应当定期对学校进行指导，注重应急教育的实质效果而非简单"走过场"，使学校应急教育工作不断改进和完善。教育主管部门还担负着监督职责，对于未按规定开展应急教育的学校，应当责令其开展。就应急管理等部门的支持而言，主要包括资金、技术、资源等支持，充分调动学校开展应急教育的主动性和积极性。

❖ 应急保障制度

第四十七条 【应急运输保障】国家建立健全应急运输保障体系，统筹铁路、公路、水运、民航、邮政、快递等运输和服务方式，制定应急运输保障方案，保障应急物资、装备和人员及时运输。

县级以上地方人民政府和有关主管部门应当根据国家应急运输保障方案，结合本地区实际做好应急调度和运力保障，确保运输通道和客货运枢纽畅通。

国家发挥社会力量在应急运输保障中的积极作用。社会力量参与突发事件应急运输保障，应当服从突发事件应急指挥机构的统一指挥。

【释　义】

本条是关于应急运输保障的规定。第一，国家层面的应急运输保障。国家负责建立健全应急运输保障体系：一是统筹铁路、公路、水运、民航、邮政、快递等运输和服务方式，二是制定应急运输保障方案，三是保障应急物资、装备和人员及时运输。第二，地方层面的应急运输保障。县级以上地方人民政府和有关主管部门负责具体实施国家应急运输保障方案，即根据国家应急运输保障方案，并结合本地区实际做好应急调度和运力保障，确保运输通道和客货运枢纽畅通。第三，鼓励社会力量积极参与应急运输保障。一方面，国家应注重发挥社会力量在应急运输保障中的积极作用；另一方面，社会力量参与突发事件应急运输保障，应当服从突发事件应急指挥机构的统一指挥。

本条为此次修法新增条款。

【评析】

一、我国当前应急运输保障面临的问题

当前,我国的紧急运输保障能力日益增强,但实践中还需要关注如下问题:一是地方应急运输保障方案不够详细。地方需要结合当地实际,针对不同类型的突发事件,做好应急调度和运力保障,以确保救援能够高效、迅速地展开。二是协同配合不够紧密,包括不同运输主体之间的协同和不同运输方式之间的协调。例如,政府机关与社会组织在应急运输中的沟通效率有待提高,陆上运输和航空运输之间的衔接流程不够顺畅等。

二、应急运输保障制度的具体内容

第一,在国家层面,国家负责建立健全应急运输保障体系。具体来说,一是统筹铁路、公路、水运、民航、邮政、快递等运输和服务方式,让各类运输和服务方式发挥最大效用。二是制定应急运输保障方案,让应急运输保障有"法"可依。三是保障应急物资、装备和人员及时运输,做好交通运输方面的应急准备,为应对突发事件提供坚实保障。

第二,在地方层面,县级以上地方人民政府和有关主管部门负责执行国家应急运输保障方案。具体而言,应根据国家应急运输保障方案,并充分结合本地区实际,做好应急调度和运力保障,确保运输通道和客货运枢纽畅通,发挥地方在应急运输保障中的积极作用。

第三,在社会层面,国家应注重发挥社会力量在应急运输保障中的积极作用。充分调动社会组织、企业事业单位等参与应急运输保障的积极性,有助于与政府形成保障合力,全面提高应急运输保障能力。当然,社会力量参与突发事件应急运输保障并非不受约束,而是必须服从突发事件应急指挥机构的统一指挥。

三、进一步完善应急运输保障体系

应急运输保障体系是指依托铁路、公路、水路、民航等应急运力储备,保障应急物资、装备和人员及时运输,从而尽快实施应急救援的一系列规范制度。《突发事件应对法》新增了建立健全应急运输保障体系的相关内容,国务院发布的《"十四五"国家应急体系规划》也提出了建立健全"综合交通

应急运输管理协调机制"的具体要求，旨在完善应急运输保障体系。具体而言，要做好以下几个方面的工作。

第一，统筹应急运输协调机制。一是建立健全多部门联动、多方式协同、多主体参与的综合交通应急运输管理协调机制。二是制定运输资源调运、征用、灾后补偿等配套政策，完善调运经费结算方式。三是深化应急交通联动机制，落实铁路、公路、航空应急交通保障措施。四是依托大型骨干物流企业，统筹建立涵盖铁路、公路、水运、民航等各种运输方式的紧急运输储备力量，发挥高铁优势构建力量快速输送系统，保障重特大灾害事故应急资源快速高效投送。五是健全社会紧急运输力量动员机制，支持引导社会力量在紧急情况下规范有序参与应急救援行动。

第二，提高应急运输调度效率。一是加快建立储备充足、反应迅速、抗冲击能力强的应急物流体系，优化紧急运输设施空间布局，加快专业设施改造与功能嵌入，健全应急物流基地和配送中心建设标准。二是建设政企联通的紧急运输调度指挥平台，提高供需匹配效率，减少物资转运环节，提高救灾物资运输、配送、分发和使用的调度管控水平。三是推广运用智能机器人、无人机等高技术配送装备，推动应急物资储运设备集装单元化发展。

第三，提升应急运输能力建设。一是发挥不同运输方式规模、速度、覆盖优势，构建快速通达、衔接有力、功能适配、安全可靠的综合交通应急运输网络。二是加强交通应急抢通能力建设，全面提升突发事件应急处置能力。三是加强紧急运输绿色通道建设，完善应急物资及人员运输车辆优先通行机制，进一步提高紧急运输能力。

第四十八条　【能源应急保障】 国家建立健全能源应急保障体系，提高能源安全保障能力，确保受突发事件影响地区的能源供应。

【释　义】

本条是关于能源应急保障的规定。第一，国家负有建立健全能源应急保障体系的义务。第二，国家应努力提高能源安全保障能力，增强突发事件发生后能源供给的稳定性与安全性。第三，国家须确保受突发事件影响地区的能源供应，防止受突发事件影响地区因能源缺乏而导致损害进一步扩大。

本条为此次修法新增条款。

【评　析】

一、能源应急保障的重要性

能源是国家正常运转的命脉，能源储备是国家储备体系中的重要组成部分，事关国家安全。伴随经济的高速发展，我国能源消费量激增，能源系统安全问题越发突出。尤其是突发事件发生时，确保受突发事件影响地区的能源供应，直接关系到人民生命财产安全。因此，建立健全能源应急保障体系，提高能源安全保障能力，已呈刻不容缓之势。

二、能源应急保障体系的主要内容

能源应急保障体系由五个部分组成，即能源应急法规体系、能源应急预案体系、能源应急组织体系、能源监测预警体系和能源应急储备体系。它们相互作用、相互联系，构成能源应急保障体系这个整体，共同发挥能源应急保障功能。其中，能源应急法规体系是其他体系运作的规范基础，明确中央和地方政府、各级能源主管部门、能源供应链相关企业在应急预警、应急储备、应急决策、应急响应等环节中承担的责任和功能，形成应急主体间的合理分工与有效协作，为突发性能源短缺的应急响应提供制度保障。能源应急预案体系是根据突发性能源短缺发生、发展、演变的机理及其严重程度，为做好应急准备和应急响应的各方面工作所预先做出的详细安排，是及时、有序和有效开展应急响应的行动指南。能源应急组织体系建设的重点在于明晰其决策部门、执行部门、协调部门，界定各应急部门之间的纵向指挥关系和横向协作关系，为能源应急提供组织保障。能源监测预警体系的功能在于对能源供应的关键节点和关键环节进行全方位监视，是突发性能源短缺应急决策的信息平台和决策基础。能源应急储备体系是能源应急体系的硬件基础，要建立储配结合的政府可控能源储备体系,为能源应急提供资源保障。[1]

三、能源应急保障的具体措施

根据2022年国家发展改革委、国家能源局印发的《"十四五"现代能源体系规划》,能源应急保障应重点做好以下工作。

第一,强化重点区域电力安全保障。按照"重点保障、局部坚韧、快速恢复"的原则,以直辖市、省会城市、计划单列市为重点,提升电力应急供应和事故恢复能力。统筹电网结构优化和互联输电通道建设,合理提高核心区域和重要用户的相关线路、变电站建设标准,加强事故状态下的电网互济支撑。推进应急保障电源建设,鼓励具备条件的重要用户发展分布式电源和微电网,完善用户应急自备电源配置,统筹安排城市黑启动电源和公用应急移动电源建设。"十四五"期间,在重点城市布局一批坚强局部电网。

第二,提升能源网络安全管控水平。完善电力监控系统安全防控体系,加强电力、油气行业关键信息基础设施安全保护能力建设。推进北斗全球卫星导航系统等在能源行业的应用。加强网络安全关键技术研究,推动建立能源行业、企业网络安全态势感知和监测预警平台,提高风险分析研判和预警能力。

第三,加强风险隐患治理和应急管控。开展重要设施、重点环节隐患排查治理,强化设备监测和巡视维护,提高对地震地质灾害、极端天气、火灾等安全风险的预测预警和防御应对能力。推进电力应急体系建设,强化地方政府、企业的主体责任,建立电力安全应急指挥平台、培训演练基地、抢险救援队伍和专家库。完善应急预案体系,编制紧急情况下应急处置方案,开展实战型应急演练,提高快速响应能力。建立健全电化学储能、氢能等建设标准,强化重点监管,提升产品本质安全水平和应急处置能力。合理提升能源领域安全防御标准,健全电力设施保护、安全防护和反恐怖防范等制度标准。

第四十九条 【应急通信和广播保障】国家建立健全应急通信、应急广播保障体系,加强应急通信系统、应急广播系统建设,确保突发事件应对工作的通信、广播安全畅通。

---

[1] 参见吕涛:《突发性能源短缺的应急体系研究》,载《中国人口·资源与环境》2011年第4期。

【释　义】

本条是关于应急通信、应急广播保障的规定。第一，国家负有建立健全应急通信、应急广播保障体系的义务。第二，国家应加强应急通信系统与应急广播系统建设。第三，国家须确保突发事件应对工作的通信、广播安全畅通。

本条的修改之处有二：一是在应急通信保障之外，增加了应急广播保障，要求国家建立健全"应急广播保障体系"，加强"应急广播系统建设"，确保突发事件应对工作的"广播安全畅通"；二是删除了应急通信保障的具体内容，即"完善公用通信网，建立有线与无线相结合、基础电信网络与机动通信系统相配套的"应急通信系统，并将"建立"修改为"加强"。

【评　析】

一、应急通信、应急广播保障的重要性

发生突发事件时，信息的沟通和交换有助于政府作出及时准确的决策，协调应对突发事件的行动。此外，及时收集、传递和共享信息，能够有效降低突发事件造成的损害。因此，有必要建立健全应急通信、应急广播保障体系，确保突发事件应对工作的通信、广播安全畅通。

二、应急通信保障的具体措施

"在突如其来的大型自然灾害等突发事件面前，常规的通信手段往往无法满足通信需求，应急通信正是为应对自然或人为紧急情况而提供的特殊通信机制。"[①]《"十四五"国家应急体系规划》要求"强化信息支撑保障"，将"应急通信和应急管理信息化建设"作为重大工程。应急通信保障是"在应急情况下最大限度地保障通信畅通，从而达到及时报告灾情、实施紧急救援、降低灾害损失和保障灾后重建的目的"[②]。具体而言，主要包括以下三个方面。

[①] 王海涛：《应急通信发展现状和技术手段分析》，载《电力系统通信》2011年第2期。
[②] 王海涛：《应急通信发展现状和技术手段分析》，载《电力系统通信》2011年第2期。

第一，构建多元主体协同机制。广泛吸引各方力量共同参与应急信息化建设，集约建设信息基础设施和信息系统，推动跨部门、跨层级、跨区域的互联互通、信息共享和业务协同。

第二，推进科学技术规模应用。强化数字技术在突发事件应对中的运用，全面提升监测预警和应急处置能力。加强空、天、地、海一体化应急通信网络建设，提高极端条件下应急通信保障能力。建设绿色节能型高密度数据中心，推进应急管理云计算平台建设，完善多数据中心统一调度和重要业务应急保障功能。系统推进"智慧应急"建设，建立符合大数据发展规律的应急数据治理体系，完善监督管理、监测预警、指挥救援、灾情管理、统计分析、信息发布、灾后评估和社会动员等功能。升级气象核心业务支撑高性能计算机资源池，搭建气象数据平台和大数据智能应用处理系统。推进自主可控核心技术在关键软硬件和技术装备中的规模应用，对信息系统安全防护和数据实施分级分类管理，建设新一代智能运维体系和具备纵深防御能力的信息网络安全体系。[1]

第三，夯实通信基础设施网络。构建基于天通、北斗、卫星互联网等技术的卫星通信管理系统，实现应急通信卫星资源的统一调度和综合应用。提高公众通信网整体可靠性，增强应急短波网覆盖和组网能力。实施智慧应急大数据工程，建设北京主数据中心和贵阳备份数据中心，升级应急管理云计算平台，强化应急管理应用系统开发和智能化改造，构建"智慧应急大脑"。采用5G和短波广域分集等技术，完善应急管理指挥宽带无线专用通信网。推动应急管理专用网、电子政务外网和外部互联网融合试点。建设高通量卫星应急管理专用系统，扩容扩建卫星应急管理专用综合服务系统。开展北斗系统应急管理能力示范创建。[2]

三、应急广播保障的具体措施

应急广播保障体系是国家利用现代科学技术手段，整合国家各相关系统资源，以最快的速度对特定地区民众发出警报、引导疏散或采取安全措施的紧急告警体系。"建设应急广播系统有助于及时预报突发事件尤其是自然灾害，

---

[1] 参见《应急指挥通信保障能力建设规范》（YJ/T 27-2024）。
[2] 参见《"十四五"国家应急体系规划》。

将灾害信息在灾害到来之前第一时间告知广大民众，使人们能够提前采取躲避措施和可能的预防措施是减少自然灾害损失的最有效的方式。"[1]

2020 年，国家广播电视总局、应急管理部印发了《关于进一步发挥应急广播在应急管理中作用的意见》，从制度层面规范应急广播保障工作，提升应急管理能力，力争形成上下贯通、综合覆盖、平战结合、安全可靠的"中央—省—市—县—乡（街道）—村（社区）"六级应急广播体系，有效打通预警信息发布的"最后一公里"。具体工作要点包括以下四个方面：一是充分发挥应急广播在应急管理体系中的作用，具体做法包括畅通播发渠道、加强预警预报、强化覆盖到达、完善呈现效果以及开展试点应用。二是完善应急管理协同工作机制，包括建立工作协同机制、完善制度法规、健全安全机制。三是加快推动应急广播建设，推进系统建设，提升基础能力，加强运行管理。四是加强政策保障和组织实施，加强组织领导、政策指导、绩效管理和队伍建设。

第五十条　【卫生应急体系】 国家建立健全突发事件卫生应急体系，组织开展突发事件中的医疗救治、卫生学调查处置和心理援助等卫生应急工作，有效控制和消除危害。

【释　义】

本条是关于应急卫生保障的规定。第一，突发事件卫生应急体系是突发事件应急准备制度体系的重要一环，国家负有建立健全突发事件卫生应急体系的法律义务。第二，国家还需组织开展卫生应急工作，包括医疗救治、卫生学调查处置和心理援助等。第三，国家建立卫生应急体系、开展卫生应急工作的目的在于有效控制和消除危害。

本条为此次修法新增条款，目的在于发挥卫生应急准备的作用，控制、减轻和消除突发事件引起的卫生健康危害，提高突发事件应对能力。

---

[1] 林长海、王新喆、宋占凯等：《国家应急广播体系建设的思考》，载《广播与电视技术》2013 年第 8 期。

【评　析】

一、开展卫生应急保障的重要性

随着社会经济的快速发展，以及社会环境的复杂变化，自然灾害、事故灾难、公共卫生事件和社会安全等突发事件频繁发生，并且通常都会涉及医疗救治、卫生处置、心理援助等工作。这些突发事件或者直接属于公共卫生事件，如重大传染病；或者间接需要卫生工作的支持，如地震导致大量人员受伤需要医疗救治。人民安全是国家安全的基石，如果不能及时稳妥地应对处置突发事件，不仅会影响人民群众的生命健康，甚至会造成人心恐慌，危害国家安全。因此，有必要提前开展卫生应急工作，提高各部门的卫生响应能力和应急救援速度，努力营造安定、有序、和谐的生活环境，满足广大人民群众对卫生安全的期许。

二、突发事件卫生应急保障的内容

突发事件卫生应急保障主要包括三个方面：一是开展医疗救治工作，有效减轻各类突发事件对人民群众身心健康和生命安全的危害；二是进行卫生学调查处置，做好相关疾病发生后的报告、诊治、调查和控制，及时发现、有效控制相关疾病，保障人民群众身体健康；三是开展心理援助，减轻突发事件后的心理应激反应，避免心理问题长期持续和复杂化，促进灾难事件后的心理适应与康复。

第五十一条　【急救医疗保障】县级以上人民政府应当加强急救医疗服务网络的建设，配备相应的医疗救治物资、设施设备和人员，提高医疗卫生机构应对各类突发事件的救治能力。

【释　义】

本条是关于医疗救治保障工作的规定。第一，县级以上人民政府有义务加强急救医疗服务网络的建设。第二，县级以上人民政府应当配备相应的医疗救治物资、设施设备和人员。第三，县级以上人民政府应当提高医疗卫生机构应对各类突发事件的救治能力。

本条为此次修法新增条款，基本沿用《突发公共卫生事件应急条例》第十七条第一款的规定。

【评　析】

一、做好医疗救治保障工作的重要性

突发事件一旦发生，便极可能危及人的生命安全和身体健康，尤其是公共卫生事件。当突发事件进入爆发期，处置重心会转向医疗救治。[1] 因此，突发事件对生命健康权的损益性必然使得医疗卫生服务体系建设面临新的更高要求，必须把做好医疗救治准备工作作为应急准备的一项重要内容。具体而言，应当通过加强急救医疗服务网络的建设，配备相应的医疗救治物资、设施设备和人员，提高医疗卫生机构应对各类突发事件的救治能力等措施，全面提高医疗救治能力，保证突发事件发生时具有充足的医疗救治力量，最大限度地降低突发事件对公众生命安全和身体健康造成的损害。

二、医疗救治保障工作的主要内容

一是加强急救医疗服务网络的建设。急救医疗服务网络建设的重点是实现城乡急救一体化，重点覆盖县、乡、村等应急管理的基本单元。为了加强急救医疗服务网络建设，一方面要持续提升其信息化基础能力，充分利用大数据、人工智能等新一代信息技术，实现城乡偏远地区急救医疗服务网络全覆盖；另一方面要积极构建立体急救医疗服务网络，加强应急、公安、卫生等部门的协同，形成多部门配合、共同应对各类突发事件的急救医疗服务网络。

二是配备相应的医疗救治物资、设施设备和人员。医疗救治资源配置直接影响应对突发事件时的救治能力。突发事件医疗救治工作，仍然主要依赖

---

[1] 参见郁建兴、陈韶晖：《县域医共体改革如何提升突发公共卫生事件应对能力——基于浙江省的实证研究》，载《治理研究》2023年第3期。

各级政府，普通公民由于医疗救治知识欠缺，应急能力不足，参与医疗救治的作用有限。因此，县级以上人民政府应当配备相应的医疗救治物资、设施设备和人员，保障突发事件发生后能够满足急救的基本需求。

三是提高医疗卫生机构应对各类突发事件的救治能力。主要措施包括：优化急救医疗服务网点布局和加大投入；定期更新完善救护车设备；定期对医疗卫生机构及其工作人员开展突发事件应急处理相关知识、技能的培训，定期组织医疗卫生机构进行突发事件应急演练，推广最新知识和先进技术；实现急救医疗服务网点信息互联互通，搭建远程信息传输平台。

第五十六条　【技术和人才保障】国家加强应急管理基础科学、重点行业领域关键核心技术的研究，加强互联网、云计算、大数据、人工智能等现代技术手段在突发事件应对工作中的应用，鼓励、扶持有条件的教学科研机构、企业培养应急管理人才和科技人才，研发、推广新技术、新材料、新设备和新工具，提高突发事件应对能力。

【释　义】

本条是关于运用技术、人才等提高突发事件应对能力的规定。第一，技术研究。国家应加强应急管理基础科学和重点行业领域关键核心技术的研究。第二，技术应用。国家须加强互联网、云计算、大数据、人工智能等现代技术手段在突发事件应对工作中的应用。第三，鼓励、扶持人才培养与新技术、新材料、新设备和新工具研发、推广。国家鼓励、扶持有条件的教学科研机构、企业培养应急管理人才和科技人才，研发、推广新技术、新材料、新设备和新工具。

本条的修改之处有六：一是增加了"国家加强应急管理基础科学、重点行业领域关键核心技术的研究，加强互联网、云计算、大数据、人工智能等现代技术手段在突发事件应对工作中的应用"，体现了对技术的重视；二是将

"具备相应条件"修改为"有条件",拓宽了培养人才的教学科研机构的范围;三是增加"企业"作为培养人才的主体;四是将"应急管理专门人才"修改为"应急管理人才和科技人才",突出科技人才的重要地位;五是将"鼓励、扶持教学科研机构和有关企业研究开发用于突发事件预防、监测、预警、应急处置与救援的新技术、新设备和新工具"修改为"鼓励、扶持有条件的教学科研机构、企业""研发、推广新技术、新材料、新设备和新工具",特别增加了"新材料";六是增加了"提高突发事件应对能力"这一目标。

【评 析】

一、突发事件应对中加强技术研究和应用的重要性

新一代信息技术的应用和发展是实现应急管理现代化的重要支撑。"互联网、云计算、大数据、人工智能等新一代信息技术已经在自然灾害、安全生产等领域得到了应用,提高了政府监测预警、监管执法、应急指挥决策辅助、救援实战和社会动员能力。"[1] 从新安全格局保障新发展格局的战略需求出发,需要加强新一代信息技术应用赋能应急管理治理体系和治理能力现代化建设。

有关的专门法律和政策文件也规定了鼓励、扶持关于应对突发事件科学技术研究的内容。如《防震减灾法》第十一条规定:"国家鼓励、支持防震减灾的科学技术研究,逐步提高防震减灾科学技术研究经费投入,推广先进的科学研究成果,加强国际合作与交流,提高防震减灾工作水平。对在防震减灾工作中做出突出贡献的单位和个人,按照国家有关规定给予表彰和奖励。"《国务院关于全面加强应急管理工作的意见》指出,"建立公共安全科技支撑体系。按照《国家中长期科学和技术发展规划纲要》的要求,高度重视利用科技手段提高应对突发公共事件的能力,通过国家科技计划和科学基金等,对突发公共事件应急管理的基础理论、应用和关键技术研究给予支持,并在大专院校、科研院所加强公共安全与应急管理学科、专业建设,大力培养公共安全科技人才。坚持自主创新和引进消化吸收相结合,形成公共安全科技

---

[1] 张海波、戴新宇、钱德沛等:《新一代信息技术赋能应急管理现代化的战略分析》,载《中国科学院院刊》2022年第12期。

创新机制和应急管理技术支撑体系。扶持一批在公共安全领域拥有自主知识产权和核心技术的重点企业，实现成套核心技术与重大装备的突破，增强安全技术保障能力"。

在此背景下，此次修法新增"国家加强应急管理基础科学、重点行业领域关键核心技术的研究，加强互联网、云计算、大数据、人工智能等现代技术手段在突发事件应对工作中的应用"，正是为了发挥大数据时代技术的积极作用，利用技术手段提高突发事件应对能力。

二、培养应急管理人才和科技人才的重要性

2019年11月29日，习近平总书记在主持中央政治局第十九次集体学习时强调要"大力培养应急管理人才，加强应急管理学科建设"[1]。应急管理人才是指从事应急管理相关工作、具备应急管理专业知识和技能的人员；科技人才是指掌握应急管理基础科学、重点行业领域关键核心技术，能够运用互联网、云计算、大数据、人工智能等现代技术手段的人才。在突发事件应对中，应急管理人才与科技人才均发挥着重要作用。但目前，"我国在应急管理人才和科技人才的培养上供给数量不足、专业质量不高，存在'战''训'脱节的问题"[2]。因此，国家鼓励、扶持有条件的教学科研机构、企业培养应急管理人才和科技人才，加强相关人员的培养和训练，为应急管理提供充足的人力资源。

第五十七条　【专家咨询论证制度】县级以上人民政府及其有关部门应当建立健全突发事件专家咨询论证制度，发挥专业人员在突发事件应对工作中的作用。

【释　义】

本条是关于突发事件专家咨询论证制度的规定。第一，建立健全突发事

---

[1] 习近平：《充分发挥我国应急管理体系特色和优势 积极推进我国应急管理体系和能力现代化》，载《人民日报》2019年12月1日，第1版。

[2] 冯文靖、唐小辉：《基层应急管理建设的困境与对策研究》，载《产业与科技论坛》2024年第3期。

件专家咨询论证制度的责任主体。"县级以上人民政府及其有关部门"负责建立健全突发事件专家咨询论证制度。第二，建立健全突发事件专家咨询论证制度的目的。建立健全突发事件专家咨询论证制度的目的在于，发挥专业人员在突发事件应对工作中的作用，提高突发事件应对的专业性、准确性。

本条为此次修法新增条款。

【评　析】

一、建立突发事件专家咨询论证制度的重要性

应急管理专家是指在相关领域从事应急管理、安全生产、应急救援、综合防灾减灾等工作，具有较高专业理论水平和丰富实践管理经验的专业人员。专家在突发事件应对工作中不可或缺，例如，在应急预案的制定、演练、修订等过程中，都要求业内人士和专家学者参与，以保证预案的专业性、科学性。突发事件专家咨询论证制度就是通过聘请应急领域的技术专家，发挥其技术专长为突发事件应对提供科学的建议。专家论证制度是突发事件应对工作中提升科学性的重点机制，专业人员是突发事件应对工作的重要抓手。与传统社会单一事件处理机制不同，现代社会的科技发展和应用产生的连锁效应使突发事件应急处理变得尤为复杂。当下的决策不仅要考虑某一事件造成的影响，还要考虑可能在其他多领域引起的不同后果。由此，在应对突发事件时作出的决策需要听取相关领域的专家意见，以保证决策的科学理性和正当性。[①]

我国许多法律规范和政策文件都规定了建立健全突发事件专家咨询论证制度条款。如《突发公共卫生事件应急条例》第二十六条规定："突发事件发生后，卫生行政主管部门应当组织专家对突发事件进行综合评估，初步判断突发事件的类型，提出是否启动突发事件应急预案的建议。"《广东省突发事件应对条例》第六条规定："各级突发事件应急委员会及其成员单位、专项应急指挥机构应当根据需要成立应急管理专家组，建立健全专家决策咨询制

---

① 参见宋华琳、郑琛：《公共卫生治理专家咨询制度的法治探寻》，载《求是学刊》2024年第2期。

度。"《上海市急救医疗服务条例》第五十七条第一款规定："市和区卫生健康行政部门建立应对突发事件的应急医疗专家库。"

二、突发事件中专家咨询论证制度的适用

为充分发挥专家在应急管理工作中的辅助决策和专业作用，提高突发事件的防范应对能力和处置工作水平，规范应急管理专家队伍建设，各地纷纷制定应急管理专家管理办法，规定专家选聘、专家工作范围及权利义务、专家工作程序、专家工作保障、专家考核和奖惩等内容。

在突发事件应对工作中，专家的工作任务一般包括以下几项：一是参与应急管理政策、法规、标准、规范、规划的制定、修订，对突发事件的重大决策、重要规划论证和重大安全技术问题提供咨询服务；二是参与生产安全事故、自然灾害的应急救援、调查评估，为突发事件提供决策咨询、分析研判和技术支持，为事故调查、事故鉴定、自然灾害调查评估等提供技术支撑；三是参与应急管理的科研项目、评价报告评审和成果审查论证、技术鉴定等；四是参与突发事件的风险调查、专项检查、专项整治、专项督查工作；五是参与应急管理重大问题的专题调研和重大课题研究，参与应急管理教育培训和学术交流合作。

❖ **社会力量与市场机制**

第五十二条 【鼓励社会力量支持】国家鼓励公民、法人和其他组织为突发事件应对工作提供物资、资金、技术支持和捐赠。

接受捐赠的单位应当及时公开接受捐赠的情况和受赠财产的使用、管理情况，接受社会监督。

【释　义】

本条是鼓励社会力量参与应对突发事件的规定。第一，在各级人民政府为应对突发事件进行人、财、物、技术各方面的准备之外，国家同样鼓励公民、法人和其他组织为应对突发事件提供物资、资金、技术等方面的支持和捐赠。这并非强制性规范，而是一种鼓励性措施。第二，接受捐赠的单位负有公开义务，即及时公开接受捐赠的情况和受赠财产的使用、管理情况，接受社会监督。

本条的修改之处有二：一是删除了"人民政府"这一主体限定，不再限定"人民政府"为接受物资、资金、技术支持和捐赠的唯一主体，公民、法人和其他组织可以直接为突发事件应对提供物资、资金、技术支持和捐赠，体现了公民、法人和其他组织在突发事件应对中也是主动分担者、参与者和监督者。二是新增第二款，即"接受捐赠的单位应当及时公开接受捐赠的情况和受赠财产的使用、管理情况，接受社会监督"，让接受捐赠的单位自觉接受社会监督。

【评　析】

一、突发事件应对工作鼓励社会捐赠的必要性

在我国突发事件应对体系中，政府直接掌握着大量的应急物资、应急资金以及专业的救援力量，占据突发事件应对的主导地位。但由于突发事件存在不确定性，即便政府在实践中做出了正确的决策和一定的准备，恶劣环境下的指挥调度、救援工作以及物资保障任务也极其繁重，有时候单靠政府的力量是不够的。因此，本法第二十三条规定："公民、法人和其他组织有义务参与突发事件应对工作。"本条进一步规定，鼓励公民、法人和其他组织为突发事件应对工作提供物资、资金、技术支持和捐赠。"社会捐赠指灾害发生时，社会各界出于人道主义，自愿对灾区或受灾成员给予无偿的款物帮助。"[①] 作为一项慈善事业，社会捐赠是有别于政府补偿与商业保险补偿的又一种社会性灾害补偿渠道，也是非常重要的分担灾后财力保障责任的方式。

事实上，每当有突发事件发生，各种社会力量都会通过捐款、捐物等多种方式鼎力相助，帮助灾区群众克服困难，重建家园，其成为应对突发事件的重要力量。只要国家给予正确的鼓励和引导、采取措施拓宽捐赠渠道、加强对捐赠的宣传倡导，社会捐赠将在突发事件应对中发挥更大的作用。

二、规范社会捐赠制度的重要性与具体措施

"一个理想的突发事件损失补偿体系应当由三部分组成：国家在应急救助中发挥托底作用，即'保基础'；保险发挥主体保障作用，大部分突发事件导致的损失能通过保险赔付获得补偿；社会捐赠作为有益补充。"[②] 突发事件的救助补偿由政府、市场和社会共同参与、共同分担，规范社会捐赠制度对完善突发事件损失补偿体系具有重要作用。

在我国以往发生的突发事件中，公民、法人和其他组织的捐赠款物对突发事件的应急救援与恢复重建均发挥了重要作用。但与此同时，也存在社会捐赠款物的接收、使用、分配出现问题，受捐赠机构和人员缺乏监管的现象，造成了民众对接受捐赠组织、机构及人员的不信任。因此，须在法律制度层面对社会捐赠制度进行规范，通过完备的捐赠制度激发和调动社会力量参与恢复重建：第一，建立健全财务会计制度和建立受赠财产的使用制度，加强管理，确保受赠财产及时足额用于应急救援和事后恢复与重建。第二，受赠人接受捐赠后，应当向捐赠人出具合法有效的收据；捐赠人有权向受赠人查

---

① 许飞琼：《论灾害损失的补偿》，载《中国减灾》2000年第1期。
② 林鸿潮：《应急法概论》，应急管理出版社2020年版，第234页。

询捐赠财产的使用和管理情况，并提出意见和建议；对于捐赠人的查询，受赠人应当如实答复。第三，受赠人应当公开接受捐赠的情况和受赠财产的使用、管理情况，接受社会监督。

第五十三条　【紧急救援、人道救助和应急慈善】红十字会在突发事件中，应当对伤病人员和其他受害者提供紧急救援和人道救助，并协助人民政府开展与其职责相关的其他人道主义服务活动。有关人民政府应当给予红十字会支持和资助，保障其依法参与应对突发事件。

慈善组织在发生重大突发事件时开展募捐和救助活动，应当在有关人民政府的统筹协调、有序引导下依法进行。有关人民政府应当通过提供必要的需求信息、政府购买服务等方式，对慈善组织参与应对突发事件、开展应急慈善活动予以支持。

【释　义】

本条是关于红十字会和慈善组织的规定。第一，红十字会在突发事件中的义务。红十字会在突发事件中负责开展人道主义服务活动，包括对伤病人员和其他受害者提供紧急救援、人道救助，以及协助人民政府开展与其职责相关的其他人道主义服务活动。当然，有关人民政府应当给予红十字会支持和资助，目的在于保障其依法参与应对突发事件。第二，慈善组织在发生重大突发事件时依法开展募捐和救助活动的要求。对此，有关人民政府一方面应当统筹协调、有序引导并保障慈善组织活动依法进行；另一方面要通过提供必要的需求信息、政府购买服务等方式，支持慈善组织参与应对突发事件、开展应急慈善活动。

本条为此次修法新增条款。

【评 析】

一、红十字会和慈善组织参与应对突发事件的必要性

根据《红十字会法》第二条，中国红十字会是中华人民共和国统一的红十字组织，是从事人道主义工作的社会救助团体。根据《慈善法》第八条，慈善组织是指依法成立、符合该法规定，以面向社会开展慈善活动为宗旨的非营利性组织。因此，红十字会和慈善组织都具有非营利属性。

在突发事件应对过程中，政府无疑是积极主导的一方，但拥有的人、财、物等资源是有限的，为更好地应对突发事件，需要更多的主体协同参与。"随着改革开放的深入，以公民为代表、以民间组织或社会组织为基础的社会系统迅速崛起并在应急准备活动中获得了更大的自主空间。"[①] 慈善组织和红十字会具有公益性、合法性、自愿性等特点，而且在人员、资金、物资、信息、技术等方面具有不同优势，是应对突发事件的重要力量。

二、红十字会和慈善组织参与应对突发事件的措施

根据《红十字会法》第十一条的规定，红十字会在自然灾害、事故灾难、公共卫生事件等突发事件中，对伤病人员和其他受害者提供紧急救援和人道救助，并协助人民政府开展与其职责相关的其他人道主义服务活动。第一，红十字会的紧急救援主要着眼于挽救和保护生命、维护人的尊严、维持人的生存、减少人的痛苦、预防疾病发生或蔓延。红十字会应根据不同突发事件的特点，组织配置最需要的救援人员和物资，如救治伤残疾病的医护救援队和救护设备及药品，维持最基本生活的帐篷、粮食与食品、餐饮及安全供水设备、衣被、卫生厕所设施，以及相关的志愿服务人员。第二，红十字会的人道救助重点关注人的生命和健康，以困难群体为主要工作对象，以特色项目为载体，通过募集资金和物资，开展健康促进、大病救助、博爱援建、扶贫帮困、捐资助学等经常性的人道救助工作，并结合实际，兴办医疗、康复、养老等符合红十字会宗旨的社会公益事业。第三，其他人道主义服务活动的范围非常广泛，"协助人民政府开展与其职责相关的其他人道主义服务活动"

[①] 钟开斌：《国家应急管理体系：框架构建、演进历程与完善策略》，载《改革》2020年第6期。

是一条兜底性条款，为今后红十字会承担更多人道主义服务职能提供了法律依据。

《慈善法》第三条规定："本法所称慈善活动，是指自然人、法人和非法人组织以捐赠财产或者提供服务等方式，自愿开展的下列公益活动：……（三）救助自然灾害、事故灾难和公共卫生事件等突发事件造成的损害；……"具体到突发事件的应对，慈善组织主要负责开展募捐和救助活动。其中，慈善募捐是慈善组织基于慈善宗旨募集财产的活动，包括面向社会公众的公开募捐和面向特定对象的定向募捐。慈善组织开展募捐活动，应当尊重和维护募捐对象的合法权益，保障募捐对象的知情权；不得通过虚构事实等方式欺骗、诱导募捐对象实施捐赠；不得摊派或者变相摊派；不得妨碍公共秩序、企业生产经营和居民生活。救助活动主要是指救助突发事件造成的损害。突发事件往往会导致受灾人员遭受人身伤亡或财产损失，需要在紧急搜救、医疗、防疫、住所、食物、饮用水、衣被等方面及时给予受灾人员救助和帮扶，以最大限度减少灾害造成的损害及影响。

三、政府对红十字会和慈善组织参与应对突发事件的支持

一是建立协调机制。突发事件的预防、处置需要多部门合作，因此有必要建立协调机制，这也是我国应对突发事件的通常做法。《慈善法》第七十条即规定，发生重大突发事件需要迅速开展救助时，履行统一领导职责或者组织处置突发事件的人民政府应当依法建立协调机制。因此，有关人民政府应通过建立协调服务平台和信息平台，制定协调工作制度和规则，畅通有关各方联系沟通渠道，加强政府部门之间，以及政府与社会、市场等参与主体之间的协调协作，促进信息共享、资源对接、行动有序协同，提升突发事件应对效率和水平。

二是提供需求信息。有关人民政府应当及时向社会发布发生突发事件地区需要的食品、饮用水、衣被、取暖、临时住所、医疗防疫等方面的物资以及医疗卫生等方面的专业人员需求等信息，引导红十字会和慈善组织提供必要的救助服务。《慈善法》第七十条即规定，发生重大突发事件需要迅速开展救助时，履行统一领导职责或者组织处置突发事件的人民政府应当提供需求信息。

三是及时有序引导开展募捐和救助活动。红十字会和慈善组织参与应对

突发事件也可能面临一些问题,如专业救援知识和技能不足、救助无序、物资短缺等。对此,有关人民政府应当及时有序引导开展募捐和救助活动,使募捐和救助活动更加科学、高效、有序。《慈善法》第七十条即规定,发生重大突发事件需要迅速开展救助时,履行统一领导职责或者组织处置突发事件的人民政府应当及时有序引导慈善组织、志愿者等社会力量开展募捐和救助活动。第七十四条规定,县级以上人民政府及其有关部门应当为捐赠款物分配送达提供便利条件。乡级人民政府、街道办事处和村民委员会、居民委员会,应当为捐赠款物分配送达、信息统计等提供力所能及的帮助。

第五十五条　【巨灾风险保险体系】 国家发展保险事业,建立政府支持、社会力量参与、市场化运作的巨灾风险保险体系,并鼓励单位和个人参加保险。

【释　义】

本条是关于巨灾保险的规定。第一,国家为处理突发事件所造成的危害后果,需要发展保险事业。第二,国家应建立政府支持、社会力量参与、市场化运作的巨灾风险保险体系,保障因突发事件受有损失的公民、法人和其他组织能够得到相应补偿。第三,国家鼓励单位和个人参加保险,单位和公民可以根据实际情况选择参保。

本条的修改之处有二:一是将"国家财政支持"修改为"政府支持、社会力量参与、市场化运作",强调社会与市场的作用。二是将"公民"修改为"个人"。

【评　析】

一、突发事件应对中保险的重要性

突发事件应对中的保险制度是指政府通过购买保险的方式与保险公司合

作，分散突发事件对社会公众造成的财产损失和人员伤亡风险，并对由此产生的损失进行赔付。

第一，保险业是与突发事件尤其是自然灾害关系密切的产业。加强灾害防治对于维护社会稳定、改善人民生活、增进社会福利具有重要的战略意义，而巨灾保险在完善灾害风险管理体系建设、服务国家巨灾应急管理中起着不可或缺的重要作用。"我国每年因自然灾害等各类突发事件造成的人民生命财产损失巨大，保险事业因其行业特征和业务属性，在重大自然灾害的灾前防控、灾中救援和灾后重建方面具有不可替代的优势。"[1] 加快保险业改革发展，建立市场化的灾害、事故补偿机制，有助于完善灾害防范和救助体系，增强全社会抵御风险的能力。

第二，面对突发事件的威胁逐渐增加之现状，要对突发事件进行及时有效的应对，不但要依靠政府的财政支持和社会的捐赠救助，还要依靠保险手段。发展保险事业，建立国家财政支持的巨灾风险保险体系，将有利于解决突发事件事后恢复与重建阶段经费的问题。国家金融监督管理总局相关负责人曾在2024陆家嘴论坛上表示："将推动健全多方参与的巨灾保险保障体系，指导保险机构发挥风险管理专业优势，做好事前防灾、事中减灾、事后救灾。"[2]《国务院关于保险业改革发展的若干意见》指出："充分发挥保险在防损减灾和灾害事故处置中的重要作用，将保险纳入灾害事故防范救助体系。不断提高保险机构风险管理能力，利用保险事前防范与事后补偿相统一的机制，充分发挥保险费率杠杆的激励约束作用，强化事前风险防范，减少灾害事故发生，促进安全生产和突发事件应急管理。"我国有关法律也对巨灾风险保险作出了规定。如《防震减灾法》第四十五条规定："国家发展有财政支持的地震灾害保险事业，鼓励单位和个人参加地震灾害保险。"《防洪法》第四十七条第二款规定："国家鼓励、扶持开展洪水保险。"

二、突发事件应对中保险的社会化运作

现实中，尽管国家负有组织实施恢复重建的职责，但高昂重建成本与有限政府财政之间的矛盾，使得单纯依靠政府一方的作用，或者社会主体参与

---

[1] 翟宇佳：《发达国家巨灾保险基金运行模式及启示》，载《知识经济》2018年第20期。
[2] 冷翠华、杨笑寒：《我国推动健全巨灾保险保障体系进程不断加快》，载证券日报网，http://www.zqrb.cn/jrjg/insurance/2024-06-21/A1718953719726.html，最后访问时间：2024年7月18日。

下的捐赠制度通常难以解决所有需求①。另外，我国单位和个人参加保险的比例过低，仅有少部分灾害事故损失能够通过保险获得补偿，这样既不利于及时恢复生产生活秩序，又增加了政府财政和事务负担。

为了应对这种矛盾，"各国常见的做法是通过市场化的运作机制，借助保险制度的风险分散功能，将突发事件风险引发的损失风险通过市场分摊形式予以转移，以此来减轻政府在灾后重建中背负的沉重财政负担"②。我国20世纪80年代也曾探索实施过洪灾保险制度，但由于缺乏政府和市场的合作机制而完全依赖商业保险模式，使得商业保险公司亦无法在高风险、高赔付之下持续推进该项制度。③ 2014年8月，国务院发布了《关于加快发展现代保险服务业的若干意见》，提出"围绕更好保障和改善民生，以制度建设为基础，以商业保险为平台，以多层次风险分担为保障，建立巨灾保险制度。研究建立巨灾保险基金、巨灾再保险等制度，逐步形成财政支持下的多层次巨灾风险分散机制"。在此背景下，新法将"国家财政支持的巨灾风险保险体系"修改为"政府支持、社会力量参与、市场化运作的巨灾风险保险体系"，明确了社会力量的参与地位。与此同时，通过市场分摊风险，有助于减轻政府的财政负担。此外，国家还鼓励单位和个人参加保险，以增强全社会的保险意识，充分发挥保险主体的保障作用。

实践中，以深圳市为代表的一些地方开展了设立巨灾基金的探索。该基金在由政府一定程度拨付的基础上，广泛吸收了企业、个人等社会捐赠资金。多主体的参与使基金规模不断扩大，形成了全社会共同参与的风险应对平台。对于损失的赔付，巨灾基金与政府巨灾救助保险以及个人巨灾保险相辅相成。在巨灾损失超过政府巨灾救助保险赔付限额时，则由巨灾基金继续进行赔付。这种巨灾基金的设置，改变了以往以政府财政为主的巨灾损失补偿机制，有利于整合多种力量参与对风险的抵御。从现实情况看，自2014年6月深圳市民政局与中国人民财产保险股份有限公司深圳分公司签订的全国首单巨灾保险合同正式生效以来，巨灾保险制度的探索在全国铺陈开来。

---

① 参见张弓长、于海纯：《洪水灾害保险的法律制度构建》，载《保险研究》2016年第11期。
② 吴大明、赵歌今：《国外地震灾害保险制度概况与启示》，载《中国安全生产》2019年第3期。
③ 参见张弓长、于海纯：《洪水灾害保险的法律制度构建》，载《保险研究》2016年第11期。

第四章　监测与预警

本章概述

本章介绍突发事件的监测与预警制度，主要围绕《突发事件应对法》第四章"监测与预警"即第五十八条至第七十条展开。监测与预警是做好突发事件应对工作，控制、减轻和消除突发事件引起的严重社会危害的重要前提。突发事件监测与预警的主要目的有二：一是通过实时监测，收集、获取信息并进行分析研判，尽可能早地发现危机，了解事件发生发展态势，为及时发布预警提供客观依据；二是通过发布预警，宣布进入预警期，为采取相关预控措施提供合法依据，并通过相关措施尽可能将危机遏制在萌芽状态，或者减少与降低突发事件发生后可能造成的损害。信息贯穿应急管理全过程，是监测预警环节中的关键要素。突发事件信息系统的运行包括信息的获取、传输和处理三个环节。监测是获取信息的方式之一，而发布预警则是有关机关对信息进行处理之后作出的决策结果。因而，本章将突发事件信息系统单独进行分析。基于此，本章共分三个部分：突发事件监测制度、突发事件信息系统、突发事件预警制度。

❖ 突发事件监测制度

第五十八条 【突发事件监测制度】国家建立健全突发事件监测制度。

县级以上人民政府及其有关部门应当根据自然灾害、事故灾难和公共卫生事件的种类和特点，建立健全基础信息数据库，完善监测网络，划分监测区域，确定监测点，明确监测项目，提供必要的设备、设施，配备专职或者兼职人员，对可能发生的突发事件进行监测。

【释　义】

本条是关于突发事件监测制度的规定，旨在构建完备的突发事件监测体系，提高突发事件监测能力，以便及时发现可能发生的突发事件，为预警提供数据支撑。此次修订对本条内容没有进行修改，仅调整了条文的顺序，从原来位于本章"统一信息系统建立、信息收集、信息报送、信息分析评估报告"四项制度的后面，调整到最前面，理顺了条文间的逻辑关系。本条的主要内容有：

第一，明确监测责任主体。本条规定，国家建立健全突发事件监测制度。这一规定为县级以上人民政府及其有关部门开展监测工作提供了法律依据，同时也明确了相关职责，要求其根据自然灾害、事故灾难和公共卫生事件的种类和特点，采取相应的措施，履行监测职责。由于不同种类的突发事件具有不同的发生规律和特点，因而应当根据突发事件的种类和特点，采取合适的监测手段和方法，以提高监测的针对性和科学性。本条未对社会安全事件的监测制度作出规定，主要原因是，社会安全事件不同于自然灾害、事故灾难、公共卫生事件，不太好通过技术手段进行监测，也难以预警，主要是通过排查和信息报告制度来解决。

第二，明确监测的具体要求。一是建立健全基础信息数据库。突发事件基础信息库，是指应对突发事件所必备的有关危险源、风险隐患、应急资源（物资储备、设备及应急队伍）、应急避难场所（分布、疏散路线和容纳量等）、应急专家咨询、应急预案、突发事件案例等基础信息的数据库。二是完善监测网络体系建设。在收集突发事件信息的各种途径中，建立监测网络是最重要的一种。县级以上人民政府及其有关部门应当完善监测网络，划分监测区域，确定监测点，明确监测项目，提高监测覆盖面和监测精准度。三是配备相关资源，包括提供必要的设备、设施，并配备专职或者兼职人员。这是确保监测工作的专业性和连续性的重要条件。必要的设备、设施是监测工作的物质基础。专职或兼职人员是监测工作的执行者，他们的专业素养和工作态度直接影响到监测的质量和效果。

【评 析】

突发事件监测指的是国家通过设立各种网点，对可能引起突发事件的各种因素和突发事件发生前的各种征兆进行观察、捕捉、预测的活动。监测是准确预警的基础，为发布预警提供必要的信息。建立健全突发事件监测制度，有利于明确县级以上人民政府及其相关部门的监测职责，提高监测的科学性和精准性，促进监测资源的合理配置和有效利用，对于预防和减少突发事件的发生，及时有效地应对突发事件具有重要意义。

一、突发事件监测体系建设情况

党和国家高度重视突发事件监测预警体系建设。2015 年 10 月 29 日，习近平总书记在党的十八届五中全会第二次全体会议上指出，"要加强对各种风险源的调查研判，提高动态监测、实时预警能力，推进风险防控工作科学化、精细化"。[①] 2019 年 11 月 29 日，习近平总书记在主持十九届中央政治局第十九次集体学习时强调，"要加强风险评估和监测预警，加强对危化品、矿山、道路交通、消防等重点行业领域的安全风险排查，提升多灾种和灾害链

---

① 习近平：《论坚持全面深化改革》，中央文献出版社 2018 年版，第 183 页。

综合监测、风险早期识别和预报预警能力"。① 2020年6月2日，习近平总书记在主持召开专家学者座谈会时指出，要加强监测预警和应急反应能力。要把增强早期监测预警能力作为健全公共卫生体系当务之急，完善传染病疫情和突发公共卫生事件监测系统，改进不明原因疾病和异常健康事件监测机制，提高评估监测敏感性和准确性，建立智慧化预警多点触发机制，健全多渠道监测预警机制，提高实时分析、集中研判的能力。②

目前，我国已建立涵盖各大类突发事件的监测预警网络体系，并大力推动各类先进技术（全球卫星定位系统、遥感技术、地理信息系统、无线传感技术、物联网技术、高清视频影像识别技术等）在风险监测工作中的应用，全面提升风险监测的科技化、信息化和智能化水平。

在防灾减灾方面，气象、地震、自然资源、森林防火等各类专业监测预警系统和平台相继建成。我国已建立形成天地空一体化的综合立体气象观测体系，卫星、雷达等监测能力位居世界前列。现有地面气象观测站7万多个，全国乡镇覆盖率达到99.6%，数据传输时效从1小时提升到1分钟。建立了生态、环境、农业、海洋、交通、旅游等专业气象监测网，形成了全球最大的综合气象观测网。③ 2015年，我国成立国家预警信息发布中心，并建立起国家突发事件预警信息发布系统。

在安全生产方面，煤矿瓦斯监测系统、危化品动态风险监测预警系统、油气管线监控预警系统、重点污染企业污染物排放监测系统等各类监测预警系统和安全生产应急指挥系统平台逐步建成并不断完善。

在公共卫生方面，我国建成了传染病疫情和突发公共卫生事件网络直报系统。该系统可实现传染病疫情风险信息由基层哨点医院直通中国疾病预防控制中心和国家卫生健康委员会，突发公共卫生事件信息平均报告时间缩短

---

① 习近平：《充分发挥我国应急管理体系特色和优势 积极推进我国应急管理体系和能力现代化》，载《人民日报》2019年12月1日，第1版。
② 习近平：《构建起强大的公共卫生体系 为维护人民健康提供有力保障》，载《求是》2020年第18期。
③ 《气象部门将坚决筑牢气象防灾减灾的第一道防线》，载中国天气网，http://news.weather.com.cn/2020/05/3325016.shtml，最后访问时间：2024年7月13日。

至 4 小时内，具备在 72 小时内检测 300 余种病原体的能力。① 同时，我国还建立起食源性疾病监测报告系统，形成食源性疾病监测网络体系。

在社会安全方面，国内多数大城市建成了针对人员密集地点和区域的大客流风险实时监测预警系统，可针对大客流区域内的人员流动态势开展实时监控，并能够根据风险情况提前启动干预措施，发布必要的预警提示信息。此外，公安系统还建立起统一的网上舆情监测、研判和预警工作机制。

二、专业监测网络制度建设情况

监测是获取信息的重要方式之一，绝大多数突发事件信息都是通过专业的监测网络获得的。在各种应急法律规范和应急预案中，有关建立健全专业监测网络的规定最为普遍。比如，《国家自然灾害救助应急预案》《国家防汛抗旱应急预案》《国家地震应急预案》《国家突发地质灾害应急预案》《国家处置铁路行车事故应急预案》《国家突发环境事件应急预案》《国家通信保障应急预案》《国家突发公共卫生事件应急预案》《国家突发重大动物疫情应急预案》《国家食品安全事故应急预案》等都规定了应当建立相应的监测网络系统。

完善突发事件监测网络体系是一项技术性、专业性很强的系统工程。国务院已经发布实施《"十四五"国家应急体系规划》，许多地方也发布了相应的建设规划。根据《突发事件应对法》等相关法律法规规定，需要充分利用各种先进的信息化手段，继续健全自然灾害监测系统，健全各类危险源、危险区域实时监控系统和危险品跨区域流动监控系统，健全公共卫生事件监测系统等各类突发事件监测网络系统。

【适 用】

近年来，我国在突发事件监测与预警体系建设方面取得重大进展，但与此同时，随着内外部环境的变化，我国公共安全风险形势仍然严峻复杂，自然灾害防治领域、安全生产方面、公共卫生方面、社会安全领域都面临极大

---

① 《我国已建成全球最大的传染病疫情和突发公共卫生事件网络直报系统》，载新华网，http://www.xinhuanet.com/politics/2017-11/17/c_1121972734.htm，最后访问时间：2024 年 7 月 10 日。

的现实挑战，迫切需要继续健全突发事件监测网络体系和监测机制。

《"十四五"国家应急体系规划》在织密灾害事故的防控网络、优化创新要素资源配置、实施风险防控能力提升重大工程项目等部分，提出了强化风险监测预警预报、实施风险监测预警网络建设的要求，明确了监测预警方面的关键技术与装备研发重点。[①] 对照新时代、新时期的新要求，突发事件监测网络体系和监测机制还需继续予以完善。

一是加强先进技术手段的应用。充分利用物联网、工业互联网、遥感、视频识别、第五代移动通信等技术提高灾害事故监测感知能力，优化自然灾害监测站网布局，完善应急卫星观测星座，构建空、天、地、海一体化全域覆盖的灾害事故监测预警网络。广泛部署智能化、网络化、集成化、微型化感知终端，高危行业安全监测监控实行全国联网或省（自治区、直辖市）范围内区域联网。本法第五十六条也提出要加强互联网、云计算、大数据、人工智能等现代技术手段在突发事件应对工作中的应用，鼓励研发和推广新技术、新材料、新设备、新工具。

二是加强监测预警网络建设。实施自然灾害监测预警信息化工程，建设国家风险监测感知与预警平台，完善地震、地质、气象、森林草原火灾、海洋、农业等自然灾害监测站网，增加重点区域自然灾害监测核心基础站点和常规观测站点密度，完善灾害风险隐患信息报送系统。加快完善城乡安全风险监测预警公共信息平台，整合安全生产、自然灾害、公共卫生等行业领域监测系统，汇聚物联网感知数据、业务数据以及视频监控数据，实现城乡安全风险监测预警"一网统管"。

---

① 《国务院关于印发"十四五"国家应急体系规划的通知》，载中国政府网，https://www.gov.cn/gongbao/content/2022/content_5675949.htm，最后访问时间：2024年7月10日。

❖ 突发事件信息系统

信息是应急管理活动中不可缺少的重要资源。突发事件信息系统是突发事件应对机制的基础性组成部分，其功能在于收集、储存、分析和传输有关突发事件的信息，以便相关主体及时、准确、科学地作出决策。《突发事件应对法》第五十九条至第六十二条规定了突发事件信息系统，包括信息系统设置、信息收集、信息传输、信息处理等具体制度。

第五十九条　【突发事件信息系统】国务院建立全国统一的突发事件信息系统。

县级以上地方人民政府应当建立或者确定本地区统一的突发事件信息系统，汇集、储存、分析、传输有关突发事件的信息，并与上级人民政府及其有关部门、下级人民政府及其有关部门、专业机构、监测网点和重点企业的突发事件信息系统实现互联互通，加强跨部门、跨地区的信息共享与情报合作。

【释　义】

本条是关于建立统一突发事件信息系统的规定。新法作了三处修改：一是删除了旧条文中的信息系统设置主体"县级以上地方各级人民政府"中的"各级"二字，表述更严谨；二是在实现各类信息系统互联互通的主体上增加了"重点企业"的规定；三是将旧条文中的加强跨部门、跨地区的"信息交流"修改为"信息共享"，更加强调信息的互通互享。本条的主要内容有：

第一，我国的突发事件信息系统根据"分级设置、互联互通"的原则设置。"分级设置"指的是县级以上人民政府均应设置统一的应急信息系统，作为本地区突发事件应对的信息中枢，以连接各部门、各专业机构、各监测网点和各重点企业的信息系统。"互联互通"指的是各级政府的应急信息系统应当与上级人民政府及其有关部门、下级人民政府及其有关部门、专业机构、监测网点和重点企业的信息系统交流共享、加强合作。

第二，国务院建立全国统一的突发事件信息系统。明确了国务院在突发事件信息管理中的主导地位，要求建立一个覆盖全国的、标准化的突发事件信息系统。这一系统不仅是一个技术平台，更是国家应急管理体系的重要组成部分，它能够确保各级政府和相关部门在应对突发事件时，能够在统一的框架下协同工作，共享信息，提高应急响应的效率和准确性。

第三，县级以上地方人民政府建立或者确定本地区统一的突发事件信息系统，并与上级人民政府及其部门、下级人民政府及其有关部门、专业机构、监测网点和重点企业的信息系统实现互联互通。这意味着从中央到地方，每一级政府都需要承担起建立或完善突发事件信息系统的责任。地方各级人民政府作为突发事件应急管理的重要主体，担负着领导、处置相应级别突发事件的职责。专业机构、监测网点、重点企业是收集、集成、递送突发事件信息的重要渠道。本次修法将重点企业纳入，有利于扩大信息的覆盖面，增强信息时效性。通过统一系统，地方政府可以高效地汇集、储存、分析和传输本地区突发事件的相关信息，为应急决策提供有力支持。

第四，加强信息系统互联互通与信息共享。一是强调各级政府及其有关部门、专业机构、监测网点和重点企业之间需要打破信息壁垒，实现信息的无缝对接和快速传递。二是不同地区、不同部门之间加强信息共享与情报合作。突发事件的发生、发展往往影响其他地区，应对突发事件也往往需要有关地方加强合作，特别是要加强突发事件信息共享和情报合作。突发事件的发生也往往涉及不同部门之间的职责，这就需要部门之间依托各自的专业信息系统，拓展功能，实现应急信息资源整合、传输与共享，并与政府信息系统实现互联互通。通过信息共享，可以最大限度地减少信息不对称带来的负面影响，提高应急的协同性和整体性。同时，情报合作也有助于及时发现和预测潜在的突发事件风险，为预防和减轻灾害损失提供有力保障。

【评　析】

突发事件信息是贯穿应急管理全过程的关键要素，具有分散性、多样性、复杂性和不确定性等特征。突发事件信息系统是指汇集、储存、分析、评估、传输突发事件发生、发展情况的信息网络和体系。突发事件信息系统作为公共应急系统中不可或缺的一个基础部分，是公共应急管理的信息交流平台，其功能是通过各种途径收集突发事件的相关信息，并加以存储、分析和传输，为整个应急管理系统的正常运行提供基础数据和信息，其对于提高突发事件的预测能力、处理效率和决策水平都具有十分重要的价值。

突发事件信息系统由综合信息系统和专门信息系统两个部分构成。前者指全国和各个地区都需要建立应对突发事件的综合信息系统。这个系统既是收集、存储、分析和传输突发事件信息的综合信息系统，又可以作为突发事件应对的指挥联动系统，兼具信息中心和指挥调度中心的角色。通过统一信息系统可以实现与突发事件应对指挥中心的连接，实现与社会公众的连接，实现与其他突发事件信息系统的连接，实现整体应急联动。后者指对于专业性较强的突发事件，根据不同类型突发事件的特点和需要建立的应急信息系统。

整体上看，一个国家突发事件信息系统的建设，应当实现专业性与综合性的统一。一方面，考虑到不同突发事件的本质差异，需要大力发展各种专门的突发事件信息系统，提高应急信息收集、分析、评估的专业性和科学性。另一方面，要避免各专门信息系统因缺乏互联互通所造成的信息分割、各自为政、重复建设、资源浪费等现象。

【适　用】

一、关于突发事件信息的范围

突发事件信息是内涵十分广泛的概念。按照突发事件的演进顺序，突发事件信息可以分为事前信息、事中信息和事后信息。事前信息主要是指在突发事件发生的前兆阶段，与突发事件相关的各种法律法规、政府规章、突发事件应急预案、各种可供调度的应急资源、预测预警信息等。事中信息是指在突发事件发生后的应急处置阶段，事件的性质、损害程度和范围、初步判明的事件发生原因、已经和正在采取的应急处置措施、事态发展趋势、捐赠物资的分配使用以及对受影响的群体及其行为的建议等。事后信息是指在突发事件结束后的恢复重建阶段，与突发事件处置相关的经验教训，事件责任的调查处理，恢复计划的制定和实施情况，受灾损失的补偿方案，捐赠款物的使用和结余，以及应对未来突发事件的建议等。这些信息在突发事件应对的全过程中都起着至关重要的作用，不仅为政府应急决策奠定了科学基础，规范着政府及其部门在应对突发事件过程中的职责，还指引着社会公众有序参与突发事件的应对，促进社会动员，明确各自权利义务边界，增强全社会公共安全意识。①

本章"监测与预警"所规定的"信息"属于事前信息，主要包括两类：一是政府及其行政机关通过各种渠道收集到的用于判断是否应该启动预警机制并发布预警的基础性信息；二是政府及其行政机关决定启动预警机制之后发布的预警信息。基础性信息的主要作用是被纳入统一的应急管理系统，为突发事件预警机制的有效实施提供决策依据。突发事件预警是指政府对突发事件信息进行分析、研判之后，认为突发事件即将发生或者发生的可能性增大，或已经发生且可能升级扩大时，向社会发布警报信息的行为。

二、关于现有信息系统平台的规范整合与互联互通

目前，我国已经建立相对完备的涵盖各领域的突发事件应急信息系统网络体系。纵向来看，已建立从县、市到省再到国务院的四级值守应急信息系统平台；横向来讲，相关行业主管部门和有关部门也建立起自上而下的突发事件应急信息系统平台。接下来，要进一步规范信息系统，拓展信息系统的功能，提高系统的信息化、数字化和科学化水平，促进系统的升级改造。同时，整合现有各类信息系统平台，实现各类公共安全风险和突发事件信息数据互通共享，切实提升突发事件信息系统网络在发现风险、监测预警、辅助决策以及协同处置等方面的效能，形成完整、统一、高效的应急管理信息系统。

---

① 参见林鸿潮主编：《〈突发事件应对法〉修订研究》，中国法制出版社2021年版，第124页。

第六十条　【突发事件信息收集制度】县级以上人民政府及其有关部门、专业机构应当通过多种途径收集突发事件信息。

县级人民政府应当在居民委员会、村民委员会和有关单位建立专职或者兼职信息报告员制度。

公民、法人或者其他组织发现发生突发事件，或者发现可能发生突发事件的异常情况，应当立即向所在地人民政府、有关主管部门或者指定的专业机构报告。接到报告的单位应当按照规定立即核实处理，对于不属于其职责的，应当立即移送相关单位核实处理。

【释　义】

本条是关于突发事件信息收集的规定。新法作了两处修改：一是将公民、法人或者其他组织的信息报告义务的具体情形，由原来的"获悉突发事件信息的"修改为"发现发生突发事件，或者发现可能发生突发事件的异常情况"，表意更准确，更具有可操作性；二是新增了对接到报告单位的核实处理、移送等相关职责的规定，制度更完整，更具有实效性。本条的主要内容有：

第一，规定信息收集主体与途径。明确突发事件信息由县级以上人民政府及其有关部门、专业机构收集。这些主体收集突发事件信息的途径多种多样，本法规定了两种途径：一是突发事件监测。在收集突发事件信息的各种途径中，专业监测网络是其最主要的一种。本法第五十八条规定，县级以上人民政府及其有关部门通过监测网络、监测点等，对可能发生的突发事件进行监测。二是其他单位和个人的报告，包括专职或者兼职信息报告员，以及一般公民、法人或者其他组织的报告，这是对专业监测网络的重要补充。

第二，规定政府收集信息的职责。明确政府及其有关部门、专业机构应当主动多渠道收集突发事件信息。县级人民政府应当在居民委员会、村民委员会和有关单位建立专职或者兼职信息报告员制度。并特别规定，接到公民、法人或者其他组织报告的单位应当按照规定立即核实处理，对于不属于其职责的，应当立即移送相关单位核实处理，以确保相关单位和个人的报告落到实处。

第三，规定社会公众的信息报告义务。预防和减少突发事件的发生，控制、减轻和消除突发事件引起的严重社会危害，是政府义不容辞的责任；同时，面对灾害，配合政府做好应对工作，也是社会公众应尽的义务。本条规定，公民、法人或者其他组织发现发生突发事件，或者发现可能发生突发事件的异常情况，应当立即向所在地人民政府、有关主管部门或者指定的专业机构报告。

【评　析】

突发事件信息收集是应急管理的基础，信息收集渠道的多元、畅通，获取信息的快速、全面、准确，是确保突发事件应对效率与效果的基本条件。从本次修改完善的地方来看，新法对我国在以往重大突发事件应对过程中暴露出的问题作了回应。

一是对公民、法人或者其他组织的信息报告义务作了完善，更符合现实情况和实际需要。旧法规定的"获悉突发事件信息"的公民、法人或者其他组织，在实际操作中不太好界定。新法修改为"发现发生突发事件，或者发现可能发生突发事件的异常情况"。这是一种对现象的直观判断，便于普通民众尽快作出反应，向相关部门报告，以赢得处理应对的宝贵时间。同时，这一规定体现了信息报告义务主体的广泛性，是社会动员和参与机制在突发事件信息报告制度中的具体表现。突发事件的信息报告，更需要群众的参与。许多突发事件苗头，都是通过群众的细心观察而发现的。其他单位和个人的报告也是国家收集突发事件信息的一个重要来源。

二是新增规定了接到报告单位的立即核实处理、移送等相关职责。明确接报单位应当立即核实处理，对于不属于其职责的，应当立即移送相关单位核实处理。本条规定既强调了公众在发现突发事件或可能出现的突发事件时的主动报告责任，也规定了接到报告的单位必须立即采取行动，确保事件得到及时的处理。如果报告的内容超出了他们的职权范围，他们有责任将相关报告转交给有权处理的单位。这一规定有助于确保第一时间收到的源头信息发挥应有的作用，避免错失最佳处置时间，防止事态扩大或产生更大的影响。

【适 用】

基于信息对于突发事件应对的至关重要性，国家已越来越重视各类信息的收集，提出监测网络全覆盖，信息收集途径多样化、信息传递途径便捷化。从信息收集途径而言，我国目前是"政府主动收集为主，被动收集为辅"[1]，即政府组织的专业监测是信息来源的主要方式，社会民众的信息报告作为补充。但现实中，各类信息广泛存在于社会之中，社会人员的数量、接触的信息数量都有一定的优势，因而，可以进一步挖掘社会力量在应急监测、信息收集中的作用，提升整体的信息收集能力。在鼓励社会力量为政府提供信息和线索时，应当特别注意以下三个方面，即信息接收渠道的便捷、对提供者身份的保密、对重大价值信息的提供者的奖励和严格保护。

突发事件信息获取渠道中，企业内部人员的举报是需要关注的问题。对于某些类型的突发事件（如食品安全事件、生产安全事故、疫苗事故等），内部从业人员的报告是非常重要的信息来源。监管资源有限和信息不对称，导致对这些企业的政府监管很难完全到位。在这种情况下，企业内部从业人员的举报具有十分重要的价值。因为内部从业人员比较熟悉企业的内部信息，能够及时发现风险隐患和收集必要证据。这些内部从业人员被称为"吹哨人"。但是，举报自己单位的"吹哨人"往往也面临较大风险，法律应当规定比较有力度的奖励措施以及必要的保护措施。我国法律越来越重视"吹哨人"的作用，《疫苗管理法》《食品安全法实施条例》《安全生产法》等都作出了规定。2020年9月16日，应急管理部印发《生产经营单位从业人员安全生产举报处理规定》，从多方面对内部从业人员的举报进行了奖励和保护。

本法规定的"发现发生突发事件，或者发现可能发生突发事件的异常情况"的公民、法人或者其他组织，当然也包括"相关内部人员"，但未特别规定对其的奖励或者特别保护制度。《国务院关于全面加强应急管理工作的意见》指出，通过建立社会公众报告、举报奖励制度，设立基层信息员等多种方式，不断拓宽信息报告渠道。因而，在实践中，由于相关内部人员面临更

---

[1] 刘菲：《行政应急法律实施机制之优化》，武汉大学出版社2020年版，第162页。

大的现实风险，也应当注意对内部从业人员及其近亲属提供"严格保护"，最大限度避免"吹哨人"事中、事后身份信息泄露。

第六十一条 【突发事件信息传输制度】地方各级人民政府应当按照国家有关规定向上级人民政府报送突发事件信息。县级以上人民政府有关主管部门应当向本级人民政府相关部门通报突发事件信息，并报告上级人民政府主管部门。专业机构、监测网点和信息报告员应当及时向所在地人民政府及其有关主管部门报告突发事件信息。

有关单位和人员报送、报告突发事件信息，应当做到及时、客观、真实，不得迟报、谎报、瞒报、漏报，不得授意他人迟报、谎报、瞒报，不得阻碍他人报告。

【释 义】

本条规定了突发事件信息传输制度。新法主要作了两处修改：一是新增规定了县级以上人民政府有关主管部门的信息上报职责，即在向本级人民政府相关部门通报突发事件信息时，应同时报告上级人民政府主管部门。二是新增规定了有关单位和人员在报送、报告突发事件信息时的禁止行为，即"不得授意他人迟报、谎报、瞒报，不得阻碍他人报告"。本条的主要内容有：

第一，规定了突发事件信息的传输方式，包括三种：一是报告，要求各专业机构、监测网点和信息报告员及时向所在地人民政府及有关主管部门报告；二是上报，要求下级政府向上级政府报送突发事件信息，下级人民政府有关主管部门向上级人民政府主管部门报告；三是通报，要求获得应急信息的县级以上政府应急主管部门向同级政府其他相关部门通报应急信息。

第二，规定了信息传输的责任主体，包括地方各级人民政府、县级以上人民政府有关主管部门、专业机构、监测网点和信息报告员。具体而言，专业机构、监测网点和信息报告员应及时向所在地人民政府及其有关主管部门报告突发事件信息。专业机构、监测网点和信息报告员是最早接触、收集到相关信息的，因此他们负有把这些信息传递给当地政府及其主管部门的义务，为政府分析、决策提供充分的原始资料和客观依据。地方各级人民政府在接收、汇总、整理信息后，应及时向上级人民政府报送。同时，政府中主管该突发事件的有关部门，也应当及时将各自部门收集到的信息通报其他有关部门，并报告上级人民政府主管部门，以便各部门在信息共享的基础上，在突发事件应对工作的各个环节中更好地协作配合。

第三，明确了信息报送、报告的具体要求。报告突发事件信息应当及时、客观、真实。为了确保信息及时、客观、真实，负有报送、报告责任的相关单位和人员自身不得迟报、谎报、瞒报、漏报，同时也不得授意他人迟报、谎报、瞒报，不得阻碍他人报告。相关责任主体按照国家有关规定实事求是地报告突发事件信息是其必须履行的职责。

【评　析】

突发事件信息的传输是指各种主体将获取的突发事件信息传输给政府应急决策主体的过程。信息传输是应急管理运行机制的重要环节，及时、客观、真实的信息传输，有利于政府全面掌握突发事件的发生和发展态势，采取积极有效的措施。

本法规定的突发事件信息的三种传输方式，在信息传送对象上有所差别。第一，突发事件信息的报告，是由政府应急决策系统外部向系统内部传输的方式，是指各专业机构、监测网点、信息报告员、其他报告人和举报人向政府及其部门提供突发事件信息的行为。第二，突发事件信息的上报，是在政府应急决策系统内部自下而上传输的方式，是指下级机关向上级机关传输突发事件信息的行为。信息的上报有两种情况：一是首先获得信息的行政机关对事件应对没有决策权，必须上报到有决策权的某级机关；二是首先获得信息的机关有决策权，但考虑到上级机关也需要掌握情况给予指导，或者需要掌握情况用于其他方面的决策。第三，突发事件信息的通报，是在政府应急决策系统内部平级传输的方式，是指事件应对的地方政府及其主管机关向其他地方政府或者其他部门和单位告知突发事件信息的行为，其本质是一种信息共享。突发事件信息通报的主要作用有三：一是寻求其他地方政府或者相关部门对事件应对工作的协助；二是通知其他地方政府或者相关部门准备应对突发事件可能引发的衍生、次生事件；三是通知突发事件发生地的毗邻地区加强防范等。①

本条对信息传输的程序、时限、内容等未作具体规定，仅规定地方各级人民政府向上级人民政府报送突发事件信息，应当按照国家有关规定。国家有关规定一般包括法律、国务院和国务院有关部门的规定。关于报告程序，本法第十七条规定，突发事件发生后，发生地县级人民政府应当立即向上一级人民政府报告，必要时可以越级上报，具备条件的，应当进行网络直报或者自动速报。单行法律法规对特定突发事件信息报告程序有规定的，从其规定。关于报告时限，比如《国家突发公共事件总体应急预案》规定，特别重大或者重大突发公共事件发生后，各地区、各部门要立即报告，最迟不得超过4小时。《突发公共卫生事件应急条例》规定，县级人民政府应当在接到报告后2小时内向设区的市级人民政府或者上一级人民政府报告；设区的市级人民政府应当在接到报告后2小时内向省、自治区、直辖市人民政府报告。关于报告内容，根据实践，信息报告内容一般包括：突发事件信息和可能引发突发事件的预警信息；事件本身比较敏感或者发生在敏感地区、敏感时间，或者可能演变为突发事件的信息。报告的要素主要包括：信息来源、事件的类型、发生的时间和地点、事件的基本过程和已造成的损害、事件的规模和影响、可能的引发因素、事态发展趋势和已经采取的初步措施等。

【适　用】

我国突发事件信息报告已形成较为完善的制度体系。相关法律法规、国家总体预案、有关专项预案、部门预案以及各地区、各行业制定的相关预案和其他有关制度中，对报告的时限、报告的主要内容、报告的对象和流程、报告的要求都作出了规定。及时、客观、真实是信息报送、报告必须遵循的基本要求。然而在实践中，仍然存在制度规定执行不到位甚至谎报、瞒报等

---

① 参见林鸿潮：《应急法概论》，应急管理出版社2020年版，第183—185页。

情况。2019年12月4日，湖南省浏阳市碧溪烟花制造有限公司发生一起重大爆炸事故，共造成13人死亡、13人受伤。但当地有关人员在已经掌握实际数据的情况下，仍然按照"7死13伤"向应急管理部进行报告，造成了恶劣的社会影响。[①] 未来，应进一步完善信息传输各项制度，细化相关的时限、内容、对象和流程等关键要素，完善配套的考核和奖惩制度，对迟报、漏报、谎报、瞒报现象"零容忍"，进一步健全信息交流与共享机制，加强跨部门、跨行业、跨区域以及条块、军地、企地之间的信息交流与情报合作，不断提升突发事件信息传输的时效性、真实性、准确性和全面性。

第六十二条　【突发事件信息处理制度】 县级以上地方人民政府应当及时汇总分析突发事件隐患和监测信息，必要时组织相关部门、专业技术人员、专家学者进行会商，对发生突发事件的可能性及其可能造成的影响进行评估；认为可能发生重大或者特别重大突发事件的，应当立即向上级人民政府报告，并向上级人民政府有关部门、当地驻军和可能受到危害的毗邻或者相关地区的人民政府通报，及时采取预防措施。

【释　义】

本条规定了突发事件信息处理制度。新法作了三处修改：一是删除"县级以上地方各级人民政府"中的"各级"二字，表述更加规范，也与本法其他相关表述一致；二是将"及时汇总分析突发事件隐患和预警信息"中的"预警信息"修改为"监测信息"，表述更加严谨；三是新增规定县级以上地方人民政府在法定情形下进行报告与通报的同时，应当及时采取预防措施。本条的主要内容有：

[①]《浏阳市碧溪烟花制造有限公司"12·4"重大爆炸事故调查报告》，载湖南省应急管理厅网站，https://yjt.hunan.gov.cn/yjt/sgdcbgx/202004/t20200411_11876495.html，最后访问时间：2024年7月10日。

第一，规定了县级以上地方人民政府对突发事件信息的处理职责。突发事件信息来源多样，客观性、真实性、准确性参差不齐，必须进行汇总、整理、识别、分析、评估，剔除不实信息和无效信息，保留并提炼出有价值的信息。本条明确了县级以上地方人民政府对突发事件隐患和监测信息的汇总、分析和评估职责，要求其在获得相关信息后，应当及时进行风险研判，并在可能发生重大或者特别重大突发事件时，履行上报和通报义务。

第二，规定了突发事件信息评估会商机制。筛选、分析和研判信息，预测突发事件发生的可能性和可能造成的影响，对技术性、专业性都有很高的要求。为了提高政府决策的科学性、民主性，本条规定，政府应当重视发挥有关部门、专业技术人员、专家学者的作用，必要时组织他们对突发事件发生的可能性、可能造成的影响进行会商。这里的"必要时"一般指对突发事件发生的可能性、影响范围、强度、可能产生的损害等难以判断时。通过会商方式对突发事件信息进行评估，有利于增强评估结果的专业性和科学性。

第三，规定了县级以上地方人民政府的信息报告和通报义务。经过分析评估，认为可能发生重大或者特别重大突发事件的，县级以上地方人民政府应当立即向上级人民政府报告，并向上级人民政府有关部门、当地驻军和可能受到危害的毗邻或者相关地区的人民政府通报。这便于有关地区、部门和当地驻军及时做好相应的应急准备工作，体现了突发事件应对工作中的信息共享和协同应对原则。

第四，新增规定了信息上报通报阶段应采取预先处置措施的职责。本条规定，评估后认为可能发生重大或者特别重大突发事件的，应当立即履行上报和通报义务，并及时采取预防措施。这是遵循风险预防规律的体现。在突发事件虽不确定是否必然发生，但风险已经显现而决策机关预警决定尚待作出的"前预警期"，相关主体不能消极等待，有义务及时依法采取相应的预先处置措施。

【评　析】

突发事件信息的处理，是指政府决策层在获得突发事件信息之后，对其进行分析、评估、讨论并最终作出判断、决策的行为，即对突发事件信息加以利用的过程。① 信息处理情况直接关系到突发事件应对效果。现实中，突发事件应对的被动，或者危机事态的扩大，往往是由于突发事件的信息处理不及时，延误时机；或者是对突发事件的发生、发展态势判断不科学，影响突发事件的预警和处置。针对这些问题，本条规定了会商机制，明确了县级以上地方人民政府对突发事件信息进行汇总、分析、评估、报告、通报以及采取预防措施的职责。

实践中，对信息分析评估后，在政府应急决策主体作出预警决定之前的一段空窗期（前预警期），如果这段时间不及时采取相应的预防措施，可能会错失突发事件应对的关键机遇。但是，突发事件前预警阶段，信息的及时性和准确性始终存在冲突。相较于风险固有的不确定性，突发事件前预警阶段的信息具有更高的不确定性，行政机关在突发事件应对初期可能无法掌握完全准确的信息。但即使如此，也不能因为风险不确定就放任危机的发生。本条新增的"及时采取预防措施"职责规定是一个制度亮点，有利于督促相关部门和机构提前做好相关准备，一旦突发事件发生，则能够迅速启动应急预案，快速响应并有效应对，提高应对处置效率，避免因疏忽或延误而导致损害发生或者扩大。

【适　用】

实践中，突发事件信息的处理过程有的时候比较复杂，包括情况汇报、专家评估、部门会商、集体讨论等环节；而在有的紧急情况下，信息的不充分、决策资源的有限性、时间的紧迫性等都会导致上述程序无法展开，而只表现为承担应急指挥职责的人的当机立断、临机决策。我国多数应急法律规范和应急预案均对突发事件信息的处理作出了规定。

对突发事件信息的收集、传输和处理，是任何一个突发事件信息系统的基本任务和基本框架。对此，我国诸多应急法律规范和应急预案都规定得颇为详尽，在具体的运行过程中也大多接受了实践的检验。今后，我们要积极推进突发事件信息系统现代化升级，实现各级各类综合信息系统和专门信息

---

① 林鸿潮：《应急法概论》，应急管理出版社2020年版，第186页。

系统之间的互联互通，并不断提高信息收集能力、信息分析能力、信息研判能力；完善突发事件应急咨询系统，加强专家队伍建设，健全专家咨询、会商突发事件信息的工作机制，使政府决策获得更多的智力支持和技术支持，使应急决策和危机管理建立在科学的基础上。

❖ 突发事件预警制度

突发事件预警是应急管理中的关键环节。预警制度是指根据有关突发事件的预测信息和风险评估结果，依据突发事件可能造成的危害程度、紧急程度和发展态势，确定相应预警级别，标示预警颜色，并向社会发布相关信息的制度。[①] 预警能为政府采取预控措施提供合法性依据，同时也是社会与民众面对突发事件作出个体决策与应对准备的基本依据。《突发事件应对法》第六十三条至第七十条规定了突发事件预警制度，包括预警级别划分与调整、警报发布与报告、预警响应措施等内容。

第六十三条 【**突发事件预警制度**】国家建立健全突发事件预警制度。

可以预警的自然灾害、事故灾难和公共卫生事件的预警级别，按照突发事件发生的紧急程度、发展势态和可能造成的危害程度分为一级、二级、三级和四级，分别用红色、橙色、黄色和蓝色标示，一级为最高级别。

预警级别的划分标准由国务院或者国务院确定的部门制定。

第七十条 【**预警调整和解除**】发布突发事件警报的人民政府应当根据事态的发展，按照有关规定适时调整预警级别并重新发布。

有事实证明不可能发生突发事件或者危险已经解除的，发布警

[①] 国务院法制办公室编：《中华人民共和国突发事件应对法解读》，中国法制出版社 2007 年版，第 104 页。

报的人民政府应当立即宣布解除警报，终止预警期，并解除已经采取的有关措施。

【释　义】

本法第六十三条、第七十条规定了预警级别划分与调整制度。其中，第六十三条规定了预警级别设置与划分标准，第七十条规定了预警的级别调整与解除。两个条文与旧法相关条文的内容相同。主要包括以下内容：第一，规定了预警级别。预警实行分级制度，对于可以预警的自然灾害、事故灾难和公共卫生事件，从高到低分为一级、二级、三级和四级，分别用红色、橙色、黄色和蓝色标示。第二，规定了级别的划分标准。预警按照突发事件发生的紧急程度、发展势态和可能造成的危害程度划分为不同的级别，具体划分标准由国务院或者国务院确定的部门制定。第三，规定了预警的级别调整与解除。预警发布主体应当根据事态的发展，按照有关规定适时调整预警级别并重新发布，并规定了警报解除的主体、条件与相关要求。

【评　析】

预警作为应急管理的重要环节，目的是有效预防、减少和避免灾害事件的发生，承担着信息超前反馈、化解危机风险的作用，是控制事态走向、防止情况恶化的前提和关键。[1] 预警级别是指有关部门依法按照一定的标准，将突发事件的预警划分为不同的级别。[2] 对预警进行分级，能向社会提供更确切、更直接的警示指引，提高预警期预控措施的科学性和匹配度，避免预控措施的不足或者过度情形的发生，进而实现有效预警。预警级别制度主要包括预警级别的设置、预警级别的划分标准、预警级别的调整与预警期的解除三个方面。

---

[1] 代海军、陈语：《加强我国灾害预警法治化建设——以河南郑州"7·20"特大暴雨灾害为例》，载《中国应急管理》2022年第4期。

[2] 参见林鸿潮主编：《〈突发事件应对法〉修订研究》，中国法制出版社2021年版，第142页。

一、预警级别

新法对预警级别的相关内容虽未进行修改，但由于其他条文的修改以及法律适用的整体制度环境与社会环境的变化，对本条文的理解，需注意以下方面：

一是预警分级对象。根据第六十三条的规定，国家建立健全突发事件预警制度，并对可以预警的自然灾害、事故灾难和公共卫生事件等三类突发事件划分预警级别。社会安全事件不适用预警分级的规定。这与突发事件的分级相类似，本法第三条对突发自然灾害、事故灾难、公共卫生事件的分级作了规定，分为特别重大、重大、较大和一般四级，也未涉及社会安全事件。由于社会安全事件性质的特殊性和复杂性，如比较敏感，紧急程度、发展态势和可能造成的危害程度不易预测的特点，未要求社会安全事件必须划分预警级别。同时还需注意，对于上述适用预警分级的三类突发事件，也并非绝对的，只限于可以预警的情形。

二是区分预警级别与应急响应级别。修订后的《突发事件应对法》增补完善了多个条文（第七十一条、第七十二条等）规定了突发事件应急响应制度，并明确响应级别按照突发事件的性质、特点、可能造成的危害程度和影响范围等因素分为一级、二级、三级和四级。新法的规定，明确了应急响应的范畴与法律规范属性，从原来较多地在技术语境、管理语境下使用，到现在在国家法律层面的确立。从制度功能来看，预警分级主要为了在发布预警信息进入预警期之后、突发事件形成之前，能根据不同的预警级别采取相应的、必要的预控措施（或称预警响应措施）；应急响应分级主要为了在突发事件爆发之后，能根据不同的响应级别采取相应的、必要的应急处置和救援措施。

二、划分标准

突发事件预警级别的划分依据，主要是突发事件发生的紧急程度、影响范围、发展态势和危害程度等因素，但本法没有明确预警级别的具体划分标准，而是规定由国务院或者国务院确定的部门制定。这是因为，预警标准、指标等是预警分级的重要因素，而三类突发事件均具有较强的专业性，因而应当由国家层面来作出规定；同时，可以预警的突发事件因种类不同而具有不同的特点，其预警级别标准也有所区别，因而不宜在本法中直接规定。通常，预警标准在国务院专项或者部门应急预案中有所体现，地方各级预案应按照前述标准对预警的级别、发布等内容进行规定，否则会导致预警工作的混乱无序。

三、级别调整

根据突发事件的事态发展，预警级别需要适时动态调整。这主要是因为，突发事件的发生、发展具有不确定性，且总是处在发展变化之中，加之可能因监测技术不高、仪器装备滞后、人为经验判断失误等因素限制，在预警初期难以通过信息监测完全掌握事件发展全貌，无法一步到位地发布预警。随着事态发展变化，预警级别有时可能需要从较低级别转变为较高级别，也可能从较高级别转变为较低级别，还有可能会出现预判的突发事件已经不可能发生的情形。因而，为实现预警目的，预警信息发布后，有关部门需要进行实时监控，并根据实际情况及时调整并重新发布预警信息，以确保预警级别与危机发展态势相契合，并适时改变调整具体的预控措施。有事实证明不可能发生突发事件，或者突发事件已经得到妥当处置，不再具有危险性时，预警发布主体应当宣布解除预警，终止预警期，并解除已经采取的有关措施。

【适　用】

我国制定出台了一系列法律法规和规范性文件，为突发事件预警提供了较强的法律支撑，明确了预警分级、发布与响应等内容。早在2006年出台的《国务院关于全面加强应急管理工作的意见》中就明确提出，加快突发公共事件预测预警机制建设。同年颁布的《国家突发公共事件总体应急预案》规定，各地区、各部门要针对各种可能发生的突发公共事件，完善预测预警机制，建立预测预警系统。《国家防汛抗旱应急预案》《国家自然灾害救助应急预案》等专项应急预案颁布，对灾害预警制度进一步细化。2007年颁布的《突发事件应对法》明确规定，"国家建立健全突发事件预警制度"。2008年修订的《防震减灾法》亦作了类似制度规定。

党的十八大以来，党中央、国务院对防灾减灾抗灾救灾工作高度重视，习近平总书记多次发表重要讲话或作出重要指示，强调"要加强气象、洪涝、地质灾害监测预警，紧盯各类重点隐患区域，开展拉网式排查，严防各类灾害和次生灾害发生。"① 2013 年修正的《传染病防治法》增加了"国家建立传染病预警制度"的内容。2015 年颁布的《国家安全法》规定"国家健全国家安全风险监测预警制度，根据国家安全风险程度，及时发布相应风险预警"。2021 年《中共中央、国务院关于加强基层治理体系和治理能力现代化建设的意见》，将预警机制建设作为增强乡镇（街道）应急管理能力，实现基层治理体系和治理能力现代化的基础工作加以部署。同年国务院印发《"十四五"国家应急体系规划》，要求强化风险监测预警预报，构建空、天、地、海一体化全域覆盖的灾害事故监测预警网络，完善综合风险预警制度，建立突发事件预警信息发布标准体系，推进跨部门、跨地域的灾害事故预警信息共享。②

第六十四条　【预警信息发布、报告和通报】可以预警的自然灾害、事故灾难或者公共卫生事件即将发生或者发生的可能性增大时，县级以上地方人民政府应当根据有关法律、行政法规和国务院规定的权限和程序，发布相应级别的警报，决定并宣布有关地区进入预警期，同时向上一级人民政府报告，必要时可以越级上报；具备条件的，应当进行网络直报或者自动速报；同时向当地驻军和可能受到危害的毗邻或者相关地区的人民政府通报。

发布警报应当明确预警类别、级别、起始时间、可能影响的范围、警示事项、应当采取的措施、发布单位和发布时间等。

第六十五条　【预警信息发布】国家建立健全突发事件预警发布平台，按照有关规定及时、准确向社会发布突发事件预警信息。

广播、电视、报刊以及网络服务提供者、电信运营商应当按照国家有关规定，建立突发事件预警信息快速发布通道，及时、准确、

---

① 《习近平对防汛抢险救灾工作作出重要指示 要求牢固树立以人民为中心的思想 落实工作责任 严防灾害发生 全力保障人民群众生命财产安全》，载《人民日报》2018 年 7 月 20 日，第 1 版。

② 《国务院关于印发"十四五"国家应急体系规划的通知》，载中国政府网，https：//www.gov.cn/gongbao/content/2022/content_5675949.htm，最后访问时间：2024 年 7 月 10 日。

无偿播发或者刊载突发事件预警信息。

公共场所和其他人员密集场所，应当指定专门人员负责突发事件预警信息接收和传播工作，做好相关设备、设施维护，确保突发事件预警信息及时、准确接收和传播。

第六十九条 【社会安全事件信息报告制度】 对即将发生或者已经发生的社会安全事件，县级以上地方人民政府及其有关主管部门应当按照规定向上一级人民政府及其有关主管部门报告，必要时可以越级上报，具备条件的，应当进行网络直报或者自动速报。

【释　义】

本法第六十四条、第六十五条、第六十九条规定了预警信息发布与报告制度。其中，第六十四条规定了自然灾害、事故灾难或者公共卫生事件预警的发布、报告与通报要求，以及预警速报方式、警报内容；第六十五条规定了预警发布渠道、发布要求以及社会媒体等相关主体发布义务；第六十九条规定了社会安全事件信息报告制度。

新法对上述制度作出诸多实质性的修订，主要有：第六十四条第一款增加"具备条件的，应当进行网络直报或者自动速报"的内容，明确了预警速报机制；新增一款作为第二款，规定了预警警报应当包含的事项和信息。第六十五条为新增条文，规定了警报发布的基本要求，以及建立健全预警发布平台和预警信息快速发布通道等内容。第六十九条增加"具备条件的，应当进行网络直报或者自动速报"的内容，规定了社会安全事件的直报速报制度。

上述条文的主要内容有：第一，规定了自然灾害、事故灾难、公共卫生事件等三类突发事件预警的主体、条件、程序以及警报发布内容等。第六十四条规定：（1）预警发布主体原则上为县级以上地方人民政府。（2）三类突发事件预警发布条件为"即将发生或者发生的可能性增大时"。（3）预警应根据有关法律、行政法规和国务院规定的权限和程序进行，包括三个方面：一是决定与发布。发布相应级别的警报，决定并宣布有关地区进入预警期。二是报告。向上一级人民政府报告，必要时可以越级上报；具备条件的，应当进行网络直报或者自动速报。三是通报。向当地驻军和可能受到危害的毗邻或者相关地区的人民政府通报。（4）发布的警报内容应当包括预警类别、级别、起始时间、可能影响的范围、警示事项、应当采取的措施、发布单位和发布时间等。

第二，规定了预警发布渠道、发布要求以及社会媒体等相关主体的发布义务等。第六十五条规定了国家建立健全预警发布平台，以及应当及时、准确地发布预警信息的基本要求，明确了广播、电视、报刊以及网络服务提供者、电信运营商的预警信息发布要求，规定了公共场所和其他人员密集场所对预警信息的接受与传播要求。这一规定适用于各类突发事件。

第三，规定了社会安全事件预警的报告主体、条件、程序等内容。第六十九条规定：（1）报告主体为县级以上地方人民政府及其有关主管部门。（2）社会安全事件的报告条件为"即将发生或者已经发生"。（3）报告程序上，要求县级以上地方人民政府及其有关主管部门向上一级人民政府及其有关主管部门报告，必要时可以越级上报，具备条件的，应当进行网络直报或者自动速报。

【评　析】

预警信息发布与报告是预警制度的主要内容，本次修订新增了几项重要制度，进一步完善了突发事件预警发布与报告机制。对上述条款的理解，同样应结合整体的制度环境，需注意以下方面。

一、预警发布主体

根据新法第六十四条的规定，突发事件预警由县级以上地方人民政府发布。此次修订，删除了旧法"县级以上地方各级人民政府"中"各级"两字，表述更为严谨。比如，部分特殊类型的突发事件由于影响巨大，根据单行法或相关应急预案的规定，其预警发布主体可能为县级以上的某级地方政府。例如，《国家地震应急预案》规定："省级人民政府根据预报的震情决策发布临震预报，组织预报区加强应急防范措施。"

预警由政府向社会统一发布。预警是对"危险"的预先警示，是发出"不好的事情"即将发生的信号，但其并非只是一种提示信息。预警的发布是社会秩序从常态向非常态的切换节点，对社会各方力量都有拘束力，对后续采取预控措施有一定的强制力和导向性。① 预警信息如果是混乱的、不实的甚至是恶意编造的虚假的，就极容易对社会秩序产生不良影响，引发社会恐慌。因此，预警信息应由政府对外统一发布，以避免相关部门和社会民众的反应和行动的迟滞或者无所适从。

确定预警发布主体要注意本法与其他法律的适用衔接，国务院相关主管部门也是特定突发事件预警发布主体。在突发公共卫生事件应急领域，如传染病预警方面，《传染病防治法》第十九条明确规定："国家建立传染病预警制度。国务院卫生行政部门和省、自治区、直辖市人民政府根据传染病发生、流行趋势的预测，及时发出传染病预警，根据情况予以公布。"据此规定，传染病预警发布主体为国务院卫生行政部门和省、自治区、直辖市人民政府。这与修订前的《突发事件应对法》的规定是不一致的。此次修订，考虑到突发公共卫生事件应对的特殊性，新法在第二条新增第三款明确规定："《中华人民共和国传染病防治法》等有关法律对突发公共卫生事件应对作出规定的，适用其规定。有关法律没有规定的，适用本法。"因而，国务院相关主管部门也是预警发布主体。

新法仍将预警发布主体限定为"政府"而非扩大到政府及其部门。因突发事件类型和部门职责分工的不同，相关应急职能分散在政府的各个部门或者下设机构，因而，实践中大多数类型的突发事件预警信息往往由不同的政府部门对外发布。在修法过程中，对是否需要允许政府部门发布预警有过讨论，也有学者提出灵活的做法，比如允许政府授权或者委托的部门发布预警，但新法未采纳。虽然，级别不高的突发事件的预警由政府部门发布有一定的现实合理性，比如政府主管部门更熟悉实际情况，更具专业判断力，发布效率更高等，但是也易造成预警对其他单位和部门的约束力不够，无法起到预期的预警效果。为解决政府统一发布可能出现的效率问题，新法已明确规定了建立健全预警发布平台和预警信息快速发布通道等制度（第六十五条）。因此，为实现预警的制度效应，还应当规范"预警"这一法律概念的使用，不宜泛化，特别是要区分预报与预警。有些政府部门或者专业技术部门发布的

---

① 参见代海军：《应急法要义》，中国法制出版社2023年版，第120—121页。

"预警"信息实质上属于预报信息,不具有法律拘束力。此外,在各部门提供预警决策专业依据与判断的基础上,"预警"应由政府决定并发布,并在发布后由各部门依法采取相应措施。

二、预警速报机制

新法在突发事件的报告和预警中确立了直报速报制度,共新增三处(第十七条、第六十四条、第六十九条),规定"具备条件的,应当进行网络直报或者自动速报",为应急管理领域一些新技术、新方法的应用提供了法律空间,是新法的一大亮点。

应急管理中对突发事件的预警,一直以来指的都是预测性预警,即根据突发事件的先兆信息,通过分析、判断事件发生的可能性,在可能性升高到一定程度的时候发出警报信息,采取一些先期措施来避免或者减少事件发生之后的损失。2007年制定《突发事件应对法》时,囿于当时的技术能力和认知水平,突发事件主要依靠前兆信息进行预测性预报,经人工研判后发布预警,突发事件真实发生之后也只能依靠人工报告。然而,现实中有部分突发事件的突然发生性极强,比如地震、山体滑坡、泥石流等灾害事件,对于此类突发事件,政府从获得信息到发出警报的时间间隔非常短暂,几乎没有信息传输、分析研判、发出决策的空间,在这种情形下,传统的预测性预警已经失去了适用的可能性。针对这类突发事件,必须作出"秒级"响应,也就是必须在极短的时间内迅速预警,为民众争取宝贵的时间,因而,运用先进技术手段进行网络直报或者自动速报成为迫切需要。2008年的汶川地震催生了地震等灾害速报式预警技术的大范围应用,极大地提高了预警的准确性和减灾效果,却因于法无据而变成"灰色地带"。此次修法解除了此类技术应用的法律桎梏。

预警速报是指法定的预警发布主体利用技术手段在突发事件发生后快速获取并发布信息,进而为人们采取应急措施提供短暂但十分宝贵的时间,从而达到减少经济损失与人员伤亡的目的。[①] 新法中"具备条件的,应当进行网络直报或者自动速报"的规定,是一种义务性规定,确立了预警速报制度,为全面发挥预警制度的作用,尽可能对各种突发事件作出最及时的信息传递

---

① 参见林鸿潮:《应急法概论》,应急管理出版社2020年版,第192—194页。

提供了法律依据。

关于网络直报。一般情况下，突发事件信息通过报告方式进入政府系统内部，需要经过层级上报才能到达决策层，可能会导致信息传输迟滞或者信息失真。因而，本次修法确立了突发事件信息的直报机制，具备条件的，专业机构、监测机构等可通过网络将信息直接报给决策部门，避免地方政府及其部门的干预，以保证突发事件信息传输的及时性和真实性。

三、预警发布渠道

预警信息发布渠道是否合理、多元、畅通，是决定广大公众能否及时、充分知晓预警信息的重要因素，也是影响突发事件应急预警信息发布效果的关键条件。预警信息的发布渠道过于单一或者过于混杂，都会对信息传播效果造成负面影响。修订后的《突发事件应对法》增加了预警信息发布渠道的规定（第六十五条），通过渠道的畅通来确保信息传递的畅通，主要内容有：

第一，规定国家建立健全突发事件预警发布平台。建立健全预警发布平台至关重要。平台就是一个桥梁，通过发布平台，能够更及时准确地将预警信息传达给公众，公众也能更迅速了解并采取有效的应对措施；能够推进跨区域、跨部门的信息共享和业务协同，提升政府和公众的预警响应能力；也有助于增强突发事件应对的社会参与度和整体能力。比如，国家突发事件预警信息发布网是国家设立的预警信息发布的一个重要平台，提供全国各地区、各级别、各类型的突发事件的重要预警信息，在突发事件应对过程中发挥了重要作用。

第二，规定广播、电视、报刊以及网络服务提供者、电信运营商应当按照国家有关规定，建立预警信息快速发布通道。在科技行业和资讯行业高度发达的今天，突发事件预警信息发布应当充分利用现有的科学技术与媒介手段，形成多元化的信息发布渠道。这一规定的目的是，通过快速发布通道，提高预警信息的发布时效；通过多元主体的共同参与，甚至是点对点的信息传递，形成信息发布途径的多元化，不同类型的发布渠道各具优势互为补充，以确保在突发事件可能发生时，相关信息能够迅速、准确地传达给公众，并被公众充分地知晓。

第三，规定公共场所和其他人员密集场所，应当指定专门人员负责预警信息接收和传播工作，做好相关设备、设施维护。这是对重要场所确保信息渠道畅通的要求。公共场所和其他人员密集场所，人员汇聚，是预警信息发布的重要场所，务必保持信息传输相关设备、设施的性能完好，确保突发事件预警信息及时、准确接收和传播。可见，新法的上述一系列规定充分考虑了从信息发布端，到传播通道，再到接收端等信息传输的每一个环节，并对特定主体以及重点场所确保信息渠道畅通的相关义务作出了规定，这些都是预警信息发布时效性、准确性的重要制度保障。

四、预警发布内容

本法第六十四条、第六十五条明确了预警信息在内容方面的具体要求，更加注重预警信息的规范化、实用性和人性化。一是明确预警警报应当包含的事项和信息，规定发布警报应当明确预警类别、级别、起始时间、可能影响的范围、警示事项、应当采取的措施、发布单位和发布时间等。二是对预警信息的发布、接收和传播提出"及时、准确"等具体要求。规定信息发布者应当按照有关规定及时、准确地向社会发布突发事件预警信息；广播、电视、报刊以及网络服务提供者、电信运营商应当按照国家有关规定，及时、准确、无偿地播发或者刊载突发事件预警信息；公共场所和其他人员密集场所，应当确保突发事件预警信息及时、准确接收和传播。总之，规定警报应包含的具体内容，能使警报更加规范，更加具有指引性。

【适　用】

近年来，我国应急管理体系不断改革发展，但灾害预警环节仍存在短板。2021年7月17日至23日，河南省遭遇历史罕见特大暴雨，发生严重洪涝灾害，特别是7月20日郑州市遭受重大人员伤亡和财产损失。灾害共造成河南省150个县（市、区）1478.6万人受灾，因灾死亡失踪398人，其中郑州市380人，占全省95.5%；直接经济损失1200.6亿元，其中郑州市409亿元，占全省34.1%。有关部门和单位风险意识不强，对这场特大灾害认识准备不足、防范组织不力、应急处置不当，存在失职渎职行为等是重要原因。[①] 郑州

[①] 《河南郑州"7·20"特大暴雨灾害调查报告公布》，载中国政府网，http://www.gov.cn/xinwen/2022-01/21/content_5669723.htm，最后访问时间：2024年7月10日。

"7·20"特大暴雨灾害，集中暴露出灾害预警制度的不足，"具体表现为预报与预警概念混淆、预案代替预警、制度的碎片化以及制度发布和实施的不畅等，不仅影响了制度运行的整体效果，也不利于灾害应急体系的完善"。① 未来，需要进一步厘清预警与应急预案的关系，进一步细化预警的相关规定，同时探索建立政府主导的体系化预警管理模式，形成权威规范的运行流程，并且创新预警责任形式，在明确权责的同时，建立容错机制，避免贻误灾害应急处置的最佳时机。

第六十六条　【三级、四级预警措施】发布三级、四级警报，宣布进入预警期后，县级以上地方人民政府应当根据即将发生的突发事件的特点和可能造成的危害，采取下列措施：

（一）启动应急预案；

（二）责令有关部门、专业机构、监测网点和负有特定职责的人员及时收集、报告有关信息，向社会公布反映突发事件信息的渠道，加强对突发事件发生、发展情况的监测、预报和预警工作；

（三）组织有关部门和机构、专业技术人员、有关专家学者，随时对突发事件信息进行分析评估，预测发生突发事件可能性的大小、影响范围和强度以及可能发生的突发事件的级别；

（四）定时向社会发布与公众有关的突发事件预测信息和分析评估结果，并对相关信息的报道工作进行管理；

（五）及时按照有关规定向社会发布可能受到突发事件危害的警告，宣传避免、减轻危害的常识，公布咨询或者求助电话等联络方式和渠道。

第六十七条　【一级、二级预警措施】发布一级、二级警报，宣布进入预警期后，县级以上地方人民政府除采取本法第六十六条规定的措施外，还应当针对即将发生的突发事件的特点和可能造成

---

①　代海军：《应急法要义》，中国法制出版社2023年版，第129页。

的危害，采取下列一项或者多项措施：

（一）责令应急救援队伍、负有特定职责的人员进入待命状态，并动员后备人员做好参加应急救援和处置工作的准备；

（二）调集应急救援所需物资、设备、工具，准备应急设施和应急避难、封闭隔离、紧急医疗救治等场所，并确保其处于良好状态、随时可以投入正常使用；

（三）加强对重点单位、重要部位和重要基础设施的安全保卫，维护社会治安秩序；

（四）采取必要措施，确保交通、通信、供水、排水、供电、供气、供热、医疗卫生、广播电视、气象等公共设施的安全和正常运行；

（五）及时向社会发布有关采取特定措施避免或者减轻危害的建议、劝告；

（六）转移、疏散或者撤离易受突发事件危害的人员并予以妥善安置，转移重要财产；

（七）关闭或者限制使用易受突发事件危害的场所，控制或者限制容易导致危害扩大的公共场所的活动；

（八）法律、法规、规章规定的其他必要的防范性、保护性措施。

第六十八条 【预警期保障措施】发布警报，宣布进入预警期后，县级以上人民政府应当对重要商品和服务市场情况加强监测，根据实际需要及时保障供应、稳定市场。必要时，国务院和省、自治区、直辖市人民政府可以按照《中华人民共和国价格法》等有关法律规定采取相应措施。

【释　义】

本法第六十六条至第六十八条规定了预警响应制度，明确发布不同级别预警后，县级以上地方各级人民政府有权采取的预控措施。其中，第六十六条、第六十七分别规定了三级、四级警报和一级、二级警报的预控措施，明确发布一级、二级警报后，可以采取本法规定的各种预控措施；而在发布三级、四级警报后，只能采取第六十六条所规定的程度较轻的预控措施。第六十八条规定了对预警期重要商品和服务市场情况进行监测。

上述条文修订的内容主要有：第六十六条第五项中的"公布咨询电话"细化为"公布咨询或者求助电话等联络方式和渠道"，增强了可操作性和实用性。第六十七条第二项中的应急准备场所增加了"应急避难、封闭隔离、紧急医疗救治等场所"，措施第四项中的公共设施增加了"医疗卫生、广播电视、气象"，修改后的内容涵盖面更广。第六十八条为新增条文，规定对重要商品和服务市场情况加强监测，有利于预警期的市场供应稳定和秩序维护。

上述条文的主要内容有：

第一，规定了采取预警响应措施的主体和依据。预警发布后，县级以上地方人民政府应当根据预警级别以及即将发生的突发事件的特点和可能造成的危害，采取不同类型和等级的预警响应措施。

第二，规定了三级、四级预警应当采取的措施。第六十六条规定了三级、四级预警可以采取的五项预控措施。三级、四级预警是比较低的预警级别，政府采取措施的目的在于有效消除产生突发事件的各种因素，尽可能避免突发事件的发生，或者是提前做好充分准备，将损害减至最小。

第三，规定了一级、二级预警应当采取的措施。发布一级、二级警报，宣布进入预警期，此时已处于突发事件可能发生的临界点。特别是发布一级警报，意味着应对突发事件进入最高警戒级别。县级以上地方人民政府除采取第六十六条规定的五项措施外，还可以采取第六十七条规定的八种措施。政府采取措施的目的在于选择、确定切实有效的对策，作出有针对性的部署安排，采取必要的前期措施，及时应对即将到来的危机，并保障有关人员、财产、场所的安全。

第四，规定了预警期政府对重要商品和服务市场的监测职责。在突发事件发生或者即将发生时，重要商品和服务的市场供应往往受到影响，价格波动和市场恐慌现象频发，需要政府及时干预。通过加强监测，政府能够及时掌握市场动态，保障重要商品和服务的供应，避免因供应不足引发的社会恐慌；同时，可以依法采取价格干预措施，防止价格过度波动，保护消费者利益，维护市场秩序。政府在关键时刻采取措施保障市场供应和稳定，能够有效增强公众对政府的信任和对突发事件应对的信心。

【评 析】

预警响应即在预警信息发布之后及时采取响应措施，又称为预控措施，是突发事件预警必不可少的环节。如果只是发布预警，不能保证预警能够取得预期的效果。预警响应与应急响应不同，一般来说，预警响应是在预警发布以后，突发事件发生或到来之前采取的预防性措施，应急响应是在突发事件发生或到来之后采取的处置性措施。

一、预控措施的概念

对突发事件采取预控措施，是指行政机关在确认突发事件即将发生，或发生的可能性增大，或刚刚发生但尚未造成损害并发出预警之后，为了阻止事件的发生，或限制事件的发展，或避免和减轻事件可能造成的危害，而采取的防御性、控制性、保护性措施。[①] 第一，从时间上看，预控措施可能实施于突发事件发生之前，也可能实施于事件刚刚发生但未升级、扩大并造成严重损害之前，且必定实施于发布预警之后。也就是说，采取预控措施是衔接预警发布和应急处置的中间环节，它既是预警发布的后续措施，又为突发事件来临或升级、扩大后的应急处置进行必要的准备。第二，从目的上看，预控措施是为了阻止突发事件的发生，或限制事件的发展，或避免和减轻事件可能造成的损害而采取的。第三，从具体内容上看，预控主要采取的是预备性、防御性、保护性措施。

二、预控措施的功能

预控措施所发挥的功能，根据不同类型突发事件的性质、诱因、规模和发展态势，主要从以下几个方面得到体现：第一，尽量阻止突发事件的发生。对于某些类型的突发事件，如果能够及时发现其发生的征兆并发出警报，通过采取有效的预控措施，完全可能阻止其发生。第二，如果不能阻止突发事

[①] 林鸿潮：《应急法概论》，应急管理出版社2020年版，第194页。

件的发生，则缓解和限制其发展。由于某些类型突发事件的发生非人力所能控制，即使采取预控措施也无法阻止，但仍有可能通过预控来缓解、限制其发展进程和规模，降低其破坏的强度。第三，如果不能阻止突发事件的发生或限制其发展，则避免或减少事件可能造成的损害。对于某些类型的突发事件，其发生与否、程度如何均非人类所能左右，多数自然灾害都是如此。但是，预控措施对该类灾害也并非毫无作用，其仍然可以避免、至少是减轻突发事件可能导致的危害。

三、预控的具体措施

突发事件的破坏性取决于四个因素，即致灾因子、承灾体、暴露度和响应能力。① 因而，针对可能或即将发生的突发事件，可以重点从这些方面入手，采取相应预警响应措施。就目前各种应急法律规范和预案所规定的预控措施而言，其具体方式大致包括如下几种：一是调动各种应急资源。在发布预警之后，应急机关首先应调动平时所准备的各种应急资源，以便应对即将来临的突发事件，这是最为重要的一类预控措施。二是有重点地强化某些日常工作。在警报发布之后，应急机关还应重点强化某些日常工作。这些工作并非预警后才应当采取的特别措施，而是行政机关日常应急管理工作的一部分，但由于它们对于危机应对的意义特别重要，因此，在危机来临之前、警报发布之后应当予以加强。这种工作的加强，可能体现为投入更多的资源或采取更特殊的措施用于保障该项工作，也可能体现为增加该项工作的频度和深入程度。三是进行应急避险的指导。在发布警报之后，行政机关还应当及时向社会公众提供关于如何避免和减轻损害的宣传和指导，引导人们的避险行为。四是采取避险措施。在发布应急警报之后，应急机关还应及时采取措施，使有关人员和财产避开危险区域和危险场所，以避免或减少损失。

---

① 马宝成主编：《应急管理体系和能力现代化》，国家行政学院出版社2022年版，第152页。

第五章 应急处置与救援

本章概述

应急处置与救援是突发事件应对流程的核心环节,决定了突发事件应对的成败。突发事件发生后,政府及其有关部门必须按照应急预案迅速反应、有序救援、减少损失。本章主要规定了突发事件发生后,人民政府及其相关部门应当采取的应急处置措施与开展的应急救援工作,包括应急响应、指挥机构、应急处置、应急物资的征用、应急救援、个人信息利用与保护等部分。

❖ 应急处置与救援制度

第七十一条 【应急响应制度】国家建立健全突发事件应急响应制度。

突发事件的应急响应级别，按照突发事件的性质、特点、可能造成的危害程度和影响范围等因素分为一级、二级、三级和四级，一级为最高级别。

突发事件应急响应级别划分标准由国务院或者国务院确定的部门制定。县级以上人民政府及其有关部门应当在突发事件应急预案中确定应急响应级别。

【释 义】

本条为此次修法新增条文，主要规定了突发事件应急响应制度。应急响应是指在突发事件发生后，按照既定的预案，迅速组织、指挥、协调相关人员开展应急工作的一种工作制度，其意义在于能够节约临时组织和紧急决策的时间，极大地提高应急处置与救援工作的效率。本条的规定包括三个层面：（1）确定响应级别。确立突发事件分级响应机制，依据事件性质、特点、预期危害程度以及影响范围，从高到低划分为一级、二级、三级和四级；其中，一级为最高级别。（2）明确应急响应级别划分主体。突发事件应急响应级别划分标准由国务院或者国务院确定的部门制定。（3）明确适用主体。县级以上人民政府及其有关部门在制定突发事件应急预案时，应当确定各类突发事件的响应级别。

【评　析】

一、应急响应的启动条件

根据本条规定，国家层面对突发事件的响应级别从高到低划分为一级、二级、三级、四级，按照突发事件的性质、特点、可能造成的危害程度和影响范围等因素综合确定应急响应的启动等级。为细化应急响应制度，针对不同类型的突发事件，我国在国家层面分别制定了《国家自然灾害救助应急预案》《国家安全生产事故灾难应急预案》《国家突发公共卫生事件应急预案》等，其中均规定了不同级别的应急响应相对应的启动条件、启动后的程序、启动后的响应措施等。以自然灾害为例，2024年1月国务院办公厅印发《国家自然灾害救助应急预案》，其中对一级响应的启动条件规定如下：发生重特大自然灾害，一次灾害过程出现或经会商研判可能出现下列情况之一的，可启动一级响应：(1) 一省（自治区、直辖市）死亡和失踪200人以上（含本数，下同）可启动响应，其相邻省（自治区、直辖市）死亡和失踪160人以上200人以下的可联动启动；(2) 一省（自治区、直辖市）紧急转移安置和需紧急生活救助200万人以上；(3) 一省（自治区、直辖市）倒塌和严重损坏房屋30万间或10万户以上；(4) 干旱灾害造成缺粮或缺水等生活困难，需政府救助人数占该省（自治区、直辖市）农牧业人口30%以上或400万人以上。从上述规定不难看出，我国对自然灾害应急响应启动条件的规定是以"一省（自治区、直辖市）行政区域内出现的一次灾害过程"为依据的，应当认为这种界定方式具有一定的科学性，尊重了自然灾害的客观真实情况，但在具体实施过程中应当重视以下问题：

第一，启动应急响应的时间跨度问题。目前启动应急响应是基于因灾死亡人口、紧急转移安置人口、倒塌房屋数量三类灾情指标，根据不同的灾情指标启动相应的应急响应程序。但目前在灾情数据统计上还没有明确的时间限制，启动响应的条件不好把握。例如，有些省份把一段时间以来几次类似或相关的灾害的灾情数据作为一次灾害过程上报，灾情数据累加后达到了某种启动响应的标准，但灾害的实际严重程度可能因被均分处理而弱化。又如，一次灾害过程可能造成了比较严峻的灾情数据，但持续的时间较长，灾害的实际严重程度可能因周期过长而弱化。本书认为，为了体现应急响应中"急"的特点，提高工作效率，合理配置应急资源，如果某一省域内出现几次连续的灾害过程，建议针对其中最主要的一次灾害过程启动应急响应；如果出现一次周期较长的持续性突发事件，可以适当降低应急响应的级别。

第二，启动应急响应的地域跨度问题。此前启动应急响应所依据的灾情数据主要是依据一省（自治区、直辖市）之内的统计结果，但突发事件的发生却经常横跨若干个相邻的行政单元，考虑到突发事件在时间和空间上的延展性，《国家自然灾害救助应急预案》规定，一省（自治区、直辖市）灾情数据达到一定标准后可启动相应响应，邻省（自治区、直辖市）灾情数据达到一定标准后可启动联动响应。本书认为，将联动响应机制框定为相邻省（自治区、直辖市）具有一定的局限性，例如，洪涝灾害常常影响流域内若干省份，如果上游省份已经遭受了严重损害，那么下游省份即便不相邻也可以预见此次洪涝灾害的严重程度，响应等级的确定则以这次灾害过程中灾情指标数值最大的省份为准更加科学。又如，在公共卫生突发事件中，尽管本省与相邻省情况不严重，但与本省有密切经济交往和人员流动的省份暴发了严重的疫情，此时也应当启动联动响应机制。

第三，应急响应的启动次数问题。应急管理实践中可能出现，同一行政区域内同一时间发生同一类型但不同灾害过程的突发事件，例如某地区同时出现洪涝灾害和气象灾害，且都达到了需要启动应急响应的严重程度，此时应当将灾情数据累加启动一次应急响应，还是分别统计灾情数据启动多次应急响应？本书认为，比较适宜的做法是单独启动几次应急响应，原因在于不同种类的灾害有不同的发展规律和应对策略，不宜混为一谈。

二、突发事件分级与应急响应级别之间不存在对应关系

长期以来，应急管理领域存在一种误解，认为突发事件的等级和应急响应的级别是一一对应关系，原因在于《突发事件应对法》将自然灾害、事故灾难、公共卫生事件也划分为特别重大、重大、较大和一般四个等级，人们自然而然地认为，特别重大突发事件启动一级应急响应、重大突发事件启动二级应急响应，以此类推。这种误解似乎有一定的道理，毕竟突发事件的等级越高，意味着需要更多的应急资源、更高的应急能力，那么提升应急响应的层级似乎是一种合理的做法。但这种一一对应的做法忽略了突发事件分级

与应急响应层级不同的内在逻辑。前者是基于突发事件的危害后果，具有一定的客观性，因此一次突发事件等级是统一的、固定的。后者是基于行为主体所能够调动的资源及救援处置能力，由于不同行为主体应对突发事件的能力迥异，哪怕针对同一突发事件，不同地区的响应等级也可能存在差异：经济较为发达、应急资源丰富、应急能力较强的地区只需启动较低级别的应急响应，经济较为落后、应急资源匮乏、应急能力较弱的地区则需要启动较高级别的应急响应。同理，应急响应级别对于特定层级的政府而言才是有意义的，不同层级政府间的响应级别缺乏比较的基础。例如，重大突发事件发生地的县级人民政府需要进行一级响应，而应急能力较强的省级政府可能会对此进行二级响应。当然，面对特别重大的突发事件，各级政府可能在某一时段同时启动一级响应。因此，2013年国务院办公厅印发《突发事件应急预案管理办法》（已失效）便意识到此问题，其中第十二条针对应急响应分级问题规定"对预案应急响应是否分级、如何分级、如何界定分级响应措施等，由预案制定单位根据本地区、本部门和本单位的实际情况确定"。这一观点也被此次修法所吸收。此外，突发事件的事态并非一成不变，其后果一般会随着时间推移逐渐显现，总体呈现出从小到大再到峰值，然后从峰值逐渐变小的变化趋势[1]。在此期间，突发事件的应急响应级别也应当被实时调整。

第七十二条　【应急处置机制】 突发事件发生后，履行统一领导职责或者组织处置突发事件的人民政府应当针对其性质、特点、危害程度和影响范围等，立即启动应急响应，组织有关部门，调动应急救援队伍和社会力量，依照法律、法规、规章和应急预案的规定，采取应急处置措施，并向上级人民政府报告；必要时，可以设立现场指挥部，负责现场应急处置与救援，统一指挥进入突发事件现场的单位和个人。

启动应急响应，应当明确响应事项、级别、预计期限、应急处

---

[1] 参见姜传胜、曾明荣：《突发事件分级与应急响应分级的关系辨析》，载《中国行政管理》2021年第2期。

置措施等。

履行统一领导职责或者组织处置突发事件的人民政府，应当建立协调机制，提供需求信息，引导志愿服务组织和志愿者等社会力量及时有序参与应急处置与救援工作。

【释　义】

本条规定在2007年《突发事件应对法》第四十八条的基础上进行了调整与补充，其变化主要包括：（1）在突发事件发生后，突出"立即启动应急响应"的要求，对突发事件的分析和评估除了考虑其性质、特点、危害程度以外，还要考虑"影响范围"这一因素。（2）在应急响应依据方面，在法律、法规、规章之外，突出发挥"应急预案"的作用，并强调依据上述规定采取应急处置措施和履行向上级人民政府报告的义务。（3）在以政府为主体的应急指挥机构的基础上，新规定了"现场指挥机构"设置和职能，符合应急处置专业性和应急决策及时性的要求。（4）明确要求应急响应当公开，"应当明确响应事项、级别、预计期限、应急处置措施等"，目的在于让人们对应急响应状态的持续有一定的预测和心理准备，避免紧急权力对相对人权利自由的过度限制，有助于达成社会层面的应急默契。（5）明确了人民政府在应急响应过程中，要组织协调社会救援力量以及信息共享的职责，更好地"集中力量办大事"，切实保障人民群众的知情权。

【评　析】

一、设置现场指挥机构的必要性

根据本法第十九条第三款的规定，"县级以上地方人民政府设立由本级人民政府主要负责人、相关部门负责人、国家综合性消防救援队伍和驻当地中国人民解放军、中国人民武装警察部队有关负责人等组成的突发事件应急指挥机构"。既然已经依法成立了军地一体化的应急指挥机构，为什么还要在此基础上设置现场指挥机构？本书认为原因如下：

第一,实现决策指挥与现场指挥的分离,避免"外行指挥内行"的局面出现。在传统认知中,一般认为突发事件的应急指挥机构只有一个,既负责统筹全局、进行应急决策,也负责突发事件现场的指挥。应急指挥机构的负责人一般由本级人民政府主要负责人担任。然而,现场应急决策是一种典型的风险型决策,除了决策效果不确定以外,还要求决策者根据现场情况进行实时研判并以最快的速度作出尽可能正确的判断。这就要求现场指挥者具有很高的专业水平。而应急指挥机构负责人一般由政府负责人担任,未必满足现场决策所需要的专业水平。为了避免"外行指挥内行"的局面出现,另行成立一个现场指挥机构,由能够胜任的专业化人士负责临机决策十分必要。当然,这并不意味着县级人民政府设立的应急指挥机构不重要。作为常设性的决策指挥机构,其在突发事件应对的处置与救援阶段负责统筹全局并进行宏观决策,通过对突发事件应对中的重大问题和现实情况进行研判,确定应急救援或者处置总体思路。此外,决策指挥机构还应当发挥综合协调作用,调动各方面的应急救援力量,为现场指挥机构提供决策信息、专业人员、救灾物资的支持等;当现场指挥机构的决策出现明显的错误时,决策指挥机构应当及时与之沟通,提出纠正意见。

第二,建立现场指挥的最高权威,避免"多头指挥"的局面出现。应急指挥机构的组成人员除了本级人民政府主要负责人、相关部门负责人、国家综合性消防救援队伍负责人、驻当地的解放军和武警负责人之外,如果超出当地政府的应对能力,还可能会嵌入上下多个层级的有关负责人,甚至,党委负责人也要介入其中起到直接领导作用。面对错综复杂的应急救援力量,如果不指定一个最高的现场总指挥,就可能在处置现场出现"多头决策",不同应急救援力量"各行其是"的局面。即使不考虑公共部门系统间的级别、权力差异,当不同层级的指挥机构的主要负责人先后到达现场,实际的现场指挥可能随时"易位",也会导致现场指挥秩序陷入混乱。

二、应急响应公开的必要性

本次修法特别规定,"启动应急响应,应当明确响应事项、级别、预计期限、应急处置措施等",其根本原因在于一旦启动应急响应,则意味着正常法律状态的中断,人们开始进入到对抗突发事件最激烈,也是最为关键的阶段。应急响应的启动意味着威胁公共安全和日常生活秩序的突发事件已经切实地发生，且事态正处于发展和扩大当中。与日常的应急行政监管、应急准备、监测预警等其他应急管理措施都不相同，应急响应一旦启动，即宣告进入特殊的法律状态。在这种特殊的法律状态之下，尽管宪法秩序被最大限度地保留，但普通法律秩序却发生了深刻的变化：其一，法律适用顺序的变化，《突发事件应对法》及相关单行性法律、法规、规章将具有优先一般法律规范适用的效力，而某些平常的法律可能被暂时中止实施。其二，国家权力运行方式发生变化。行政机关获得比平时更加强大的紧急权力；立法机关对行政机关的监督受到削弱，更多地表现为一种事后的监督；司法机关可能以应急处置措施构成不可抗力为由暂停受理或者审理案件，特别是暂缓行政相对人对政府应急管理行为提起的行政诉讼。其三，公民的权利克减、义务增加。应急响应期间，公民的人身自由权、财产权等法律权利可能基于应急处置的需要有所克减，克减程度弱于紧急状态；法律义务可能有所增加，如服从征用、协助应急救援、报告应急信息等。因此，应急响应应当公开，其意义在于：首先，作为法律状态转换的标识；其次，让社会公众对突发事件的事态有清晰客观的认知，增加其对紧急权力行为的认同感和配合程度，同时为社会公众在应急处置期间的行为提供精确的指引，让社会公众更加理性地安排生产生活；最后，防止特殊的法律状态被过分延宕，更好地制约紧急权力。一旦应急响应结束则行政机关的紧急权力立即丧失，应急响应期间采取的各类应急措施的效力即告终止。

三、社会应急救援力量协同机制

目前，我国的社会力量越来越多地参与到了各种应急救援活动中，并已经成为国家应急救援力量体系中的重要的组成部分。"十四五"期间，国家把社会应急力量纳入了中国特色应急救援体系的构建之中，提出引导社会力量有序发展。然而，在以往的实践过程中，社会应急力量在参与突发事件的应对过程中遇到了诸多难题。例如，社会应急力量参与应急活动的资金与能力存在短板，不同组织之间的信息沟通缺乏渠道；在参与防灾减灾救灾工作时，往往陷入科学化、专业化、规范化、响应度不足的困境之中，甚至干扰应急救援行动秩序等。因此本次修法专门明确："履行统一领导职责或者组织处置突发事件的人民政府，应当建立协调机制，提供需求信息，引导志愿服务组织和志愿者等社会力量及时有序参与应急处置与救援工作。"主要从以下三个方面加强对社会应急救援力量的协同：

第一，建立社会应急救援力量与其他应急救援力量的协调机制。当前我国社会应急救援力量的专业性发展迅速，为发挥社会应急救援力量的长处、形成应急救援的合力，政府及其职能部门在平常状态下就应当尽可能摸底本地区社会应急救援力量的实际情况，积极促成社会应急救援力量与国家、政府、军队应急救援力量的联合培训、联合演练等。

第二，建立社会应急救援力量信息共享机制。在平常状态下，应急管理部门牵头建立社会应急力量信息沟通平台，建立社会应急力量志愿者与专家数据库；在突发事件应急处置期间，可以通过信息沟通平台及时提供突发情况的实时动态、更新相关指挥应急策略等。

第三，加大对社会性应急救援力量的协同指挥力度。实践中，在个别地区发生灾害时，当地政府可能一律禁止社会应急力量进入救援场所。除了出于安全方面的考虑，还有一个很重要的原因是社会应急救援力量的组织一般较为松散，应急指挥机构的负责人员对社会应急力量人员存疑，这显然会打击社会应急力量参与救援的积极性。对于社会应急救援力量"堵不如疏"，不妨让社会应急救援力量、志愿者组织的代表加入。考虑到目前一些社会应急救援组织规模较小、力量分散，政府及其职能部门应当在平常状态下根据一定的专业、地域、类型对社会应急救援力量进行先期整合，以加大应急救援中的协同指挥力度。

第七十三条　【自然灾害、事故灾难和公共卫生事件应急处置措施】 自然灾害、事故灾难或者公共卫生事件发生后，履行统一领导职责的人民政府应当采取下列一项或者多项应急处置措施：

（一）组织营救和救治受害人员，转移、疏散、撤离并妥善安置受到威胁的人员以及采取其他救助措施；

（二）迅速控制危险源，标明危险区域，封锁危险场所，划定警戒区，实行交通管制、限制人员流动、封闭管理以及其他控制措施；

（三）立即抢修被损坏的交通、通信、供水、排水、供电、供气、供热、医疗卫生、广播电视、气象等公共设施,向受到危害的人员提供避难场所和生活必需品,实施医疗救护和卫生防疫以及其他保障措施;

(四)禁止或者限制使用有关设备、设施,关闭或者限制使用有关场所,中止人员密集的活动或者可能导致危害扩大的生产经营活动以及采取其他保护措施;

(五)启用本级人民政府设置的财政预备费和储备的应急救援物资,必要时调用其他急需物资、设备、设施、工具;

(六)组织公民、法人和其他组织参加应急救援和处置工作,要求具有特定专长的人员提供服务;

(七)保障食品、饮用水、药品、燃料等基本生活必需品的供应;

(八)依法从严惩处囤积居奇、哄抬价格、牟取暴利、制假售假等扰乱市场秩序的行为,维护市场秩序;

(九)依法从严惩处哄抢财物、干扰破坏应急处置工作等扰乱社会秩序的行为,维护社会治安;

(十)开展生态环境应急监测,保护集中式饮用水水源地等环境敏感目标,控制和处置污染物;

(十一)采取防止发生次生、衍生事件的必要措施。

【释　义】

本条规定在2007年《突发事件应对法》第四十九条的基础上进行了调整与补充:(1)在应急履职方面,将履行统一领导职责的人民政府"可以"采取应急处置措施改为"应当",强调人民政府必须履行应急救援职责。(2)在救助措施方面,在"疏散、撤离"以外可以"转移"受害人员或者将可能受害的人员带离现场。(3)在控制措施方面,在"划定警戒区、实行交通管制"以外可以"限制人员流动"、进行"封闭管理",解决了突发公共卫生事件中一些常见应急处置措施的合法性问题。(4) 在保障措施方面,在抢修"交通、通信、供水、排水、供电、供气、供热"设施以外强调"医疗卫生、广播电视、气象"等基础公共设施的恢复。(5) 在组织救援方面,在"公民"之外增加"法人和其他组织"作为应急救援和处置工作的参与者。(6) 在生活必需品供应方面,在"食品、饮用水"和"燃料"之外增加"药品"的供应保障。(7) 在价格维稳方面,将"牟取暴利"的行为也认定为扰乱市场秩序的行为,增强了打击力度。(8) 在环境保护方面,强调生态环境应急监测,保护水源地等环境敏感目标不受污染,尽量避免"大灾后出现大疫"的情况。

【评 析】

本条对履行统一领导职责的人民政府在突发事件发生后应当采取的应急处置措施进行了"列举+兜底"式的规定。从法理上分析,本法之所以不惜篇幅具体列举应急处置措施的类型、方式、程序等内容,主要原因有二:

第一,授予公权力机关应急处置权。从理论上可以将突发事件分为常规突发事件与非常规突发事件。其中,无论是常规还是非常规突发事件,其应急处置的过程都具有相当的紧迫性,尤其是非常规突发事件,当突发事件的规模、复杂性和不确定性远远超出了人们的预期时,必须借助强硬的应急手段才能控制危机的蔓延。[①] 因此,本条详细地列举了应急处置措施,实际上是为了授予公权力机关相应的应急处置权,允许其大胆地适用法律允许范围内的应急处置措施,即便这些应急处置措施可能会造成一定争议。如果不这样列举,公权力机关在采取诸如"限制人员流动、封闭管理"等比较激烈的应急处置措施时就可能会遭遇层层阻力,极大地阻碍应急决策的效率和应急行动的效果。同时,由于非常规突发事件相对于常规突发事件而言具有更强的不确定性,即便是专业性较强的属地人民政府也无法精准预测其走向,个别非常规突发事件还表现出非常明显的"多米诺骨牌"效应。因此,本条采用兜底式的规定,允许负责应急处置的政府采取措施防止发生次生、衍生事件。

[①] 参见王宏伟:《提升非常规突发事件的应对能力:应急管理体制改革成败的"试金石"》,载《公共管理与政策评论》2018年第6期。

第二，保护公民在非常状态下的本质权利。根据宪法学的一般理论，公民虽然平等地享有基本权利，但其基本权利却会因国家权力、公共利益保护的需要而受到限制，在特定的情形出现时甚至会缩减，而公权力机关必须对私权利给予维护和保障。① 在应急处置过程中，公权力主体为了克服眼前紧迫的公共危机必须采取某些应急处置措施，使得常态法治下形成的公、私权利界限被打破，公、私秩序形成新的平衡关系。公权力的扩张必然带来私权利的缩减，但是，这种缩减是有限度的，即公权力机关有义务保证公民基本权利中的本质权利在任何情况下都不能被侵犯。② 以上内容被概括为本质权利保护原则，这一原则已经被很多国家的宪法所接受。例如，德国《基本法》第十九条第二款规定了"无论任何情况，都不得侵犯公民之本质权利"。在《突发事件应对法》中具体的应急处置措施，除了给公权力机关进行授权以外，根本目的是通过对应急处置措施的范围、程度、方式等进行限制性规定，为应急处置措施的实施划定一个红线。即使是在应急处置过程中，公民的生命权、健康权、人格尊严等本质权利也不应受到侵犯，非常措施不得包含基于出身、籍贯、职业等理由的歧视。

第七十四条　【社会安全事件应急处置措施】社会安全事件发生后，组织处置工作的人民政府应当立即启动应急响应，组织有关部门针对事件的性质和特点，依照有关法律、行政法规和国家其他有关规定，采取下列一项或者多项应急处置措施：

（一）强制隔离使用器械相互对抗或者以暴力行为参与冲突的当事人，妥善解决现场纠纷和争端，控制事态发展；

（二）对特定区域内的建筑物、交通工具、设备、设施以及燃料、燃气、电力、水的供应进行控制；

（三）封锁有关场所、道路，查验现场人员的身份证件，限制有关公共场所内的活动；

---

① 参见赵宏：《疫情防控下个人的权利限缩与边界》，载《比较法研究》2020年第2期。
② 参见李卫海：《紧急状态下的人权克减研究》，中国法制出版社2007年版，第127页。

(四)加强对易受冲击的核心机关和单位的警卫,在国家机关、军事机关、国家通讯社、广播电台、电视台、外国驻华使领馆等单位附近设置临时警戒线;

(五)法律、行政法规和国务院规定的其他必要措施。

【释　义】

本条是关于社会安全事件应急处置的规定。社会安全事件是指突然发生,造成或者可能造成重大人员伤亡、重大财产损失和对经济社会稳定、政治安定构成重大威胁或损害,有重大社会影响的涉及社会安全的紧急事件。主要包括:重大刑事案件、重特大火灾事件、恐怖袭击事件、涉外突发事件、金融安全事件、规模较大的群体性事件以及其他社会影响严重的突发性社会安全事件。本条在2007年《突发事件应对法》第五十条的基础上进行了调整与补充:(1)明确社会安全事件发生后,负责处置的人民政府也应当同其他三类突发事件一样启动应急响应,后续也应按照有关法律、法规、规章和应急预案的预设进行应急处置。(2)将"组织有关部门并由公安机关针对事件的性质和特点"修改为"启动应急响应,组织有关部门针对事件的性质和特点",主要原因在于社会安全事件涉及打击犯罪、维护稳定、社会治理、公共服务等多个方面,同样需要多个职能部门的协调配合才能有效应对。(3)删除了"严重危害社会治安秩序的事件发生时,公安机关应当立即依法出动警力,根据现场情况依法采取相应的强制性措施,尽快使社会秩序恢复正常"的规定,主要原因在于公安机关的现场执法权已经在《人民警察法》《治安管理处罚法》等有关法律法规中进行规定,没有必要再行赘述。

【评　析】

首先,社会安全事件治理重在预防,建立完善的社会保障体系和矛盾化解机制是前提。除此之外,还需要通过网络舆情监控、"天网"大数据抓取等特殊手段确保社会安全事件及时预警。其次,突发社会安全事件一旦爆发,就应积极处置，并把握以人为本、及早化解、依法处理、慎用警力、属地管理等特殊方针，争取迅速控制事态、纠正舆论导向，使突发社会安全事件由大变小，由热变冷，由强变弱，防止不利社会的影响蔓延和扩大。最后，突发社会安全事件事后管理至关重要，除了总结经验教训，改进管理和工作方法，采取有效措施做好突发社会安全事件的恢复重建，在机制、管理、设施等方面进行改进和修复之外，还要继续利用各种渠道对突发社会安全事件参与人员进行心理疏导和善后工作，从根本上防止事件再次发生。

第七十五条　【严重影响国民经济运行的突发事件应急处置机制】 发生突发事件，严重影响国民经济正常运行时，国务院或者国务院授权的有关主管部门可以采取保障、控制等必要的应急措施，保障人民群众的基本生活需要，最大限度地减轻突发事件的影响。

【释　义】

本条规定保留了2007年《突发事件应对法》第五十一条的原文，概括授予国务院或者国务院授权的有关主管部门，为了应对突发事件在必要时采取保障、控制应急措施的权力。也是对本法第七十三条、第七十四条所规定的突发事件应急处置措施的兜底式规定。由于这些应急措施的特殊性，甚至有可能在形式上违反法律但在实质上又是必要的应急处置措施，为防止紧急权力的滥用，本条为这些措施的实施规定了严格的限制条件：首先，必须是突发事件已经发生，当前已经处于应急处置的阶段，且突发事件严重影响国民经济的正常运行；其次，必须由国务院或国务院授权的有关主管部门实施；再次，所采取应急措施的类型仅限于保障型和控制型；最后，采取非常应急措施的目的是出于保障人民群众的基本生活需要以及减轻突发事件对国民经济正常运行的冲击。

【评　析】

一、应急处置中的"空白授权"机制

根据行政法学中的"授权明确性原则",所有的授权决定都应当依照法律的规则,明确授权的目的和范围、方式、程序,被授权机关应当严格按照授权规则来行使此项权力,不得将该项权力转授权给其他主体。这种严格的依法行政要求在平常状态下是完全适用的,但在面临突发事件的威胁时,"授权明确性"原则就可能被部分突破,产生诸如本条的"空白授权"规定。第一,在突发事件处置阶段,法律可以只规定授权的"目标"而不再明确授权的范围、方式、程序等,即可以进行内容模糊乃至空白的授权。相应地,被授权的主体就可以根据突发事件应急处置的客观情况,在符合法定前提的情况下自主颁布必要的决定、措施、命令。第二,这种空白授权机制的存在,导致应急处置主体"大权在握",从而构成了一柄"双刃剑":一方面政府能够更有效、有力地应对突发事件,另一方面则暗含了紧急权力滥用的高度风险,需要通过事后机制来进行合法性控制。

二、形式违法应急措施的事后确认追认

在事前立法的实体控制和程序控制相对薄弱的情况下,法律对应急措施的合法性监督,特别是那些已经采取了应急法律中所规定的程序缩减、权限集中、现场强制等权宜措施依然不能控制事态,只能由国务院及其所授权的有关主管部门采取进一步的保障、控制措施的情况,必然依赖事后确认追认机制。事后确认追认机制是解决空白授权机制的不确定性以及形式违法的问题的重要方式,在我国一般包括两种情况:一是由权力机关对突发事件应对中在授权范围内的决定、命令、措施进行合法性确认;二是由权力机关对突发事件应对中超出法律授权范围的决定、命令、措施进行合法性审查,综合考虑法律规定、突发事件的客观情况、应急措施的目的和效果、应急处置主体的资源和能力等相关因素给出最终复盘。本书认为,从应急法的价值和目的出发,应当鼓励负责突发事件应急处置的行政官员等积极、主动地采取那些在当时看来是必要的应急措施,即便这些应急措施未产生预期效果,只要有关主体在当时已经尽了合理的注意义务和审慎义务,就应当免除个人的责

任。如果这些特殊的应急措施对私人利益造成了不合理的损害，法律应当要求负责突发事件应急处置的政府而不是个人对此承担责任。

第七十六条　【应急协作机制和救援帮扶制度】 履行统一领导职责或者组织处置突发事件的人民政府及其有关部门，必要时可以向单位和个人征用应急救援所需设备、设施、场地、交通工具和其他物资，请求其他地方人民政府及其有关部门提供人力、物力、财力或者技术支援，要求生产、供应生活必需品和应急救援物资的企业组织生产、保证供给，要求提供医疗、交通等公共服务的组织提供相应的服务。

履行统一领导职责或者组织处置突发事件的人民政府和有关主管部门，应当组织协调运输经营单位，优先运送处置突发事件所需物资、设备、工具、应急救援人员和受到突发事件危害的人员。

履行统一领导职责或者组织处置突发事件的人民政府及其有关部门，应当为受突发事件影响无人照料的无民事行为能力人、限制民事行为能力人提供及时有效帮助；建立健全联系帮扶应急救援人员家庭制度，帮助解决实际困难。

【释　义】

本条是关于应急征用以及特殊群体保障制度的规定，在 2007 年《突发事件应对法》第五十二条的基础上进行了调整与补充：（1）将有权征用的行政主体扩大至"人民政府及其有关部门"，应急资源调配的请求对象也扩大至"人民政府及其有关部门"。各政府部门分管运输、医疗、食品等特定行业，在日常管理中对潜在征用对象逐步建立了信息优势，政府部门直接参与应急征用能够提高资源调配效率、降低应急征收成本。（2）增加第三款规定，强调对受突发事件影响"无人照料的无民事行为能力人、限制行为能力人"以及应急救援人员家庭给予政府帮助。这些特殊群体抵抗突发事件、自行恢复生产生活的能力较弱,政府帮助起到托底作用,有利于社会整体尽快实现常态化运转。增加本款规定体现了对弱势群体的保障,是对本法第十一条的贯彻。

【评　析】

一、应急征用的界定

第一,应急征用与常态下的行政征用。应急管理领域中的"征用"和行政法上通常所说的"征用",含义上略有差别。行政法上通常所说的"征用",是指行政主体出于公共利益的需要,依据法律、法规的规定,强制性地取得行政相对人财产使用权或者劳务并给予合理经济补偿的具体行政行为。[①]常态下的行政征用取得的是相对人财产的使用权,而应急管理中"征用"的对象既包括财产的使用权,也包括一些财产的所有权;既包括有形的物质,也包括无形的技术、行为甚至企业未来一段时间的产能。

第二,应急征用与应急调用。应急处置中的物资征用和调配根据物资来源的不同,可以分为两个方面的内容:一是应急征用;二是应急调配(调用)。二者的区别在于:应急征用的物资来源于社会公众;应急调用的物资来源于公共部门内部。在现行法律规范中,有的将政府应急征用和调用制度分别规定,如《国防动员法》第五十四条第一款规定,"县级以上人民政府可以依法对民用资源进行征用"。《传染病防治法》第四十五条第一款规定,"县级以上地方人民政府有权在本行政区域内紧急调集人员或者调用储备物资,临时征用房屋、交通工具以及相关设施、设备"。但是在很多法律规范中,在规定政府因应急需要使用社会资源的行为时,有的使用"征用",有的使用"调用",还有的使用"调集",含义混同。[②]《突发事件应对法》中只有关于"征用"的表述,但征用又涉及"请求其他地方人民政府及其有关部门提供人力、物力、财力或者技术支援",在实践中可能造成误解。

---

① 参见刘东生:《行政征用制度初探》,载《行政法学研究》2000年第2期。
② 参见王敬波:《略论政府应急征用法律制度的完善》,载《行政法学研究》2011年第4期。

二、应急征用的合法性风险

第一，征用主体的范围不明，容易造成权力越位。应急征用的权力源自宪法。宪法第十条、第十三条规定，为了公共利益的需要，国家可以对土地实行征用并给予补偿，可以对公民私有财产实行征用并给予补偿，从根本法层面明确了国家享有征用权。征用权具体如何行使，需要看各个单行法律规定。例如，《民法典》有依法征用组织和个人的动产、不动产的相关规定。不同的法律对征用权的行使主体、条件有不同的设定。本次修订《突发事件应对法》，将应急领域中征用的权力明确赋予"履行统一领导职责或者组织处置突发事件的人民政府及其有关部门"。这就与《传染病防治法》《突发公共卫生事件应急条例》等产生了冲突。《传染病防治法》相较于《突发事件应对法》是特别法，其规定的征用主体是国务院和县级以上地方人民政府，并且明确征用的范围是在本行政区域内。《突发公共卫生事件应急条例》虽为下位法规，但与《传染病防治法》的规定又不相同，其全文未出现"征用"二字，而是用"调集"的表述，授权突发事件应急处理指挥部"紧急调集人员、储备的物资、交通工具以及相关设施、设备"。立法的规定不一、表述指向不明，容易导致管理失序，影响应急征用的效能。实践中，除了各地方人民政府及其部门在行使应急征用权，各地指挥部也在行使征用权。还有将征用权赋予基层各单位的情况，甚至有地方认为"各领导小组有权征用"。多种征用主体并存，权力界限不清晰，"九龙治水"、推诿扯皮的现象就不可避免，且容易将应急征用权广泛化，造成权力的越位。

第二，跨区域应急征用机制不完善。应急征用过程中，本地征用异地物资、在多个地区集中物资驰援突发事件发生地等情况较为常见。这种跨区域资源的调动能够为公共事件突发地区提供充足物资保障，但同时也带来征用权限的争议。例如，在A、B两市均发生突发公共卫生事件的情况下，A市人民政府征用本应运往B市的防疫物资，是否属于超越权限的征用？答案是肯定的。《传染病防治法》第四十五条明确只有国务院有权"在全国范围或者跨省、自治区、直辖市范围内"决定征用。但在实践操作中，跨省、自治区、直辖市的物资调配一律都要由国务院作出决定显然缺乏可操作性。本条规定履行统一领导职责或者组织处置突发事件的人民政府及其有关部门在必要时可以"请求其他地方人民政府及其有关部门提供人力、物力、财力或者技术支援"，在一定程度上纾解了跨区域应急征用中的主要矛盾，但未来还需在相关下位法中解决其他地方人民政府是否负有回应义务、沟通协调机制如何建立、权责分担等系列问题。

第三，向社会主体进行应急征用的对象范围不明。本条规定，向社会主体应急征用的内容包括有形的物质——"设备、设施、场地、交通工具"，包括未来一段时间内的产能——"要求生产、供应生活必需品和应急救援物资的企业组织生产、保证供给"，还包括交通运输能力——"组织协调运输经营单位，优先运送处置突发事件所需物资、设备、工具、应急救援人员和受到突发事件危害的人员"，但实践中应急征用的对象还包括知识产权、专业技术等，甚至直接是公民个人。例如，汶川地震中为了解决堰塞湖的危机，紧急要求水利专家到达现场参与应急救援。

第四，应急征用的程序规定不完善。目前，我国涉及应急征用的法律只规定国家有权进行应急征用，征用结束应给予补偿，但是缺乏征用的程序性规定。例如，《突发事件应对法》《传染病防治法》仅规定了有关机关"可以"或者"有权"征用以及应当予以补偿，补偿的标准、时间限制等均未加说明。实践中，不同征用机关的操作不一，有的采取现场办公、口头征用；有的采用所谓协商协议的方式以规避征用；有的虽然明确征用，但不对被征用主体作出准确告知；有的征用机关甚至不经过决策程序，有任意征用之嫌；等等。被征用主体往往对征用机关、征用时长、征用财产数量（额）均不知晓，不能形成自身使用、生产经营的准确判断。尤其是对被征用的企业而言，严重影响后续生产经营活动的进行。由于缺乏相应的程序规制，被征用主体权利的保护完全取决于征用机关的法治观念、执法水平，无法获得法律上的一致保障。

第七十七条 【群众性基层自治组织组织自救与互救】 突发事件发生地的居民委员会、村民委员会和其他组织应当按照当地人民政府的决定、命令，进行宣传动员，组织群众开展自救与互救，协助维护社会秩序；情况紧急的，应当立即组织群众开展自救与互救等先期处置工作。

【释　义】

本条是关于突发事件发生地居民委员会、村民委员会和其他组织在应急处置阶段任务的规定。首先，作为社会治理的基层单元，突发事件发生地的居民委员会、村民委员会和其他组织负有协助当地人民政府工作，响应当地人民政府命令的义务；其次，当情况紧急，来不及等待上级人民政府的决定、命令时，为了最大限度地保护群众生命财产安全，应当立即组织开展自救、互救等先期处置工作，控制事态的发展，不能将应急处置的任务直接推给上级人民政府。

【评　析】

尽管突发事件发生地居民委员会、村民委员会和其他组织在能力上无法胜任整个突发事件的应对，但由于其与突发事件应急救援现场距离最近，如果能够及时组织群众开展自救、互救等先期处置工作，无疑将为后续的专业应急救援赢得宝贵的时间，甚至直接改变应急处置的后果。因此，本条在法律上承认了基层主体的先期处置权，并对此进行了原则性的规定。本书认为，考虑到先期处置措施往往具有一定的负担性，为了保护突发事件发生地居民委员会、村民委员会和其他组织的积极性，避免其因担心承担责任和风险而将矛盾一律转移给上级人民政府，还应当进一步明确先期处置措施的效力追认规则：在突发事件应对中，如果上级人民政府对突发事件发生地居民委员会、村民委员会的先期处置行为未进行否认，则意味着追认先期处置措施的效力，其所引起的法律后果由统一领导突发事件应对的上级人民政府来承担。

第七十八条　【突发事件有关单位的应急职责】受到自然灾害危害或者发生事故灾难、公共卫生事件的单位，应当立即组织本单位应急救援队伍和工作人员营救受害人员，疏散、撤离、安置受到威胁的人员，控制危险源，标明危险区域，封锁危险场所，并采取其他防止危害扩大的必要措施，同时向所在地县级人民政府报告；对因本单位的问题引发的或者主体是本单位人员的社会安全事件，有关单位应当按照规定上报情况，并迅速派出负责人赶赴现场开展劝解、疏导工作。

突发事件发生地的其他单位应当服从人民政府发布的决定、命令，配合人民政府采取的应急处置措施，做好本单位的应急救援工作，并积极组织人员参加所在地的应急救援和处置工作。

【释　义】

本条规定了突发事件应对中受到自然灾害危害或者发生事故灾难、公共卫生事件的单位的义务。根据本条规定，受到自然灾害危害或者发生事故灾难、公共卫生事件的单位承担下列义务：（1）人员安置义务。突发事件发生后，单位必须将本单位受害人员的生命安全置于首位，立即组织本单位应急救援队伍和工作人员营救受害人员，疏散、撤离、安置受到威胁的人员。（2）控制危险源义务。单位最接近突发事件危险源，为了本单位的安全，也为了防止危险源的扩散对公共安全造成难以弥补的损害，突发事件发生单位应当采取力所能及的措施尽量控制危险源，标明危险区域，封锁危险场所，并采取其他防止危害扩大的必要措施。（3）报告义务。在突发事件应对，尤其是生产安全事故（事故灾难）中，事故责任单位瞒报、谎报、迟报、漏报行为仍屡禁不止，已成为安全生产的沉疴顽疾。单位及时、全面、如实地向所在地县级人民政府报告突发事件相关情况，是现行法律明确规定的一项法定义务。（4）在社会安全事件中，单位负责人负有现场劝解、疏导的义务。（5）对于人民政府发布的决定、命令、措施负有服从、配合、参与的义务。

【评　析】

如前文所述，在生产安全事故（事故灾难）中，事故责任单位瞒报、谎报、迟报、漏报行为仍屡禁不止，已成为安全生产的沉疴顽疾。为了打击这种情况，国务院安委会制定部署安全生产十五条措施，单独规定"严肃查处瞒报谎报迟报漏报事故行为。严格落实事故直报制度，生产安全事故隐瞒不报、谎报或者拖延不报的，对直接责任人和负有管理和领导责任的人员依规依纪依法从严追究责任。对初步认定的瞒报事故，一律由上级安委会挂牌督办，必要时提级调查"。为震慑生产安全事故中的这种现象，《安全生产法》更是采用了"处罚到人"的思路，规定"生产经营单位的主要负责人对生产安全事故隐瞒不报、谎报或者迟报的，给予降级、撤职的处分，并处上一年年收入百分之六十至百分之一百的罚款"。对贻误事故抢救、情节严重的瞒报、谎报、迟报事故行为，还将依据《刑法》以及《最高人民法院、最高人民检察院关于办理危害生产安全刑事案件适用法律若干问题的解释》等相关规定，以"不报、谎报安全事故罪"追究刑事责任。本书认为，为进一步落实本法所规定的单位报告义务，可以从三个方面着手：其一，将不履行突发事件报告义务的行为与失信联合惩戒机制相联系，不仅要"处罚到人"，还要通过失信联合惩戒等长效监管机制将报告义务从严落实到位；其二，建立"吹哨人"制度，畅通内部举报人向有关人民政府举报突发事件真实情况的渠道，对"吹哨人"给予适当的奖励，并注重保护"吹哨人"的身份信息；其三，建立"一键直报"制度，借助互联网等信息化手段，建立事故直报制度和"一键直达"信息系统，最大限度减少信息报送的中间环节，有效化解对案件进行干预、插手、过问等过程风险，提高事故和险情的协调处置效率，从程序上防止瞒报、谎报等行为。

第七十九条　【突发事件发生地的个人应当履行的义务】 突发事件发生地的个人应当依法服从人民政府、居民委员会、村民委员会或者所属单位的指挥和安排，配合人民政府采取的应急处置措施，积极参加应急救援工作，协助维护社会秩序。

【释　义】

本条规定了突发事件发生地的个人应当履行的义务，包括服从指挥和安排、配合应急处置措施、积极参加应急救援、协助维护社会秩序四个方面。

【评　析】

与 2007 年《突发事件应对法》相比，本次修法强调个人应当"依法"服从，换言之，如果人民政府、居民委员会、村民委员会或者所属单位的命令超越了法律的限度，个人有权利获得救济。但考虑到应急处置的特殊性，本书认为，如果个人的一般权利而非本质性权利，如财产权受到应急处置措施的侵越，由于存在事后救济的可能性，应当优先强调个人的服从、配合义务，即便应急处置措施的确超出了法律规定对个人权利造成不当侵害，也可以在突发事件应急处置期结束后通过法律途径寻求救济；但是，如果个人的本质性权利，如生命权受到损害时，从基本人权原则等宪法基本原则出发，个人有权拒绝服从、配合应急措施。

第八十条　【城乡社区组织应急工作机制】 国家支持城乡社区组织健全应急工作机制，强化城乡社区综合服务设施和信息平台应急功能，加强与突发事件信息系统数据共享，增强突发事件应急处置中保障群众基本生活和服务群众能力。

【释　义】

本条是此次修法新增条款，是关于完善城乡社区应急工作机制的规定。具体措施包括：（1）通过加强与突发事件信息系统数据共享强化信息平台应急功能；（2）强化城乡社区综合服务设施，如增加应急避难场所指引、逃生路线指示标牌等。

【评　析】

城乡社区是突发事件应对的基础环节，在重特大突发事件应对中，广大社区工作人员活跃在第一线，与本社区居民的生产生活深度融合，做出了重要贡献。然而，由于社区工作人员数量不足、应急资源严重匮乏等，我国城乡社区应急工作一度十分依赖自上而下的政治动员、人员下沉、资源供给。在此背景之下，本条提出完善城乡社区应急工作机制的命题，而城乡社区是否能够在信息感知和报送、公众心理和行为引导等工作上，实现更加敏感、更加高效、成本更低，取决于能否建好"韧性社区"。何为"韧性社区"？"韧性社区就是以社区共同行动为基础，能链接内外资源、有效抵御灾害与风险，并从有害影响中恢复，保持可持续发展的能动社区。"[①] 2016年，联合国召开第三次人类居住会议，构建有韧性人类居住区成为可持续发展的重要目标之一。本书认为，建设"韧性社区"，应当从以下几个方面入手：首先，要充分运用大数据、"互联网+"、人工智能等新一代信息技术，接入统一突发事件信息系统，进行社区人、事、物相关的运行态势感知、风险识别评估、事件预测预警，提高社区信息处理能力；其次，对社区安全进行全面"体检"，对本社区基础设施风险按单元划分进行"望闻问切"，对社区变配电室、消防设备、充电站等重点基础设施进行风险监测，实时显示辖区风险源位置、类型等级；再次，加强本社区应急宣传教育，向居民告知本社区主要风险及注意事项、社区应急资源分布、社区紧急事件联系方式及常见突发事件处置流程、防灾减灾常见标识、符号科普以及社区疏散路线等内容；最后，组织本社区居民加入"韧性社区"建设，使社区应急志愿者承担科普宣教、日常巡查、应急救援、弱势群体保障服务、志愿者集结、临时指挥和信息联络等任务。

[①] 吴晓林：《建设"韧性社区"补齐社会治理短板》，载《光明日报》2020年3月25日，第2版。

第八十一条　【心理援助工作】 国家采取措施，加强心理健康服务体系和人才队伍建设，支持引导心理健康服务人员和社会工作者对受突发事件影响的各类人群开展心理健康教育、心理评估、心理疏导、心理危机干预、心理行为问题诊治等心理援助工作。

【释　义】

本条是此次修法新增条款，规定了突发事件应对中的心理健康援助工作。具体包括以下两个方面：（1）建设心理健康服务体系，培育心理健康人才队伍；（2）对受到突发事件影响的各类人群开展心理健康教育、心理评估、心理疏导、心理危机干预、心理行为问题诊治等心理健康援助工作。

【评　析】

人是知（知识）、情（情感）、意（意志）统一的生命有机体。"当个体在社会生活中遭受应激性事件而启用已有应对方式失效时，便会产生身体功能紊乱和心理困扰与障碍，而进行及时有效的心理疏导，不仅有助于其身心适应能力的恢复，还能促使其掌握新的应对技巧，实现自我调节功能恢复与提升。"[1] 因此，突发事件应对和处置既包括救助生命、恢复日常生活，也应当包括提供心理援助。本书认为，应当从以下几个方面着手做好突发事件应对中的心理健康援助工作：首先，实时调整心理健康工作策略，引导社会公众从理性角度看待突发事件。在突发事件应对早期，应重点对公众存在的否认、轻视、侥幸等心理进行干预；在突发事件应对中期，应重点对社会公众过度恐慌、焦虑等心理问题进行干预，防止其情绪过度低沉、焦虑而形成抑郁；在突发事件结束后，应重点关注相关人员的丧失情结和替代性创伤等心理问题，如对于因突发事件丧亲的人要重点安抚其内心深处的丧失感，帮助其重建生离死别后的安全依恋心理；对于参与突发事件一线应急处置工作的

---

[1] 袁银传、王晨霁：《突发公共卫生事件中的心理疏导》，载《中国人口报》2020年4月11日，第3版。

应急救援人员、医护人员,要重点关注其心理产生的替代性创伤以及自责、愧疚等情绪。其次,在进行一对一的心理援助工作时,要注重对求助者给予共情、抱持,引导其自我接纳。要了解求助者的情绪感受和内心诉求,帮助他们正视自己的心理诉求;要根据求助者认知情感体现过程中的情绪接纳程度进行精准回应。最后,通过改变不合理认知、模拟角色训练、情景复盘、营造社会支持等心理学治疗方式帮助因突发事件导致心理创伤的人实现自我接纳、恢复社会功能。

第八十二条　【遗体处置及遗物保管】 对于突发事件遇难人员的遗体,应当按照法律和国家有关规定,科学规范处置,加强卫生防疫,维护逝者尊严。对于逝者的遗物应当妥善保管。

【释　义】

本条是此次修法新增条款,规定了突发事件应对中的遗体处置工作。重特大突发事件可能造成大量人员遇难。做好遗体处置工作,既是对遇难人员的尊重及对其亲属的抚慰,也是为了避免发生公共卫生事件和引发社会动荡。

【评　析】

突发事件遇难人员遗体处置应当在负有突发事件应对统一领导职责的人民政府及其设立的应急指挥机构的指挥下开展,各职能部门分工配合,尽快做好善后事宜。具体而言,民政部门是遗体处置的牵头部门,负责重大突发事件遇难人员数据统计、殡葬设施和力量调配、组织实施遗体转运、暂存、火化、掩埋,建立遗体处置台账、档案等具体工作;公安机关负责遇难人员遗体或人体组织身份确认、出具死亡证明、配合殡葬服务机构处理遇难人员家属拒不火化遗体相关事宜、为运输遗体的车辆优先给予通行便利、依法查处遗体转运过程中的违法犯罪行为等工作；卫生健康部门负责制定遇难人员遗体消毒、防疫等相关技术文件，指导医疗机构做好遇难人员遗体规范处置等工作；应急部门在组织、指导、协调应急救援和应急处置工作中为遗体处置工作提供便利。

❖ 个人信息利用与保护

第八十三条　【政府及部门信息收集与个人信息保护】县级以上人民政府及其有关部门根据突发事件应对工作需要，在履行法定职责所必需的范围和限度内，可以要求公民、法人和其他组织提供应急处置与救援需要的信息。公民、法人和其他组织应当予以提供，法律另有规定的除外。县级以上人民政府及其有关部门对获取的相关信息，应当严格保密，并依法保护公民的通信自由和通信秘密。

【释　义】

本条是此次修法新增条款，主要规定了县级以上人民政府及其有关部门的信息获取权。在强调公民、法人和其他组织应当提供应急处置与救援所需要的信息之外，也对县级以上人民政府及其有关部门的信息获取权进行了必要的限制：一是根据本法第十条的要求，在信息获取的过程中贯彻比例原则，在必需的范围内要求公民、法人和其他组织提供信息；二是强调县级以上人民政府及其有关部门对获取的相关信息必须严格保密；三是强调县级以上人民政府及其有关部门必须按照宪法以及《个人信息保护法》等有关法律的要求，保护公民的通信自由与通信秘密。

【评　析】

信息是贯穿突发事件应对全过程的关键要素，是政府有序高效开展突发事件应对工作的基础。在突发事件应对中，政府有效获取信息，直接（借助政府内部系统）或间接（借助媒介）向公众传播信息，以及利用好有关信息进行风险决策，是政府能够有效预测、控制和解决突发公共事件的重要条件。

实践中，公民、法人和其他组织是政府获取突发事件应对所需信息的重要来源之一。本条规定"县级以上人民政府及其有关部门根据突发事件应对工作需要，在履行法定职责所必需的范围和限度内，可以要求公民、法人和其他组织提供应急处置与救援需要的信息"，从法律上确立了政府对于掌握突发事件处置与救援所需信息的公民、法人和其他组织的信息获取权，其中包括公民的个人信息，也包括大型平台企业在商业化运作中掌握的公民个人信息。社会风险的治理需要国家与公民、企业、社会组织等不同主体的相互配合。在应急状态下，这种配合更为重要。基于保护重大公共利益的目的，公民配合行政机关的信息调查，法人和社会组织等主体提供其掌握的有关情报信息，是不同主体应当承担的社会责任。

第八十四条　【有关单位、个人获取信息及使用限制】在突发事件应急处置中，有关单位和个人因依照本法规定配合突发事件应对工作或者履行相关义务，需要获取他人个人信息的，应当依照法律规定的程序和方式取得并确保信息安全，不得非法收集、使用、加工、传输他人个人信息，不得非法买卖、提供或者公开他人个人信息。

【释　义】

本条是此次修法新增条款，主要规定了突发事件应急处置过程中有关单位和个人对公民个人信息的利用及其限制。个人信息是指与特定个人相关联的、反映个体特征的具有可识别性的符号系统，包括个人身份、工作、家庭、财产、健康等各方面的信息。根据《个人信息保护法》等相关法律的规定，个人对其个人信息拥有完整的支配和自主决定的权利。大数据时代之下的行政管理必然涉及对个人信息的利用。在正常的社会秩序中，对个人信息的利用与个人对其信息的支配之间不会产生明显的紧张关系，但在突发事件的应对中，基于克服公共危机的需要，对个人信息的利用程度更高。在此背景之下，本次修法专门规定，有关单位和个人为配合突发事件应对工作或者履行相关义务可以获取他人个人信息。之所以未将个人信息的获取主体限定于负责突发事件应急处置的政府及其有关部门，原因在于个人信息的收集、处理等具有专业性，在紧急情况下更是如此，因此实践中政府常常委托第三方进行个人信息开发与研判工作。除此之外，社区、医疗机构、突发事件发生地单位等为履行《突发事件应对法》所规定的工作、义务也可能需要获取他人的个人信息。为了避免对公民个人信息权造成过度的限制，本条规定了个人信息利用的若干限制，包括：（1）必须是在突发事件应急处置中，有关单位和个人为了履行、配合本法所规定的工作、任务而收集公民的个人信息；（2）必须依照法定的方式和程序取得公民的个人信息；（3）不得非法收集、使用、加工、传输他人个人信息，不得非法买卖、提供或者公开他人个人信息。

【评 析】

一、个人信息在突发事件应对中的功能

首先，个人信息可以用于突发事件的预测和预警。从某种程度上说，突发事件的预测、预警是应急管理中最重要的环节，如果能够在事件发生之前就迅速控制危险源或者采取相应的预先处置措施，即使不能完全避免事件发生，也能够大大减少其损害。[①] 虽然单个个体的个人信息不足以成为突发事件预测预警的依据，但个人信息背后隐藏的是个人行为，个人行为能够体现公共危机生成与演化的规律，通过"大数据""云计算"等手段将一定范围内个体的个人信息聚合并置于某种风险分析模型中，就有可能提前探知风险点并预测风险事件未来的发展趋势。

其次，个人信息可以用于突发事件的应急决策。在危机情景下，影响应急决策效果的因素除了决策者的个人素质和个人经验之外，还包括决策信息、决策时间等客观条件，而应急决策困境大部分是决策信息匮乏所致。因此，为了获取充足的决策信息，政府可以在"大数据""云计算""智慧城市系统"等信息技术的帮助下，通过履行法定职能，开展社情民意调查，向大型

[①] 参见薛澜、张强、钟开斌：《危机管理：转型期中国面临的挑战》，清华大学出版社2003年版，第57页。

企业、科研机构和数据开发机构征集分散性公共数据等多种方式，收集包含个人信息在内的海量信息，并将这些碎片化的信息进行分析、研判，挖掘其中的关联性。通过对危机应对中的信息增量进行整合分析，可以在很大程度上克服由于信息不足而造成的决策困境，实现高效、精准的应急决策。[①]

再次，个人信息可以用于识别危险源和控制个体行为。在数据时代下，通过信息技术可以在极短时间内收集、整合、分析人在生活中所留下的各种数据痕迹和个人信息，将人的各种行为抽象化，进一步处理后就可以在数据和信息层面上描绘出与真人生活相似的"个人画像"。[②] 通过对"个人画像"与旅游、交通、治安等数据的对比和整合，可以精准识别出具有风险传播可能性的危险源，进而识别出与危险源相关的个体并对这些个体采取相应的控制措施。

最后，个人信息可以用于判断突发事件演变的阶段和趋势，以适时采取社会秩序恢复措施。遏制或控制突发事件并不是危机管理的最终目的。在眼前的危机结束之后，还有另外一个同样艰巨的任务，就是逐步恢复平常时期的一切秩序和原则。"大灾之后，百废待兴"，突发事件造成社会秩序的失衡和混乱并非一时之间可以复原，政府必须在判断社会秩序恢复程度的基础上逐步采取恢复措施：在危机爆发之初，政府要保证民众的日常生活和急需用品；当危机初步得到控制时，政府应有序推动企业恢复部分生产和商业经营；当危机被完全克服时，政府要帮助民众尽快摆脱危机阴影，刺激就业，促进社会秩序和经济活动的全面复苏。个人信息大数据分析的即时性、动态性和互动性特征可以为事后恢复措施提供有针对性的实时、动态指导，既可以帮助政府判断当下所处的危机发展阶段，也可以判断社会秩序的恢复程度从而采取相应措施。

二、突发事件应对中个人信息权利束的特征

（一）程序特殊性

突发事件应对中行政紧急权力的扩张可能导致常态法律秩序下的行为程序发生调整（要求更低或者更高），主要体现为事前程序的放宽和事中事后程

[①] 参见张海波：《应急管理研究向何处去？——简论大数据时代的应急管理研究》，载《安全》2017年第10期。

[②] 参见梅夏英：《在分享和控制之间：数据保护的私法局限和公共秩序构建》，载《中外法学》2019年第4期。

序的从严。例如，根据《个人信息保护法》第十七条、第十八条、第三十五条的规定，国家机关为履行法定职责而处理公民个人信息虽然一般不需要取得公民的事先同意，但在处理个人信息尤其是敏感个人信息之前仍应当履行告知义务，使公民了解个人信息处理者的有关信息、处理目的、处理方式等信息。然而，在紧急情况下，为了保护公民的生命健康和财产安全无法及时向信息主体告知的，应当在事后及时告知。

（二）行政权优先性

在紧急情况下，与立法权、司法权和法定的公民权利相比，行政权力具有更大的权威性和优先性。由于行政机关对于社会资源的安排将围绕着如何尽快克服眼前的公共危机，必要时，公民启动特定行政程序的申请权可能被暂停，待危机消除后恢复行使。例如，在个人信息权保护领域，公民在常态法律秩序下可以通过行使查阅复制权清楚地衡量个人信息处理者所掌握的数据是否取得了其知情同意、是否符合最小且必要原则以及是否正当使用。因此，《个人信息保护法》第四十五条明确规定，个人有权向个人信息处理者查阅、复制其个人信息；对此个人信息处理者应当及时提供。从规范意义上看，查阅复制权的请求对象不仅是私人的信息处理者，还包括行政机关，其内涵约等同于日本《行政机关持有个人信息保护法》所规定的请求披露权和欧盟《通用数据保护条例》所规定的信息访问权，被认为是个人信息保护的核心。然而，突发事件应对中行政机关可能因为个人信息查询量过大、行政资源发生挤兑等原因无法提供相应信息，由此引发"违法"的质疑。对此，日本《行政机关持有个人信息保护法》规定了信息披露权延期行使制度，即原则上行政机关应当在30日内应当事人的个人信息披露申请作出披露决定，但确有客观困难或有正当事由的，行政机关可以决定暂停或延长披露期限，待客观困难或正当事由消除后重新起算信息披露期限。

（三）紧急处置性

在非常状态下，由于法律本身的滞后性和公共风险的不确定性，很多时候法律中没有针对某种特殊情况的具体规定，但行政机关为了防止公共利益或者公民的其他权利遭受更大的损失，有权对公民的合法权利进行紧急处置。在个人信息权保护领域主要体现为行政机关在应对公共卫生突发事件等紧急情况下，可以突破《个人信息保护法》第二十五条的限制及匿名化处理的一般原则，在个人信息的收集、公开、删除等过程中采取特别措施。例如，在突发公共卫生事件应对中，一些地方人民政府在技术手段有限的客观情况下，为了尽快排查确诊患者的密切接触人员，在一定范围内公开确诊患者的行动轨迹、工作单位、所居住小区乃至所在单元、门牌等。其中一些个人信息属于高度敏感的个人信息范畴，即便经过匿名化处理，结合周围信息后在一定范围内仍然具有较高的可识别性，但是为了快速切断病毒传播途径以控制疫情，这种做法又不得不为。

（四）救济有限性

其一，救济责任有限。突发事件应对中，由于紧急权力的临时性扩张，可能对公民合法权益造成损害。这种损害通常是普遍的、共同的、非特定化的，一般情况下，应当由社会共同承担这种普遍损害，行使紧急权力的公权力部门对此不负有赔偿或补偿的责任。但如果这种损害由特定的群体承担而其余群体受益，则行使紧急权力的公权力部门原则上应当承担消除影响、恢复原状等责任，或承担合理范围内的补偿责任。其二，救济范围有限。由于公共危机的不确定性超出了政府以往的应对经验认知，政府在处理个人信息的过程中可能存在过度收集、过度公开、不能及时更正、删除错误信息等情况，违反有关法律所确定的个人信息保护基本原则。但与常态秩序不同的是，此类情况下政府一般不承担赔偿或补偿责任。其三，救济渠道变窄。在应急状态下，正常的行政复议程序、行政诉讼程序可能中断，信息主体通过传统的行政救济渠道获得权利救济的渠道可能变窄；对政府机构滥用"公共利益"名义侵犯个人信息权益缺乏监督。

三、突发事件应对中个人信息权的特殊保护规则

个人信息权兼具"主观权利"和"客观法秩序"的双重属性，分别对应避免个人信息遭受公私主体不当处理的"主观防御功能"和要求国家履行特殊保护职责的"客观价值功能"。[1] 在突发事件应对中，由于个人利益、国家利益、公共利益常常处于一种紧张关系，个人信息权更容易受到紧急权力的侵犯，因此有必要在《个人信息保护法》所构建的常态化的个人信息权保护

---

[1] 参见张翔：《个人信息权的宪法（学）证成——基于对区分保护论和支配权论的反思》，载《环球法律评论》2022年第1期。

机制之上，基于个人信息权的两种属性构建特殊的保护规则，具体如下。

（一）加强个人信息权的防御功能

第一，构建反对权机制。目前，关于反对权的规定主要来自欧盟《通用数据保护条例》，其含义是信息主体对于市场营销行为，可以在任何时候要求信息控制者停止任何与市场营销有关的数据画像，信息控制者一旦收到信息主体的反对通知（口头或书面），应立刻停止营销行为。① 从上述定义来看，反对权主要适用于信息主体与私人的信息控制者之间。本书认为，由于突发事件应对中公民个人信息权保护的特殊性，可以将反对权机制作为一种个人信息权的临时性救济机制引入突发事件应对领域，对抗紧急权力在法律规定之外的临时性扩张。可以规定，在突发事件应对中，公民有权对超出法定范围和幅度之外的处理个人信息行为提出反对意见，政府等危机应对主体应当暂停该行为，对公民的反对意见进行审慎评估，在评估期间不得对公民施加不利影响，换言之，赋予个人信息权暂时性阻却公权力行为的权能。

第二，建立快速权利救济渠道。在突发事件应对中，由于各种公共资源向行政机关集中，司法救济难以满足快速消除行政机关不当处理行为、恢复私生活安宁的个人信息权救济目的。并且由于突发事件应对中风险治理政策的不确定性，通过司法途径救济个人信息权很容易导致司法资源的浪费。② 此时，行政复议、申诉的优势就凸显出来：一方面，与常态秩序相比，突发事件应对中上级机关与下级机关的关系更为紧密，如果受理复议、申诉的过程中上级机关发现下级机关存在不当处理个人信息的行为，可以直接予以改正，从而节约了案件移送、程序转接的时间。另一方面，当个人信息遭受不当处理的主体数量较多时，上级机关可以直接修改有关公共政策，督促、指导下级机关把握个人信息处理的边界，避免潜在争议发生。在具体操作上，本书建议，可由负责突发事件应对的县级以上人民政府成立临时性的个人信息保护机构，代表本级人民政府履行突发事件应对中的个人信息保护职责。该议事协调机构由本级人民政府的主要领导牵头，由应急管理、卫生健康、数据

---

① 参见阮爽：《〈欧盟个人数据保护通用条例〉及其在德国的调适评析》，载《德国研究》2018年第3期。

② 参见金晓伟、冷思伦：《〈突发事件应对法〉实施的司法之维：场景偏差、两造张力与审查模式》，载《江西财经大学学报》2021年第6期。

管理等部门的负责人组成，专门受理公民关于不当处理个人信息行为的投诉及相关建议。

第三，完善行政赔偿补偿机制。《个人信息保护法》规定，处理个人信息造成公民个人信息权损害的，应当承担法律责任。但由于个人信息具有虚拟化的特点，个人信息权受损通常体现为精神损害（"人肉搜索"、言语攻击、歧视等）或对私生活安宁带来的潜在风险，公民对损害情况通常难以举证并准确转换为精神损害赔偿，非常秩序下更如是。[1] 本书认为，首先，有必要免除信息主体部分举证责任。信息主体仅需要对存在侵害个人信息的行为及所受到的损害进行初步举证，至于突发事件应对的公共政策或公权力行为的无过错性则应当适用举证责任倒置规则，由信息处理主体承担。如此分配举证责任也更符合《个人信息保护法》的原意。此外，即便信息处理主体能够证明其行为的无过错性，基于个人信息权益受损的事实亦应当对信息主体进行补偿。其次，制定分级分类行政赔偿补偿标准。目前，就公权力机关不当处理公民个人信息的情况，不论是常态还是非常态秩序，即便作为信息主体的公民能够证明个人信息权受到损害，赔偿补偿的方式、程序、标准等均无具体规定。因此，当务之急是按照个人信息扩散程度、对信息主体造成的精神痛苦程度等因素对个人信息权受损的程度进行分级分类并确定相应的行政赔偿补偿方式、程序、标准。基于突发事件应对的特殊性，可以设定紧急情况下公权力机关不当处理公民个人信息的最低行政赔偿补偿标准，通过对公民个人信息权的倾向性保护削弱公私权力的失衡。

（二）强调紧急权力行使规则

第一，政府应严格履行个人信息安全保护职责。安全原则是个人信息保护的基本原则。即使是在突发事件应对中，政府也应当全程履行个人信息安全保护职责。具体而言，一是在信息收集过程中，应严格坚持最小收集标准，不能超过履行突发事件应对职责所必需的范围和限度，尽量减少对非必要信息的获取。应及时告知个人信息主体收集个人信息的目的、处理方式、收集机关、争议解决渠道等必要信息。对于已经收集的个人信息，应妥善保存、避免泄露。二是在信息公开环节，除满足目的适当原则和最小必要原则限定

---

[1] 参见陈吉栋：《个人信息的侵权救济》，载《交大法学》2019年第4期。

个人信息公开的范围外，还要对公民的生物识别、特定身份、行程轨迹、医疗健康等高度敏感个人信息采取严格保护措施，非必要不公开。即使在特殊情况下必须公开上述信息，也不可对公民的姓名、年龄等信息作出误导性陈述。三是在信息储存管理中，应采用更严密的访问控制、审计、加密等安全措施相对集中管理和处理个人信息，严格遵守储存期限的要求，对于超出时限的信息应当予以及时清理。四是对于错误的个人信息应当及时修正。五是当突发事件应急处置阶段结束后，应当及时主动删除个人信息。

第二，坚持正当程序的约束。在应急状态下，权力的行使要求快速便捷，不能采用正常时期复杂冗长的行政审批、征求意见、听证等行政程序，需要放宽、简化行政应急权的程序，宜适用简易程序和特别程序，但仍应坚持正当程序的约束。[①] 具体而言，鉴于突发事件应对中信息持有主体的多元性、信息的海量性以及防控措施及时性、高效性需求，宜削弱同意权，加强保护知情权。一是政府应当提前明确突发事件应对中有权限制个人信息权的特定主体；二是政府应当在预决策阶段或突发事件处置过程中就个人信息权限制的必要性、范围、方式、保护性措施等向公众进行列举说明；三是政府应当在预决策阶段或突发事件处置过程中就政府应当对个人信息处理的目的进行具体说明，如因何种目的、用于何种情形；四是对于所收集的公民个人信息，政府应当对存储管理方式、期限进行详细说明；五是政府应当向社会公布为应对突发事件采取的技术性手段的运行规则。

第三，构建事后评价与责任追究制度。如前文所述，突发事件应对中公民个人信息权的行使可能受到各种限制，这些限制有些被法律确认，如《个人信息保护法》规定，紧急情况下可暂时限制信息主体的知情同意权，待紧急情况结束后再行告知，但大多数情况下没有明确的法律依据。尽管为了实现更紧迫的公共利益确实需要给予紧急权力一定的冗余空间，但对法律规定之外的权力冗余空间进行适当的限制仍然必要。因此，本书建议增加突发事件应急处置期结束后的个人信息处理政策、措施事后评价制度。具体而言，由负有突发事件应急处置属地责任的县级人民政府或有关政策、措施的制定

[①] 参见江海洋：《论疫情背景下个人信息保护——以比例原则为视角》，载《中国政法大学学报》2020年第4期。

者、实施者对法律规定之外的个人信息处理政策、措施等进行汇总、梳理，形成书面报告，向本级人民代表大会及其常委会汇报，由权力机关对有关公权力行为的正当性予以追认。如果有关政策、措施在事后评价的过程中被认定为不具备必要性、合理性或有悖于立法原意而被确认为违法，则可追究公权力机关及直接责任人员的法律责任。

第八十五条　【信息用途、销毁和处理】因依法履行突发事件应对工作职责或者义务获取的个人信息，只能用于突发事件应对，并在突发事件应对工作结束后予以销毁。确因依法作为证据使用或者调查评估需要留存或者延期销毁的，应当按照规定进行合法性、必要性、安全性评估，并采取相应保护和处理措施，严格依法使用。

【释　义】

本条是此次修法新增条款，主要规定了突发事件应对中个人信息的删除权。具体而言，政府、有关单位和个人因依法履行突发事件应对工作职责或者义务获取的个人信息，原则上应当在突发事件应对工作结束后予以销毁。如因作为证据使用或者调查评估需要留存或者延期销毁的，应当进行合法性、必要性、安全性评估，并采取相应保护和处理措施，严格依法使用。

【评　析】

个人信息删除权，简称删除权，又称"被遗忘权"，是指在符合法律规定或当事人约定的情形下，信息主体可以请求信息处理者及时删除相关个人信息的权利。这一权利旨在保障信息主体对其个人信息的自主决定权，确保信息的完整性与自决性。删除权的权利主体主要是个人信息主体，而义务主体是个人信息处理者。在本法中，删除权的义务主体包括县级以上人民政府及其有关部门、因依照本法规定配合突发事件应对工作或者履行相关义务而需要获取他人个人信息的有关单位和个人。当符合行使删除权的条件时，个人信息处理者应当主动履行删除义务，权利主体也有权请求处理者删除相关信息，甚至可以直接向法院提起诉讼，从而实现对删除权的司法保护。根据《个人信息保护法》的规定，删除权的行使条件包括但不限于：处理目的已实现、无法实现，或者个人信息为实现处理目的不再必要；个人信息处理者停止提供产品或者服务，或者保存期限已届满；个人撤回同意；个人信息处理者违反法律、行政法规或者违反约定处理个人信息等情况。在突发事件应对中，获取个人信息的目的是满足应急处置和救援工作的需要，当突发事件应对工作结束后，获取个人信息的目的已经达成，因此个人信息权主体有权行使删除权。

第六章　事后恢复与重建

本章概述

　　本章介绍突发事件的事后恢复与重建制度，主要围绕《突发事件应对法》第六章"事后恢复与重建"，即第八十六条至第九十四条展开。突发事件应对作为覆盖突发事件生命周期的全过程管理活动，其实际效果在很大程度上取决于事后恢复与重建环节。这一环节内含三种功能机制：一是从应急处置状态回归常规管理状态的社会秩序切换机制；二是减轻和消除突发事件引起的严重社会危害，尽快恢复和重建社会秩序的善后处理机制；三是突发事件应对工作结束后的复盘学习机制。基于此，事后恢复与重建制度包括三个部分的内容：应急处置的结束，善后处理以及事后总结、报告与监督。

❖ 应急处置的结束

第八十六条 【应急响应解除】突发事件的威胁和危害得到控制或者消除后，履行统一领导职责或者组织处置突发事件的人民政府应当宣布解除应急响应，停止执行依照本法规定采取的应急处置措施，同时采取或者继续实施必要措施，防止发生自然灾害、事故灾难、公共卫生事件的次生、衍生事件或者重新引发社会安全事件，组织受影响地区尽快恢复社会秩序。

【释 义】

本条是关于结束应急处置状态的规定，包括以下四个层面的内容。

一、结束应急处置状态的条件

面对各类突发事件，政府在采取了必要的应急处置措施并取得相当效果之后，即突发事件的主要威胁已经基本解除，如大规模传染病疫情的传播得到有效控制，自然灾害的威胁降低至人们可以接受的安全范围之内，在此种情况下，社会已处于相对安全的状态中，就应当及时采取结束应急处置状态的行动。然而，这种结束应急处置状态的条件客观上难以被定量表述，本条对此作出了"突发事件的威胁和危害得到控制或者消除"这一定性表述。实践中，这一条件赋予了行政机关自主判断威胁和危害是否得到控制或者消除的自由裁量权。

二、结束应急处置状态的义务主体

根据本条规定，履行统一领导职责或者组织处置突发事件的人民政府负有及时结束应急处置状态的义务，结合本法第十九条第一款"县级以上人民政府是突发事件应对管理工作的行政领导机关"之规定，这一义务主体通常是国务院或者县级以上地方人民政府。值得注意的是，本法第十九条第二款和第三款规定了突发事件应急指挥机构的设立及其组成；第二十条规定了突发事件应急指挥机构发布的决定、命令、措施的法律效力等同于设立它的人民政府发布的决定、命令、措施。实践操作中存在以突发事件应急指挥机构的名义启动应急响应或者发布采取应急处置措施的决定、命令的做法，那么，在应急处置的结束上，按照本条款蕴含的谁负责实施应急处置，就由谁决定结束应急处置状态的立法思路，①此处结束应急处置状态的决定主体应当理解为县级以上人民政府或者其设立的突发事件应急指挥机构，以便与此前负责应急处置的主体相对应，做到职权统一。

三、结束应急处置状态的方式

应急处置的结束标志着非常态和常态两种法律秩序的切换，意味着政府应从应急管理状态恢复到平时状态，这就要求法律上必须为其设置一个可供认定的外在标识，表明政府采取的应急处置措施不再有继续存在的必要，或者应转而采取对公民权利和自由限制更为轻微的措施。②对此，本次修法新增了"宣布解除应急响应"作为结束应急处置状态的明确方式，这一新增表述也与本法修订后的第七十二条形成了前后呼应。本法第七十二条要求政府在突发事件发生后应当针对其性质、特点、危害程度和影响范围等，立即启动应急响应，依照相关规定采取应急处置措施，这标志着应急处置状态的开始。与之对应，当突发事件的威胁和危害得到控制或者消除后，政府理应宣布解除应急响应，停止应急处置措施的执行或者降低其执行强度，以结束应急处置状态。实践中，政府一般以发布正式公告的方式宣布解除应急响应。

四、结束应急处置状态的法律效力

应急处置状态的结束标志着常态法律秩序的恢复，由此产生的法律效力有：

第一，停止执行依照本法规定采取的应急处置措施。在应急处置阶段，为尽快遏制公共危机，法律授予相关主体采取多种不同于常态管理手段而又为现实所必需的非常措施的权力，这些措施往往会对公民的私人权益造成限制和减损。应急处置措施随着突发事件的发生而实施，也应当随着突发事件

---

① 参见林鸿潮主编：《〈突发事件应对法〉修订研究》，中国法制出版社2021年版，第170页。
② 参见于安：《突发事件应对法着意提高政府应急法律能力》，载《中国人大》2006年第14期。

的威胁和危害得到控制或者消除而停止，否则将不具有正当性和合法性。[1] 因此，应急处置状态结束的核心是停止授予行政机关采取应急处置措施的权力，从而使公民的权利义务状态恢复正常。

第二，采取或者继续实施必要措施，防止发生自然灾害、事故灾难、公共卫生事件的次生、衍生事件或者重新引发社会安全事件。应急处置状态在法律上的结束并不意味着突发事件的威胁和危害在事实上得到了彻底消除，原生型突发事件仍然有可能转化为派生型突发事件。例如，大地震发生后往往会伴随传染病疫情等次生灾害，所谓"大灾之后，必有大疫"；又如，一些社会安全事件发生之后，如果后续对矛盾纠纷或救治安抚的处置不当，极容易重新引发社会安全事件。因此，在结束应急处置状态时，政府仍然不能对突发事件所遗留下来的各种有害因素放松警惕，而应当采取或者继续实施必要措施以防止突发事件的二次爆发及其次生、衍生事件的发生。既要避免危害的繁衍和变种，也要防止有害因素蛰伏下来，在适当的条件下重新引发危机。

第三，组织受影响地区尽快恢复社会秩序。本次修法将旧法第五十九条中履行统一领导职责的人民政府"组织受影响地区尽快恢复生产、生活、工作和社会秩序"这一职责提前到本条款中予以规定，并精简表述为"组织受影响地区尽快恢复社会秩序"。恢复社会秩序是社会状态由应急处置状态切换到平常状态的应有之义。在突发事件的危险源得到基本控制后，政府就应当在可能的范围内着手组织受影响地区尽快恢复社会秩序，逐步减轻直至消除突发事件对宏观经济、产业和民生的影响，使人们的生产生活状态尽快恢复如初，而并非一定要等到突发事件应急处置工作完全结束后才着手组织进行。[2] 就此而言，将恢复社会秩序这一职责提前到本条中规定具有合理性。

【评　析】

作为从应急管理向常规管理的过渡阶段，事后恢复与重建环节首先涉及

---

[1] 参见李飞主编：《中华人民共和国突发事件应对法释义》，法律出版社2007年版，第111页。
[2] 参见林鸿潮：《应急法概论》，应急管理出版社2020年版，第244页。

对应急处置状态结束的准确判断。应急处置状态是一种特殊的法律状态，因为应急处置的开始和结束会引起行政法律秩序乃至其他法律秩序的变动，并且应急处置的结束相比于其开始而言更具有法律意义：一方面，如果政府的应急处置实施后不能及时结束，这种过度实施会加大行政紧急权力滥用的可能性，给公民、法人和其他组织的权利行使造成不必要的限缩；另一方面，如果政府因对应急处置的效果判断不当或者出于尽快恢复正常社会秩序的目的而决定提前结束应急处置状态，又将削弱政府应对突发事件的能力，容易引发危险状态回潮乃至扩大损害的二次风险。因此，应急处置的结束机制是突发事件应对中的一个关键问题。

事实上，早在 2007 年《突发事件应对法》的起草过程中，当时的立法者及参与立法过程的许多学者就已关注到结束应急处置状态的问题，并突出强调了法律上规定应急处置结束机制的重要意义："一旦没有继续实行行政应急管理的需要，行政应急措施的效力在理论上就应当立即丧失。在应急需要结束以后继续维持应急措施的效力，属于超越行政职权的严重违法行为，也是对公民、法人和其他组织合法权益的侵权行为。这一实质性要求需要有相应的程序保障。"[1] 然而，在最终呈现出来的立法文本中，2007 年《突发事件应对法》第五十八条仅明确了政府结束应急处置状态的条件和法律效力，缺失关于应急处置结束方式和程序的规定。这一模糊处理使得实践操作中对结束应急处置状态、开始恢复重建的节点判断依赖于个案中的权衡，也即社会公众只能依据政府是否事实上停止执行有关应急处置措施来主观判断应急处置状态是否结束，完全无法起到控制行政紧急权力滥用的法律功能，并且这种关于应急处置状态结束时间判断的不明确还可能会给政府采取某些本来具有正当性和合法性的应急处置措施带来不必要的争议乃至质疑。[2] 纵观 2007 年《突发事件应对法》颁行以来我国地方人民政府应对突发事件的诸多实践表现，我们可以看到，关于应急处置状态的启动往往有比较明确的外在标志，主要体现为各地发布启动应急响应的公告、决定、命令等，但在应急处置的终止上，各地却表现得十分混乱：有的地方能够及时发布解除或终止应急响

---

[1] 于安：《制定〈突发事件应对法〉的理论框架》，载《法学杂志》2006 年第 4 期。
[2] 参见林鸿潮：《论应急处置状态结束的法律机制》，载《云南行政学院学报》2010 年第 4 期。

应的公告；有的地方虽然未能专门发布结束应急响应的公告，但在应急响应启动公告中能够明确应急响应的期限并规定期限结束时自动停止执行；有的地方对应急处置的终止完全未作规定，此种情况下，公众只能根据行政机关的一些事实行为——如停止执行核心的应急处置措施、撤销临时性应急指挥机构等——来推断应急处置阶段是否结束，结果是使政府行为效力和公民权利都处于极不稳定的状态，对稳定社会秩序和维护公民合法权益产生了不利影响。

令人欣喜的是，本次修法弥补了这一立法缺憾，"宣布解除应急响应"作为本法第八十六条的新增之处，也是本次修法过程中一项具有标志性的修改。2024年6月25日，十四届全国人大常委会第十次会议对《突发事件应对法（修订草案）》进行分组审议时，有委员提出："修订草案第五章规定，国家建立健全突发事件应急响应制度。要求在突发事件发生后，立即启动相应的应急响应，采取应急处置措施。同时，本章还规定了多方面的应急处置措施。这些措施是必要的，但同时也会对社会运行、公民权利和日常生活造成较大影响。为进一步完善应急响应制度，建议增加规定，突发事件结束后，有关人民政府应当及时宣布结束应急响应，恢复正常社会秩序。"[①] 会后，全国人民代表大会宪法和法律委员会经研究，建议采纳这一意见。[②] 这一修改意见经提请常委会会议审议通过，体现在《突发事件应对法》的最终修订文本中。据此，新修订的《突发事件应对法》第六章第八十六条与第五章第七十一条和第七十二条形成呼应，共同构成法律意义上完备的突发事件应急响应制度，同时也标志着应急处置结束机制的法制健全。

关于本次修法明确写入政府应当"宣布解除应急响应"这一应急处置结束机制的法律意义，可以从以下三个方面来理解。

首先，应急处置的结束意味着公权力与私权利的非平衡状态得以恢复。在权力与权利的理论框架中，公权力与私权利之间是一个动态结构，两者的

[①] 蒲晓磊：《全国人大常委会委员审议突发事件应对法修订草案时建议 政府应当及时宣布结束应急响应》，载《法治日报》2024年6月28日，第2版。
[②] 《全国人民代表大会宪法和法律委员会关于〈中华人民共和国突发事件应对法（修订草案）〉修改意见的报告》，载中国人大网，http://www.npc.gov.cn/npc///c2/c30834/202406/t20240628_437880.html，最后访问时间：2024年6月28日。

关系随着不同的社会状态而不断变动。在平常状态下，国家法治的主要功能是解决公权力与私权利的平衡问题，法律对公权力的行使边界作出了明确规定，国家公权力要严格恪守法治原则，非经法定事由并经法定程序，不允许擅自僭越私人权利领地。但在突发事件应急情景下，尽快克服公共危机成为当务之急，政府需要采取一些为现实所必需的非常措施以实现调控社会资源、稳定社会秩序的目的，此时，以正常社会状态为基础运行的法治框架已难以应对非常事态，公权力与私权利的边界被打破，需要在新的社会状态中重构二者的关系，具体表现为公权力的适度扩张和私权利的适度限缩。而当情势不再紧急时，这种有所"失衡"的关系理应恢复平衡。应急处置结束机制提供了这样一种法律秩序的切换标识，其目的在于避免行政紧急权力的过度行使造成对公民合法权益的不当克减。

其次，应急处置的结束意味着常态法律秩序的基本恢复。应急处置是应对突发事件的核心阶段，需要短时间内集结大量资源和采取一些非常措施以克服公共危机。尽管这些非常措施为法律所授权，但难以为社会和民众所长期承受。结束应急处置状态的核心是行政机关停止应急处置行为，从而收缩行政机关的资源调动权限，恢复正常的生产、生活和社会秩序。然而，这种常态秩序的恢复是"基本"的，原因是突发事件的发展过程具有高度不确定性，突发事件本身产生的影响以及它可能次生、衍生的二次事件等都难以被准确预测和判断，如果对突发事件的这些遗留危险因素控制不及时、处置不准确，可能会造成更大的损失和危害。因此，为防范和控制突发事件威胁的重新产生及其派生风险的爆发，法律应同时规定行政机关在应急处置状态结束后保留采取防止次生、衍生事件或者重新引发突发事件的防范性、保护性措施的必要权力。

最后，应急处置的结束意味着恢复与重建工作的全面开始。应急处置状态的终止意味着已经完成灾难之后的快速恢复，而善后处理过程指的是全面恢复阶段，只有结束应急处置状态、进入平常状态，才能进行全面的善后处理，因此可以说，应急处置的结束是进行善后处理的必要条件。[1] 在突发事件

---

[1] 参见武艳南、陈安：《应急管理终止机制设计及实施初探》，载《三峡大学学报（人文社会科学版）》2008年第S2期。

造成的威胁和危害逐渐消退后，政府有义务尽快开始各种善后处理工作，这将使得某些新的法律关系产生。例如，在行政组织层面，某些临时设立的应急指挥机构将被撤销，某些因弥合危机处置能力差距而发生组织适应的公共部门将恢复原状或再度调整；在诉讼层面，应急处置状态结束意味着这一诉讼时效中止事由消失，大量与应急管理措施有关的权利救济、纠纷解决等工作提上日程，法院开始受理对政府实施的应急行政行为提起的诉讼；在责任追究层面，对公职人员应对突发事件不力的问责以及对其他单位和个人违法行为的追责也将随即展开。而这一系列善后处理工作的陆续落实都必须以有权机关正式宣告应急处置状态结束为前提。

【适　用】

对本条规定的理解和运用，需要注意以下几个问题。

第一，本次修法在第八十六条为履行统一领导职责或者组织处置突发事件的人民政府新增规定了"宣布解除应急响应"的职责，有利于解决应急实践中行政机关往往只宣告启动应急响应而忽略宣告结束应急响应的乱象。在今后的突发事件应对中，行政机关若不及时发布解除应急响应的公告、决定、命令，将构成不履行法定职责的行政不作为。此外，为了保证这一义务得到及时履行，建议明确上级人民政府在下级人民政府怠于履行这一义务时有权直接决定应急处置状态结束，国家权力机关也有权督促同级人民政府尽早结束应急处置状态。[①] 宣布解除应急响应的法律效力是有关应急法律规范中的特别规定（主要是指应急处置和救援措施）停止适用，但这并不等同于停止适用一切应急管理措施：一方面，对一些特定的应急处置措施仍有必要保留其适用的权力，目的是防止原有突发事件再次爆发以及次生、衍生事件发生；另一方面，那些用于规范事后恢复与重建部分的日常应急管理措施仍需实施，以适应善后处理的需要。

第二，随着风险社会向纵深发展，某些突发事件的复杂易变可能会使应急处置状态的进入和退出具有反复性，应急状态与平常状态之间的界限变得

---

① 参见林鸿潮：《论应急处置状态结束的法律机制》，载《云南行政学院学报》2010年第4期。

模糊，由此也导致事后恢复重建工作具有局部性和阶段性。在此种情况下，行政机关如果僵化地理解应急处置与恢复重建之间的独立划分关系，在实践操作中"一刀切"式地宣布结束或继续维持全域应急处置状态，停止或继续执行一切应急处置措施，恐怕难以适应复杂突发事件应对实践中的现实需求。对此，行政机关应保有灵活审慎的判断和处置权限，对于能够分地区、分领域渐进式进行恢复重建工作的，应当及时作出特定区域结束应急处置状态的决定；对于事态演变有反复的情况，如果能够在采取应急处置措施的同时有效地防止威胁或危害进一步扩大，不受影响的恢复重建活动可以继续进行。①

第三，前文已述及，关于本条规定的结束应急处置状态的义务主体，应当理解为不限于县级以上人民政府，还应当包括其设立的突发事件应急指挥机构，以做到应急职权的前后一致。但需要注意的是，此处所说的义务主体指的是结束应急处置状态的决策主体，和恢复与重建工作的实施主体并不等同。恢复与重建阶段的实施主体是指全面实施、组织推进善后处理工作的主体，在县级以上人民政府或者其设立的突发事件应急指挥机构作出结束应急处置状态、启动恢复重建的决定后，应当由各级人民政府负责主导实施后续恢复重建工作，具体职责义务指向了《突发事件应对法》第六章后续条款之规定。这是因为，突发事件应急指挥机构仅应在应对突发事件的非常状态下发挥统一领导、综合协调的作用，在应急处置结束后，常态法律秩序得以复原，行政机关的权责安排也恢复如常。而事后恢复与重建工作是常态下一项缓慢且具有持续性的工作，行政机关在资源禀赋、人员结构、组织体制等方面具有优势，②应当担负起全面主导恢复重建的责任，此时应急指挥机构发挥的作用已不再迫切和必要。

第四，对于结束应急处置状态的义务主体，还需注意到的一种特殊情况是，根据《突发事件应对法》第十七条第三款之规定，"法律、行政法规规定由国务院有关部门对突发事件应对管理工作负责的，从其规定；地方人民政府应当积极配合并提供必要的支持"。这一条款的立法背景是基于历史的原因和应对特定行业或领域的突发事件的需要，在 2007 年《突发事件应对法》颁

---

① 参见林鸿潮主编：《〈突发事件应对法〉修订研究》，中国法制出版社 2021 年版，第 169 页。
② 参见戚建刚：《我国应急行政主体制度之反思与重构》，载《法商研究》2007 年第 3 期。

布前已经形成了由国务院有关部门对特定行业或领域的突发事件的应对工作负责的工作格局，主要是指"根据民航、铁路、海事、核利用等行业或领域发生突发事件的特殊性，规定有关主管部门在应急管理中的职责，并与有关法律、行政法规的规定相协调"。① 这表明，国务院有关部门在特定情形下也能够成为履行统一领导职责或者组织处置突发事件的法定主体，那么对于此类由国务院有关部门负责应对的突发事件而言，自然应当由国务院的有关部门来决定结束应急处置状态，但这就会与本条规定的"履行统一领导职责或者组织处置突发事件的人民政府"发生龃龉。为了协调这两个条款所造成的立法矛盾，可以由这些部门所属的那一级人民政府即国务院决定应急处置状态的结束，但国务院又可以将此项工作授权给国务院有关部门来实施。②

---

① 田雨、邹声文：《突发事件应对法草案明确国务院有关部门的责任》，载中国法院网，https://www.chinacourt.org/article/detail/2007/08/id/262565.shtml，最后访问时间：2024年7月12日。
② 参见莫于川主编：《中华人民共和国突发事件应对法释义》，中国法制出版社2007年版，第339页。

❖ 善后处理

第八十七条　【影响、损失评估与恢复重建】突发事件应急处置工作结束后，履行统一领导职责的人民政府应当立即组织对突发事件造成的影响和损失进行调查评估，制定恢复重建计划，并向上一级人民政府报告。

受突发事件影响地区的人民政府应当及时组织和协调应急管理、卫生健康、公安、交通、铁路、民航、邮政、电信、建设、生态环境、水利、能源、广播电视等有关部门恢复社会秩序，尽快修复被损坏的交通、通信、供水、排水、供电、供气、供热、医疗卫生、水利、广播电视等公共设施。

【释　义】

本条是关于事后恢复与重建阶段政府善后处理工作职责的规定。从时间上看，是在突发事件应急处置工作结束后，意味着事后恢复与重建阶段全面开启；从主体上看，本条第一款规定了履行统一领导职责的人民政府的恢复重建工作职责，第二款规定了受突发事件影响地区的人民政府的恢复重建工作职责。

一、履行统一领导职责的人民政府在恢复重建工作中的职责

第一，组织对突发事件造成的影响和损失进行调查评估。损失调查评估是事后恢复与重建工作开展的前提和基础，只有对突发事件造成的影响和损失进行及时准确的调查评估，才能为获取上级人民政府或者其他社会捐助以及国际援助等提供客观依据，才能顺利开展后续的救助、补偿以及事后的总结、报告与监督等工作。从我国有关应急立法的规定来看，损失调查评估的内容通常包括：一是人员伤亡情况。此项内容最为社会公众所关切，包括突发事件中死亡和受伤的人数、需要救援和安置的人数等，并需要参照救助和抚恤标准对受灾人员安置、受伤人员救治、遇难人员安葬等工作进行评估分析。二是物质损失。这是指突发事件造成的比较直观的损失，可分为公共设施、设备等的损失和公私财物的损失。评估内容应包括受损数量、损失程度、修复或重建费用等。三是经济损失。这是指突发事件造成的比较宏观的损失，包括农、林、工、商等行业的损失以及对国内生产总值、居民就业率等的影响。对经济损失的评估在短时间内难以准确实现，需要在后续相当长的时间尺度内进行校正。此外，从实践情况来看，突发事件对生态环境造成的影响以及对受害者、救援者的心理状况造成的影响，也应纳入本条规定的有关人民政府的损失调查评估职责范围。

第二，制定恢复重建计划。"重建通常是指在突发事件发生后，重建灾区生活环境与社会环境并达到或者超过突发事件发生前的标准。"① 恢复重建是对受突发事件影响地区的重建，因此恢复重建计划必须立足当地实际，恢复重建的标准既不能过高也不能过低，应当充分考虑当地的经济社会发展水平、资源环境特点、自我恢复能力以及地区可持续发展等因素进行合理确定。制定恢复重建计划应当建立在前述政府组织对突发事件造成的影响和损失进行调查评估的基础之上，同时也要考虑当地拥有的资源和社会各方可能给予的援助等。实践中，恢复重建计划一般分为短期重建计划、中期重建计划和长期重建计划，以循序渐进地推进受突发事件影响地区的恢复重建工作。恢复重建计划的内容主要包括政府承担的角色和责任及其准备采取的政策和措施等。此外，本条第一款还规定了履行统一领导职责的人民政府应当将组织善后处理的情况连同恢复重建计划一并向上一级人民政府报告，以接受上级政府的指导和监督。

二、受突发事件影响地区的人民政府在恢复重建工作中的职责

第一，及时组织和协调有关部门恢复社会秩序。突发事件发生后，社会秩序会受到如下影响：政府的应急处置措施会导致停工、停产、停业等，使社会生产条件遭到破坏，还会出现学校停课、医院停诊、社会治安混乱等情况；地震、泥石流等自然灾害可能摧毁人们的居住场所，使部分民众"无家

---

① 李飞主编：《中华人民共和国突发事件应对法释义》，法律出版社2007年版，第113页。

可归"，只能住在临时救助场所，生活秩序被打乱；传染病疫情的暴发使人们不敢开展人员密集的活动，造成社会面流动减少，导致经济社会活力降低等。在突发事件应急处置工作结束后，这些受到影响的社会秩序必须尽快回归到正常轨道上来，否则容易引发新的社会矛盾和问题，进一步危害社会稳定和经济社会发展。

第二，尽快修复被损坏的公共设施。对于受突发事件影响地区的人民政府来说，恢复社会秩序必须基于诸多公共设施的恢复使用，否则会对当地人民的人身安全和基本生活保障造成负面影响。"生命线工程"是指维持城市生存功能系统和对国计民生有重大影响的工程，包括：公路、铁路等交通系统工程；邮政、电话等通信系统工程；自来水厂、供水管网等供水、排水系统工程；变电站、电厂等供电系统工程；天然气、输油管线等供气和供油系统工程；热力设备、供暖管道等供热系统工程；医疗救护、环卫设施等医疗卫生工程；水闸、水库等水利工程；网络工程、数字电视工程等广播电视工程；等等。在政府职能上，这些"生命线工程"涉及应急管理、卫生健康、公安、交通、铁路、民航、邮政、电信、建设、生态环境、水利、能源、广播电视等诸多行政部门。由于"生命线工程"大多以一种网络系统的形式存在，且在空间上覆盖一个很大的区域范围，任何一种功能的丧失都有可能"牵一发而动全身"，使突发事件的消极影响迅速扩大，造成难以估量的损失。因此，国家对恢复"生命线工程"提出了"尽快修复"的时效要求，并课予受突发事件影响地区的人民政府对有关政府部门及时组织与协调之责。

【评　析】

通过实施恢复重建活动，减轻和消除突发事件引起的社会危害，是行政应急活动的主要目标之一，也是行政机关应当承担的法定义务。对这一义务的理解包含两个层次：一方面，从外部视角看，需要明确人民政府担负全面主导恢复重建的责任。这主要是指政府在与社会团体、组织、公民个人等的外部关系中发挥主导作用，确保其他主体在政府主导下有序参与恢复重建。另一方面，从内部视角看，人民政府的主导地位是指政府整体的主导而不是政府某个部门的主导。考虑到恢复重建牵涉范围的广泛性和复杂性，在行政系统内部需要多部门分工有序、共同参与，因此，政府应当组织和协调各有关职能部门承担相应的恢复重建任务，形成协同共建合力，有效提高恢复重建效能。本条反映了政府主导、多职能部门参与的核心恢复重建机制。在领导权的规定上，本条第一款授权的"履行统一领导职责的人民政府"需要根据本法第十七条、第十八条和第十九条结合实际情况予以确定。本条第二款授权的"受突发事件影响地区的人民政府"则并未明确为哪一级政府。实践中主要指向突发事件发生地的县级人民政府，但也可以指向受突发事件影响的市级人民政府等其他主体，其与前款中"履行统一领导职责的人民政府"范围基本重合，但有时也可能不重合。

从法条内容上看，本次修法作出了微调，具体表现为：

一是政府组织评估的对象从原来的"突发事件造成的损失"修改为"突发事件造成的影响和损失"。这是因为突发事件爆发后带来的效应是无法预料的，有些效应难以被直接地统计成损失，而是以间接或无形的方式来作用或改变外部的人文社会环境等。比如，在一些突发事件中，突发事件会对生态环境造成不可逆的负面影响，以及突发性的灾害灾难会给亲历者带来巨大的心理冲击，灾难经历者和救援人员均可能出现一系列生理和心理反应，如果不能及时适当地干预，甚至会造成永久性的心理创伤。这些都属于突发事件造成的影响，也需要政府以一定的方式进行评估并在评估基础上制定相应的恢复和干预对策。

二是强调政府在组织评估之前的"调查"职责。评估的前提是对突发事件造成的影响和损失进行调查并加以统计核实，这样才能得出真实和科学的评估结果，这些评估结果才能作为后续制定恢复重建计划的重要依据。对此，本次修法强调政府应在调查的基础上进行评估。

三是细化了相关政府职能部门对事后恢复社会秩序和修复公共设施的参与和配合职责。实践中存在的一种现象是，个别政府职能部门在某些工作领域对于法律未明确列举出本部门职责的情况常抱有一种"事不关己"的态度，认为法律规定中既然未明确将本部门写入，就代表本部门不负有法定职责，也就不会在出了问题后被追责，因此敷衍甚至推卸本应由其承担的责任。突发事件发生后社会秩序和公共设施的恢复和修复必然涉及诸多政府职能部门的参与和配合。本条第二款在修改时尽可能全面地将"有关部门"列举出来，目的是在法律上明确和夯实这些部门的参与职责，督促其及时配合政府的组织和协调，齐心协力推进事后恢复与重建工作。

【适　用】

本条在实际适用时可能产生的比较突出的问题是事后恢复重建的标准问题。事后恢复重建的标准是指事后恢复与重建应当达到什么样的水平，特别是要与突发事件发生前的水平进行横向比较。《突发事件应对法》对于事后恢复重建的标准未作明确规定，实践中主要存在两种理解：一种观点认为，事后重建就是简单恢复到灾前的水平，由此带来的问题是可能并没有增强受突发事件影响的地区对未来突发事件的防范和抵御能力，不利于灾区的长远发展；另一种观点则认为，事后重建应当超过灾前的水平，也就是在保证各项秩序恢复正常的前提下尽可能地提高受突发事件影响地区面向未来突发事件的风险承受能力和抵抗重塑能力，降低其社会脆弱性，但这又容易加重受灾地区政府及其援助地政府的财政负担，还会带来地区不公平的问题，也即受灾地区重建后的水平可能明显高于邻近未受灾的地区。

对此我们认为，首先，应当具体情况具体分析，因为不同类型的突发事件造成的影响和损害不同，并且不同地区受突发事件影响的程度和原本的经济发展水平也不尽相同，这决定了法律层面不宜设定统一且明确的恢复重建标准，在实践中，可以由当地政府在调查评估的基础上综合考量相关因素后提出恢复重建的具体标准，写入恢复重建计划并向上一级人民政府报告，由上一级人民政府审查后合理审慎地确定。其次，基于立足当前与兼顾长远相结合的原则，对具体的重建标准可以考虑分情况讨论：一是立足当前的基本生活保障，按照与灾前水平基本持平的标准来重建受灾人员的住宅和生活设施，如果灾前水平低于当地平均水平，可按照当地平均水平重建；二是立足地区的长远发展，按照超过灾前水平的标准进行基础设施和城乡规划建设，借重建的契机实现城市更新。[①]

---

① 参见林鸿潮：《应急法概论》，应急管理出版社2020年版，第246页。

第八十八条 【支援恢复重建】 受突发事件影响地区的人民政府开展恢复重建工作需要上一级人民政府支持的，可以向上一级人民政府提出请求。上一级人民政府应当根据受影响地区遭受的损失和实际情况，提供资金、物资支持和技术指导，组织协调其他地区和有关方面提供资金、物资和人力支援。

【释　义】

本条是关于上一级人民政府支持恢复重建工作的规定。

首先，本条赋予了受突发事件影响地区的人民政府向上一级人民政府寻求恢复重建工作支援的请求权。突发事件，特别是重大突发事件发生后的恢复重建工作往往需要耗费巨额资金，投入大量的人力物力，但由于我国地区之间经济发展不平衡，一些地区的经济发展水平比较落后，加之受到突发灾难的"重创"，其自身可能难以独立完成事后的恢复重建工作，无法"自力更生"。此时，受突发事件影响地区的人民政府可以向上一级人民政府请求支援。

其次，本条规定了受突发事件影响地区的人民政府请求上一级人民政府支持恢复重建工作时，上一级人民政府应当作出的反应：一是上一级人民政府自身应当根据受突发事件影响地区遭受的损失和实际情况，提供资金、物资支持和技术指导三个方面的支援，以帮助受灾地区迅速、有效地开展事后恢复重建工作；二是上一级人民政府还应当组织和协调其他地区有关方面提供资金、物资和人力支援，形成齐心协力共渡难关的格局。

【评　析】

本条反映了事后恢复重建中的政府间支援机制。"一方有难，八方支援"是我国在历次应对突发事件过程中形成的优良传统，体现了社会主义制度的优势。本条规定了上一级人民政府对受突发事件影响地区的支持和援助，这一规定的内涵在于解决受突发事件影响地区在恢复重建过程中的资源分配问题，事关受突发事件影响地区恢复与重建的速度。① 具体可从以下两个角度来阐释。

一方面，对受突发事件影响地区的人民政府来说，本条的关键在于恢复重建工作支援请求权的行使。我国不同地区之间经济发展不平衡的情况长期存在，同一省份不同地区、同一地区不同区域之间也可能存在巨大差异，但无论如何，这一恢复重建支援请求权都应在合理范围内行使，具体又分为两种情况：一是不能"言过其实"，下级政府不能向上级政府故意夸大损失以谋求更多资金援助，并以恢复重建为由实际开展超标建设，如在汶川地震后的恢复重建工作中，就出现了个别地方政府使用上级政府拨付的重建款超标修建豪华办公楼的乱象。② 二是也不能"言不属实"，有的地方政府自身财力有限，无力负担本地恢复重建需要的财政支出，但出于显示自我建设能力或者彰显地方主官政绩的考虑，并未向上级政府提出请求，甚至是隐瞒或者编造灾后影响和损失，结果使得恢复重建工作进度严重滞缓，导致当地的社会秩序无法及时恢复，影响人们正常的生产生活，这种做法显然也是不可行的。

另一方面，对上一级人民政府而言，本条的关键在于，面对下级政府的请求，是否决定支援以及支援的限度。首先，下级政府提出支援请求后，上一级政府并非就无条件地满足其提出的具体援助要求，而是要根据"受影响地区遭受的损失和实际情况"作出是否支援的决定以及提供支援的范围和程度，也就是说，本条规定援助的请求权在当地政府，但决定权在上一级政府。上一级政府对下级政府的恢复重建资源需求应有自己的判断和理解，结合第八十七条的规定，上一级政府应评估下级政府向其上报的恢复重建计划，审查其中关于突发事件造成的影响和损失的调查评估结果是否具有真实性、关于恢复重建标准的确定是否具有合理性，必要时，上一级政府可以提前派员直接参与下级政府的调查评估工作，在此基础上，其向下级政府提供援助资源的限度原则上应以填补受灾地区的损失为限。针对下级政府未向其提出支援请求但下级政府自身又确实力不从心的情况，应当认为，此时上一级人民

---

① 参见莫于川主编：《中华人民共和国突发事件应对法释义》，中国法制出版社2007年版，第346页。
② 参见蒋彦鑫、朱程强：《汶川灾后重建现豪华办公楼》，载新京报网，https://www.bjnews.com.cn/detail/155144746814596.html，最后访问时间：2024年7月12日。

政府可以主动向受灾地提供支援，而无须等待当地政府的请求。① 其次，上一级政府除在其自身能力范围内提供援助以外，还应组织协调其辖区内的其他地方为受突发事件影响的地区寻找、调配、划拨灾后恢复所需的资金、物质资源以及其他支持。本次修法在此处稍作了改动，上一级政府不仅可以组织协调辖区内的其他地区，主要体现为组织进行地区之间的对口支援；还可以协调有关方面，这在实践中主要是指协调有关部门提供支援。

第八十九条　【扶持优惠和善后工作】 国务院根据受突发事件影响地区遭受损失的情况，制定扶持该地区有关行业发展的优惠政策。

受突发事件影响地区的人民政府应当根据本地区遭受的损失和采取应急处置措施的情况，制定救助、补偿、抚慰、抚恤、安置等善后工作计划并组织实施，妥善解决因处置突发事件引发的矛盾纠纷。

【释　义】

本条是关于国务院制定有关扶持优惠政策以及受突发事件影响地区的人民政府制定并组织实施善后工作计划和解决矛盾纠纷的规定，包括以下两个层面。

一、中央政府对受突发事件影响地区的行业发展扶持职责

本条第一款细化了中央政府在帮助受灾地区事后恢复重建工作中的职责，具体体现为制定扶持受突发事件影响地区有关行业发展的优惠政策。其中，"受突发事件影响地区"是一个不确定概念，可以指突发事件的发生地，也可以指受突发事件影响较大的波及地；"有关行业"也是一个不确定概念，不仅指发生突发事件的特定行业，也可以将在突发事件中受到明显影响的各行各

---

① 参见莫于川主编：《中华人民共和国突发事件应对法释义》，中国法制出版社 2007 年版，第 353 页。

业包括在内。① 从长远角度看，提高受突发事件影响地区恢复与重建的效能不能仅靠直接性的资金、物资等援助，也要考虑到地区产业、行业的整体恢复和发展。国务院在全国行政系统中居于最高地位，统一领导地方各级人民政府的工作，能够通过制定一些宏观经济发展政策等来调控和促进地区的行业发展。基于此，国务院可以根据对受突发事件影响地区遭受损失情况的评估和判断，对该地区有关行业给予特殊的优惠政策以视扶持，如采取税费减免、贷款贴息、财政资助、就业促进等政策措施，以激发受灾地区恢复重建的内生动力，给予受灾民众重建家园的信心，有效推动恢复重建工作。

二、受突发事件影响地区的人民政府的善后工作职责

本条第二款细化了受突发事件影响地区的人民政府的善后工作职责，职责内容包括制定善后工作计划、将工作计划付诸实施以及妥善解决与突发事件处置相关的矛盾纠纷。制定善后工作计划的依据是本地区遭受损失和采取应急处置措施的情况，善后工作内容主要包括救助、补偿、抚慰、抚恤、安置五个方面。第一，受突发事件影响地区的人民政府应当对在突发事件中遭受损失的个人和家庭提供救助，以保障其基本生存条件，帮助其生活恢复到基本水准，如对无家可归者或身残体病者提供基本生活、医疗救治方面的救助，对在突发事件中受到损坏的房屋提供修缮、重建资金的补助等。第二，根据本法第十二条的规定，有关人民政府及其部门为应对突发事件的紧急需要而征用单位和个人财产的，在突发事件应急处置工作结束后应当及时返还，财产被征用或者征用后毁损、灭失的，应当给予公平、合理的补偿。第三，受突发事件影响地区的人民政府应当对经历突发事件的受灾者进行精神上的抚慰，使受灾者感受到精神关怀，增强重拾新生活和重建新家园的信心。第四，对于在突发事件中死亡、受伤、致病的人员，受突发事件影响地区的人民政府应当对其家属进行安慰并给予抚恤金等物质帮助。第五，受突发事件影响地区的人民政府应当对受突发事件危害的人员予以妥善安置，既包括修建居民住房及其基本配套设施等居住安置，也包括开辟生活来源和就业渠道等生活安置。

---

① 参见莫于川主编：《中华人民共和国突发事件应对法释义》，中国法制出版社 2007 年版，第 348 页。

【评　析】

本次修法将 2007 年《突发事件应对法》第六十一条拆分成现在的第八十九条、第九十条和第九十一条，并分别作出了一些改动。总的来看，它们规定的都是政府或者其他单位在事后恢复与重建阶段应当采取的一些善后处理措施。

本条仍是对政府善后处理工作职责的细化，其中，受突发事件影响地区的人民政府承担的救助、补偿、抚慰、抚恤、安置等善后工作是政府承担应急救助义务的体现。在发生突发事件时，公民往往因直接遭受人身伤害、重大财产损失导致日常生产生活难以维系，或有重大心理创伤从而影响正常社会生活。为了尽快恢复受灾地区受破坏的生产、生活和社会秩序，使受灾人民的生活水平恢复到正常状态，政府有义务对因遭遇突发事件而难以维持相当生活水准的公民给予应急救助，这是实现公民社会保障权的应有之义。社会保障权是指"社会成员（或公民）在面临威胁其生存的社会风险时，从国家和社会获得物质保障和社会服务，使之维持生存并达到相当水准的生活的权利"。[①] 宪法第十四条规定了"国家建立健全同经济发展水平相适应的社会保障制度"，这一制度理应涵括非常状态下的社会保障体系。而在非常状态下的社会保障体系中，政府的应急救助义务发挥着托底作用，也现实发挥着主体作用，并主要以积极作为义务的方式展开。政府的应急救助旨在为遭遇突发事件损害的公民无偿提供生产生活资料、社会服务、发展机会以及其他利益，救助对象是在生活上受到突发事件严重影响的公民，主要目的是帮助其维持灾后的基本生活质量。在实践操作中，2010 年公布并于 2019 年修订的《自然灾害救助条例》规范了自然灾害突发事件的救助工作，其在灾后救助部分具体规定了过渡性安置、恢复重建因灾损毁的居民住房、自然灾害发生后的冬春季节基本生活补助等救助举措，该条例同时也可以参照适用于其他突发事件的应急救助工作。此外，2014 年公布并于 2019 年修订的《社会救助暂行办法》还规定了可适用于火灾、交通事故等意外事件的临时救助措施。

---

① 郭曰君、吕铁贞：《论社会保障权》，载《青海社会科学》2007 年第 1 期。

受突发事件影响地区的人民政府的善后处理工作职责还包括妥善解决因处置突发事件而引发的矛盾和纠纷。突发事件的发生以及突发事件应急处置的活动必然会引发很多矛盾纠纷，这可能包括突发事件及其应对措施导致民事合同无法履行的民事纠纷，公民认为行政机关实施的突发事件应急处置措施侵犯其合法权益的行政纠纷，以及违反突发事件应对期间的决定、命令并产生严重后果而构成犯罪的刑事案件等。面对这些矛盾纠纷，政府必须遵循依法、及时、灵活处置的原则给予公正妥善的解决，以避免影响社会秩序的恢复和稳定甚至引发次生、衍生的社会安全事件。

第九十条　【公民参与应急的保障】公民参加应急救援工作或者协助维护社会秩序期间，其所在单位应当保证其工资待遇和福利不变，并可以按照规定给予相应补助。

【释　义】

本条是关于公民参加应急救援工作时所在单位提供保障的政策规定。本法第六条规定，国家组织动员企业事业单位、社会组织、志愿者等各方力量依法有序参与突发事件应对工作；第二十三条规定，公民、法人和其他组织有义务参与突发事件应对工作。本条是上述规定的保障条款，公民由于参加应急救援工作或者协助维护社会秩序而付出了正常劳动，同时也承担了特殊风险，为了鼓励公民参与突发事件应对工作，本条要求其所在单位应当保证公民参加突发事件应对工作期间的工资待遇和福利不变，并可以按照规定给予相应补助。这既是对公民维护其参与突发事件应对工作期间基本权益的法律保障，同时对于激励和动员广大人民群众积极参加和配合应急救援工作也有正向引导作用。

【评　析】

本次修法对本条规定作出的修改有：

第一，将"其在本单位的工资待遇和福利不变"调整表述为"其所在单位应当保证其工资待遇和福利不变"。这一修改的用意在于，明确本条款的义务主体是公民所在单位，在法律上夯实公民所在单位对公民参加应急救援工作时的工资福利保障义务。从现实情况来看，本条的原规定在实践中贯彻执行得并不理想，特别是当公民所在单位为民营企业等非公有制单位时，对工资待遇和福利不变的保障在落实时常常遇到阻力，因为这些公民所在的单位对于这些资金的付出未必情愿。本次修改是对公民所在单位承担工资福利保障义务的强化，如果单位仍然拒不执行或不完全执行，公民有权按照本条规定寻求救济。此处值得思考的问题是，如果某些参加应急救援工作或者协助维护社会秩序的公民没有单位，或者其单位因受突发事件影响而失去支付能力，那么此时公民的福利待遇应该如何获得保障呢？我们认为，如果这两种情况现实发生了，应当由当地人民政府保障其参与应急救援工作期间的待遇，待遇标准应当参照当地上年度职工日平均工资支付。①

第二，增加了公民所在单位"可以按照规定给予相应补助"的规定，这种补助是单位对公民参与突发事件应对工作的补充保障，同时也具有单位对公民参加应急救援工作的鼓励和褒奖意涵。

第三，将"表现突出、成绩显著的，由县级以上人民政府给予表彰或者奖励"从本条中删除，调整到第一章总则的第十五条予以规定，具体表述为"对在突发事件应对工作中做出突出贡献的单位和个人，按照国家有关规定给予表彰、奖励"。这一修改的考虑有：一是本条及其上下文条款都是关于事后救助和保障方面的规定，关于表彰和奖励方面的规定放在此处比较突兀，内容不连贯；二是对在突发事件应对工作中做出突出贡献的单位和个人给予表彰、奖励的义务主体是县级以上人民政府，而本条所规定的对公民参加应急救援工作提供工资待遇、福利等保障的义务主体是公民所在单位，二者不一致，因此不宜规定在同一条款中；三是将表彰奖励条款调整至总则中予以规定能够体现出政府在突发事件应对工作中奖励先进、表彰典型的良好导向。

---

① 参见莫于川主编：《中华人民共和国突发事件应对法释义》，中国法制出版社2007年版，第356页。

第九十一条 【伤亡人员保障】县级以上人民政府对在应急救援工作中伤亡的人员依法落实工伤待遇、抚恤或者其他保障政策，并组织做好应急救援工作中致病人员的医疗救治工作。

【释　义】

本条是关于应急救援工作中伤亡人员保障政策的规定。突发事件的应对过程充满不确定性和危险性，参加应急救援工作的公民自身的健康乃至生命随时可能受到威胁，政府应当为此种情况下公民遭遇的伤亡状况提供周全的保障。根据本条规定，对此承担保障义务的主体是县级以上人民政府，具体保障政策包括对在应急救援工作中受伤的人员依法落实工伤待遇，对应急救援工作中伤亡的人员给予伤残抚恤或死亡抚恤，对应急救援工作中的致病人员做好医疗救治工作等。

【评　析】

本条规定原为修订前的《突发事件应对法》第六十一条第四款，原条款表述为"县级以上人民政府对在应急救援工作中伤亡的人员依法给予抚恤"。本次修法在这一原则性规定的基础上将其单列出来并且在内容上进行了扩充，细化列举了县级以上人民政府对在应急救援工作中伤亡的人员应承担的各项保障义务，是一次立法上的进步。政府提供的这种抚恤保障政策既是对公民身体所受伤害的救助补偿，也是对其参与应急救援工作的肯定。然而，该条规定在实际适用时仍会产生一些问题，比如，如果公民在前往突发事件发生地途中发生伤亡，此时其尚未开始参加应急救援工作，那么是否应当享有本条规定的相关待遇呢？我们认为，如果有初步证据能够证明该公民的出行确实是出于参加应急救援工作的目的，那么就应当享有相关保障待遇。此外，关于此种特殊情况下的工伤待遇、抚恤金等的认定程序和发放标准等也需要一些具有可操作性的规范，诸如此类的适用问题仍需寄希望于通过进一步完善相关配套制度加以解决。

❖ 事后总结、报告与监督

第九十二条 【突发事件调查、应急处置总结】履行统一领导职责的人民政府在突发事件应对工作结束后，应当及时查明突发事件的发生经过和原因，总结突发事件应急处置工作的经验教训，制定改进措施，并向上一级人民政府提出报告。

【释　义】

本条是关于突发事件事后总结与报告的规定，包括以下几个层次。

第一，在主体上，履行统一领导职责的人民政府负有事后总结与报告的职责，具体包括：一是调查、总结突发事件应急处置过程和经验教训并形成书面报告的职责；二是向上一级人民政府报告的职责。实践中，负有调查总结职责的政府可以组织成立由有关人民政府以及有关部门组成的调查工作组，并可以聘请有关专家参与调查评估。

第二，在内容上，一是要查明突发事件的发生经过和原因，包括突发事件发生的时间、地点、程度、表现等各项要素，详细描述突发事件从发生到结束的整个变化过程，并分析突发事件的成因以及引起突发事件变化的各项自然因素和人为措施等。二是要总结突发事件应急处置工作的经验教训，需要注意的是，此处所说的"突发事件应急处置工作"并不限于应急处置阶段，而是包括预防与应急准备、监测与预警、应急处置与救援以及事后恢复与重建等突发事件应对的全过程，具体分析诸如应急预案是否管用，预防措施是否有效，应急准备是否充分，监测和预警是否及时、客观、真实，应急处置和救援措施是否合法、合理等，从中总结出经验和教训。三是制定改进措施，履行统一领导职责的人民政府应当针对此次应对突发事件工作中暴露出来的漏洞和短板，制定相应的改进措施，避免在下次应对类似的突发事件过程中重蹈覆辙。

第三，在时间上，本次修法在本条增加了"在突发事件应对工作结束后"这一时间限制。但事实上，事后总结与报告包括调查、总结、报告三个环节。其中，对突发事件发生经过和原因的调查不必非得等到突发事件应对工作结束后才启动，而是在突发事件发生之后便应尽快开始调查，并尽量以完整的记录反映突发事件发展变化的全过程，保留好相关文件、资料、数据等。在应急处置工作结束进入恢复与重建阶段以后，政府应根据已经查明的突发事件发生经过和原因以及记录的资料，分析评估突发事件应急处置工作的全过程，总结经验教训并及时形成书面的总结报告，上报上一级人民政府。

【评　析】

事后总结与报告环节对于任何政府工作来说都是必经程序之一，而就突发事件应对而言，这项工作更具有不可或缺的意义。

一方面，从突发事件应对的整个过程来看，应急状态的结束以履行统一领导职责或者组织处置突发事件的人民政府宣布解除应急响应、停止执行应急处置措施为标志，但整个突发事件应对工作的结束则是以事后调查总结报告的上报为标志。事后总结报告是对突发事件的预防与应急准备、监测与预警、应急处置与救援以及事后恢复与重建等各项工作的总结，通过对突发事件的起因、性质、影响、责任等展开调查和分析，认识到应急工作中的经验和教训，查找漏洞和薄弱环节，对于暴露出来的问题及时进行修补，从而对过往应对突发事件实践进行系统总结，对突发事件产生、发展和应对措施进行复盘学习，以避免类似突发事件再次发生，或者减轻类似突发事件的危害后果。

另一方面，"应急体制、机制是人类在历次突发事件应对实践中付出巨大代价所获得的，为实践证明所行之有效的，相对稳定的对抗公共危机的策略和方法及其组织形式"[①]，在本质上是经过历史积淀的经验法则，其完善需要经过对多次应对突发事件实践经验的反思与积淀，事后总结与报告则是进行

[①] 林鸿潮：《应急法概论》，应急管理出版社2020年版，第17页。

这种灾后学习的关键环节。人类认知的有限性与风险隐患的不确定性之间的矛盾使突发事件永远不可能通过立法得以避免，但人类的应急处突能力却可以通过完善应急管理制度设计而不断得到提高。因此，在突发事件应对工作结束后，通过总结经验教训进行灾后学习，有针对性地对应急管理的相关环节乃至应急管理体制、机制进行改进和优化，具有十分重要的意义。

【适　用】

本条在实际适用时容易出现流于形式的问题，原因是本条关于事后总结与报告制度的规定与修改前相比未作实质性改动，仍然比较原则和粗疏，主要表现为缺乏关于调查总结与报告的开展程序、落实、监督、公开等环节的具体规定，容易使负有职责的政府仅作表面文章，敷衍了事，导致事后总结报告环节无法起到为灾后学习提供材料的作用，突发事件应对的复盘工作也无法有效实现面向未来突发事件的预防功能。实践中，有的领域初步建立了灾后总结学习和机制完善制度。比如，在安全生产领域，《生产安全事故应急条例》《生产安全事故报告和调查处理条例》中建立了比较具体的事故调查处理和报告制度，且实践经验已比较成熟。在自然灾害应对领域，河南郑州"7·20"特大暴雨灾害调查是在国家层面第一次组织这样的全域性自然灾害调查，开创了重要先例。[①] 应急管理部随后出台了《重特大自然灾害调查评估暂行办法》，为自然灾害应对工作的调查评估提供了初步规范。此外，一些地方的突发事件应对条例等也对灾后学习总结的相关内容作出了具体规定。但是从整体上看，相关配套制度还未推广到突发事件应对的各个领域，其重要性仍没有在整个应急法律制度体系中得到凸显。

对此，在现有规定的基础上，该制度的实施落地应当进行以下优化：第一，夯实政府履职尽责的工作态度，要求政府或者政府授权的有关部门按照实事求是、尊重科学的原则及时认真开展调查、评估、分析和总结工作，要在规定的时间内完成调查工作，形成负责任的调查总结报告并以书面形式报

[①] 参见《国务院调查组相关负责人就河南郑州"7·20"特大暴雨灾害调查工作答记者问》，载中国政府网，https://www.gov.cn/xinwen/2022-01/21/content_5669744.htm，最后访问时间：2024年7月12日。

经上一级人民政府批复。第二，加强上一级人民政府对调查总结工作的监督，可以通过采取随机抽查应急工作记录、针对工作总结中的问题进行质询等方式对下级政府的调查总结工作进行监督，同时应督促其中的改进措施方案在实践中得到真正落实，必要时对落实整改情况开展督促检查。第三，及时向社会公开调查总结报告和改进措施方案，这既能发挥社会公众舆论监督的作用，同时也是开展应急教育的一环，有利于促进全社会的灾后学习和进步。

第九十三条　【资金和物资审计监督】 突发事件应对工作中有关资金、物资的筹集、管理、分配、拨付和使用等情况，应当依法接受审计机关的审计监督。

【释　义】

本条是关于突发事件审计监督机制的规定，是本次修法新增的条款。在我国，国家审计是指由专设机关依照法律对国家各级政府及其部门的财政收支、国有金融机构和企业事业组织的财务收支和重大项目等的真实性、合法性、效益性进行审查和监督的活动。《审计法》是全面规范国家审计监督工作的法律，但由于对突发事件应对工作的审计监督有一定的特殊性，本新增条款为国家开展突发事件应对工作的审计监督提供了法律依据。对本条规定可从以下几个方面来理解。

一是审计监督的内容。按照本条规定，国家对突发事件应对工作开展审计监督的内容指向"有关资金、物资的筹集、管理、分配、拨付和使用等情况"，也就是聚焦对政府经济责任的审计监督。实践中，审计机关主要开展对各级财政安排的应急专项资金拨付、管理、使用等情况及社会捐赠款物的总量和分配使用等情况的审计，具体跟踪有关款物接收、登记、分配、调拨、发放、管理、使用等全过程各环节，重点关注有关资金和物资"用了多少、用在哪里、用得好不好"。

二是审计监督的主体。我国国家审计机关包括国务院设置的审计署及其派出机构和地方各级人民政府设置的审计厅（局）两个层次，各级审计机关依法独立行使审计监督权。根据《审计法》的相关规定，审计机关根据被审计单位的财政、财务隶属关系或者国有资源、国有资产监督管理关系来确定审计管辖范围，在级别上，审计机关对本级各部门及其直属单位和下级政府预算的执行情况和决算以及其他财政收支情况进行审计监督。

三是审计监督的时机和方式。本条未对突发事件应对工作审计监督的时机和方式作出规定。实践中，我国已开展的突发事件审计监督工作主要集中在事中和事后两个阶段，其中，事中的应急处置与救援阶段主要采取应急专项审计的方式实施，事后恢复与重建阶段主要采取持续跟踪审计的方式实施。在具体审计方法上，审计机关常采用访谈座谈、现场核查、数据分析等常规审计方法，也逐渐探索出了非现场大数据分析、在线审计取证等新型审计方法。

【评　析】

突发事件应对过程中财政资金的调拨使用具有不同于常规财政资金使用的特点，表现为突发事件发生后，相关应急资金和物资往往能够在短时间内大量集聚，在物理空间上会有比较大的调度，并且所需要履行的手续也会得到必要的简化，在使用上也存在对象不确定、过程不透明等情况，这使得对突发事件应对过程中有关款物的监督需求明显上升。在2003年"非典"疫情发生后，审计署于2003年12月发布了《审计署关于防治非典型肺炎专项资金和社会捐赠款物审计结果的公告》，这是我国审计机关发布的第一份面向社会公众的审计结果公告，标志着我国审计结果公告制度的正式实施。自此以后，面向突发公共事件，我国审计机关陆续组织实施了汶川地震救灾资金和物资审计（《审计署关于汶川地震抗震救灾资金物资审计情况公告》《汶川地震灾后恢复重建跟踪审计结果公告》《汶川地震社会捐赠款物审计结果》等），玉树地震救灾资金和物资审计（《审计署关于玉树地震抗震救灾资金物资跟踪审计情况公告》《关于玉树地震抗震救灾资金物资跟踪审计结果》等），甘肃舟曲特大山洪泥石流地质灾害救灾资金物资和灾后重建跟踪审计

(《舟曲特大山洪泥石流灾害灾后恢复重建跟踪审计结果公告》) 等相关审计工作。

国家审计是国家治理体系中不可或缺的构成要素，审计监督作为国家治理体系中监督和反馈系统的重要组成部分，对于突发事件应对工作具有重要意义。

一方面，在突发事件应对过程中，动用预算准备金、调整预算、发行特别公债等是政府用于扩张应急能力的常见财政手段，这种短期内集中发生变化的财政收支必须被置于严格的控制与监督之下。审计机关通过监督控制和信息反馈，及时客观地披露相关财政拨款和救助款项的管理使用信息，促进形成决策权、执行权、监督权既相互制约又相互协调的权力结构和运行体系。[①] 同时，审计机关定期公告阶段性审计情况、随时公告审计发现的重大问题、审计结束后全面公告审计结果等也是满足社会公众知情权、参与权和监督权的有效途径。

另一方面，就突发事件应对本身而言，开展审计监督也能够发挥提高突发事件预防和应对能力的功能。审计机关能够密切追踪并及时掌握突发事件应对过程和结果情况，对于在审计过程中发现的问题和薄弱环节能够分析和预警潜在风险隐患，及时反馈给被审计单位并督促其改进，从而促进有关部门建立健全协调高效的应急管理机制。比如，对财政资金使用方面的审计可以通过揭露出一些资金截留、挪用乃至损失浪费等问题，从而规范救灾款物筹集管理和使用行为，堵塞相关管理漏洞和缺陷；对应急物资管理方面的审计有利于保障重点物资供应链安全，推动完善物资保障协调机制；对突发事件应对有关重要政策措施和重点资金项目方面的审计有利于发挥审计推动系统集成的宏观管理作用，优化应急协调联动治理体系；审计结果的适时公告对于澄清不实传言、促进社会稳定、提高政府公信力、完善追责问责等也具有重要作用。

[①] 参见审计署社会保障审计司课题组、文华宜：《国家审计在突发公共事件中的作用研究》，载《审计研究》2023 年第 2 期。

【适 用】

尽管我国早已有面向突发事件应对工作的审计监督实践，但仔细考察可以发现，其中存在不少问题：一是从突发事件性质上看，我国以往主要在公共卫生领域和自然灾害领域开展国家审计工作，对于事故灾难和群体性事件、涉外突发事件等社会安全事件的审计监督则较少涉及。二是在审计监督介入突发事件应对过程的时机上，侧重于突发事件发生后的事中处置和事后恢复阶段，并重点审查应急资金和物资使用、灾后政策跟踪落实等方面，对预防与应急准备、监测与预警阶段的审计监督不够重视。三是在审计监督内容上，本条规定也仅聚焦于财政资金、社会捐赠款物等经济方面的审计监督，没有延伸到对应急管理组织体系、制度建设、人才队伍建设以及政府履责审计等其他方面。

因此，可考虑从以下方面对本条确立的突发事件审计监督机制在适用时进行完善：第一，逐步探索对安全生产领域和社会安全领域的突发事件审计，进一步拓展突发事件审计监督的涵盖范围。第二，加强对突发事件应对过程全生命周期的审计监督，审计工作要涵盖突发事件的事前、事中和事后各个环节，特别是将审计关口前移至事前环节，加强对预防与应急准备、监测与预警阶段的审计，既"治已病"又"防未病"。在审计方式上，由于这两个阶段仍属于常规管理状态，因此，既可以采取常规审计方式，也可以采取专项审计方式。第三，优化对突发事件全过程跟踪审计的内容，包括：在预防与应急准备阶段，重点审计应急管理组织体系是否健全、相关法律法规是否完备、应急处置预案是否完善、应急物资储备是否充足等；在监测与预警阶段，重点审计监测与预警信息的真实性、信息产生的可靠性等；在应急处置与救援阶段，对应急处置行为的合规性、应急资金的真实性等进行审计；在事后恢复与重建阶段，重点关注恢复重建等民生项目的建设情况，以及对国家出台的相关扶持优惠政策进行跟踪审计，及时提出审计建议并督促整改。[①]

[①] 参见王建平、吴凡、赵旭东等：《国家审计在突发公共事件中的作用研究》，载《审计研究》2022 年第 3 期。

第九十四条　【应对工作档案管理】国家档案主管部门应当建立健全突发事件应对工作相关档案收集、整理、保护、利用工作机制。突发事件应对工作中形成的材料，应当按照国家规定归档，并向相关档案馆移交。

【释　义】

本条是关于突发事件档案管理机制的规定，是本次修法新增的条款，旨在与《档案法》第二十六条及部门规章《重大活动和突发事件档案管理办法》相衔接。国家档案管理工作是一项专业性较强的工作，《档案法》是规范国家档案事业的基本法律，2020年《档案法》修订时新增的第二十六条在法律上正式确立了突发事件档案管理机制："国家档案主管部门应当建立健全突发事件应对活动相关档案收集、整理、保护、利用工作机制。档案馆应当加强对突发事件应对活动相关档案的研究整理和开发利用，为突发事件应对活动提供文献参考和决策支持。"国家档案局随后出台了部门规章《重大活动和突发事件档案管理办法》，其中对突发事件档案管理工作机制作出了细化规定。结合相关法律规范，对本条规定可进行以下解读。

首先，本条前半句是关于突发事件档案管理机制的原则性规定，与《档案法》第二十六条前半句的表述基本相同。突发事件档案是指在应对突发事件过程中直接形成的对国家和社会具有保存价值的各种文字、图表、声像等不同形式的历史记录。突发事件档案管理机制包括对突发事件档案的收集、整理、保护和利用工作。根据《重大活动和突发事件档案管理办法》第十六条的规定，突发事件档案的收集范围包括领导指示、批示，机构成立及分工文件材料，工作制度、预案、方案、报告、报表、简报、总结，会议材料，奖惩材料，大事记，宣传报道，各单位按照分工或职责形成的其他文件材料；照片、录音、录像；业务数据、公务电子邮件、网页信息、社交媒体信息；印章、题词、活动标志、证件、证书、纪念册、纪念章、奖杯、奖牌、奖章、奖状、牌匾、锦旗等实物档案；其他具有保存利用价值的文件材料。并且，要求做到应收尽收、应归尽归。

其次，本条后半句规定了突发事件档案的归档和移交程序。突发事件应对工作中形成的材料应当按照国家规定归档，在责任主体上，根据《重大活动和突发事件档案管理办法》第九条的规定，由突发事件应对部门或者专门设立的临时机构负责突发事件相关档案的收集、整理和保管，并按规定向档案馆移交。对应到《突发事件应对法》的规定，这一责任主体指向的是履行统一领导职责或者组织处置突发事件的人民政府及其设立的突发事件应急指挥机构。在具体程序上，责任主体应当对移交进馆档案进行开放审核，并在移交时附具意见；经档案馆同意，可以提前将档案交档案馆保管；如果责任主体为临时机构，则应当在临时机构停止工作前向有关主管单位或档案馆移交档案。

【评　析】

理解本条规定的关键是要充分认识到突发事件档案对于突发事件应对工作的独特价值，具体可总结为以下三个方面。

第一，决策支持。突发事件档案是总结应急管理规律经验、提升应急处突水平的宝贵资源。在突发事件发生前的预防准备阶段，历史性的突发事件档案具有充足的编研利用空间，通过对档案数据资料的分析研判，可以精准对接应急管理需求，开展风险防控监测预警，提高突发事件风险防控效能，推动档案利用与应急管理的深度融合。[1] 在突发事件发生时，应急决策往往面临决策信息的不完备性、决策时间的紧迫性、决策资源的有限性等约束条件。信息是决策的基础和依据，真实准确的同类突发事件档案能够成为应急决策重要的信息来源和支撑，有助于显著提高应急决策的效率和质量，减少应急决策的失误。而在突发事件应对结束后，本次突发事件应对过程中形成的档案资料又能够成为后续同类突发事件在未来应对过程中的决策支持资源。

第二，宣传教育。突发事件档案对于突发事件的记录具有原始性、直观性和鲜活性，其"完整系统地记录着突发事件造成的损失与危害，形象直观地反映着人们在与突发事件斗争的过程中精诚团结、众志成城、百折不挠的

---

[1] 参见王强、王红敏：《面向突发事件应急管理的档案利用策略》，载《档案学通讯》2022年第6期。

精神，揭示了突发事件应急管理中的经验教训，具有不可抗拒的说服力和感染力"①，因而能够成为应急管理宣传教育的重要材料。对此，应重视通过档案编研出版、档案陈列展览、档案节目制作以及档案公布利用等多种方式，充分发挥突发事件档案的宣传教育价值，使社会公众增进对突发事件应对过程的了解，增强突发事件预防和应对能力。

第三，科学研究。应急管理体制机制的优化建立在不断对人类应对突发事件的历史经验进行总结、概括和提炼的基础之上，这需要专门针对既往突发事件的科学研究投入。不管是自然科学类的研究还是社会科学类的研究，都需要有详尽真实的历史文献资料作为研究基础支撑，突发事件档案就是其中十分重要的文献资料来源。在对突发事件档案资料进行查证、分析和研究基础上形成的科学研究成果更具有实践性和针对性，能够反作用于突发事件应对能力本身，为应急管理制度的优化与应急管理法制的完善提供科学依据。

【适　用】

突发事件档案管理机制在实际运行中存在一些供需矛盾，表现为：一是突发事件档案分散保管（原则上以档案资源形成主体为中心全宗管理）的特点容易破坏突发事件档案之间的有机联系，不利于对突发事件的整体记录，会与突发事件发生时责任部门对突发事件档案的全面性、成套性需求产生矛盾；二是突发事件档案属地保管（原则上由突发事件发生地政府收集保管）的特点会阻碍异地发生突发事件时对该档案的及时利用。② 对此，《重大活动和突发事件档案管理办法》要求突发事件应对责任部门、档案主管部门、档案馆等主体创造条件，组建突发事件专题目录和专题数据库，以备突发事件档案的应急需求和异地利用，《"十四五"全国档案事业发展规划》也提出了统筹突发事件应对活动档案专题数据库建设、建立突发事件应对活动相关档案利用调度机制的要求，其建设和实施仍需要相关各方责任主体的长期共同努力。

---

① 胡康林：《突发事件档案的特征、类型及其开发意义》，载《档案管理》2018年第1期。
② 参见孙军：《供需平衡视角下的突发事件档案管理——兼谈〈重大活动和突发事件档案管理办法〉的实施》，载《档案建设》2021年第5期。

第七章　法律责任

本章概述

　　法律责任关涉行为人的行为选择与法律义务的落实。不同于常态行政，应急行政情境对行政决策与行政执法均形成了巨大挑战。如何在应急追责中平衡法律责任与政治责任之间的关系，如何界定应急法律责任中履职尽责的考量要素，如何在依法追责的同时激励广大干部敢于担当作为，提升公职人员的应急行政能力与规范有关单位或者个人的行为，成为《突发事件应对法》修订法律责任部分亟须关注的问题。本章共8个条文，相较于旧法新增2个条文。新修订之法律责任规定实现诸多突破，覆盖了国家机关及其工作人员与有关单位或者个人的法律责任的主要情形，新增过错归责、侵犯公民生命健康权益担责情形、违反个人信息保护规定的责任、紧急避险等内容，为新形势下突发事件的应对提供了有力的责任保障机制。

❖ 行政机关及其工作人员的法律责任

第九十五条 【地方政府、有关部门及其人员不依法履责的法律责任】地方各级人民政府和县级以上人民政府有关部门违反本法规定，不履行或者不正确履行法定职责的，由其上级行政机关责令改正；有下列情形之一，由有关机关综合考虑突发事件发生的原因、后果、应对处置情况、行为人过错等因素，对负有责任的领导人员和直接责任人员依法给予处分：

（一）未按照规定采取预防措施，导致发生突发事件，或者未采取必要的防范措施，导致发生次生、衍生事件的；

（二）迟报、谎报、瞒报、漏报或者授意他人迟报、谎报、瞒报以及阻碍他人报告有关突发事件的信息，或者通报、报送、公布虚假信息，造成后果的；

（三）未按照规定及时发布突发事件警报、采取预警期的措施，导致损害发生的；

（四）未按照规定及时采取措施处置突发事件或者处置不当，造成后果的；

（五）违反法律规定采取应对措施，侵犯公民生命健康权益的；

（六）不服从上级人民政府对突发事件应急处置工作的统一领导、指挥和协调的；

（七）未及时组织开展生产自救、恢复重建等善后工作的；

（八）截留、挪用、私分或者变相私分应急救援资金、物资的；

（九）不及时归还征用的单位和个人的财产，或者对被征用财产的单位和个人不按照规定给予补偿的。

【释　义】

本条是关于行政机关及其工作人员法律责任的规定，包括四个方面：（1）法律责任的承担主体；（2）须承担法律责任的情形；（3）法律责任的追责考虑要素；（4）法律责任的适用情形。其中，须承担法律责任的情形新增两处内容，分别为在第二项新增"授意他人迟报、谎报、瞒报以及阻碍他人报告"的违法行为方式，在第五项新增"违反法律规定采取应对措施，侵犯公民生命健康权益的"责任适用情形。法律责任的追责考虑要素由旧法"根据情节"修改为"由有关机关综合考虑突发事件发生的原因、后果、应对处置情况、行为人过错等因素"，是法律责任部分修改的关键之处，也是本次修法的亮点。以下详述之。

一、法律责任的承担主体

本条规定的法律责任的承担主体包括行政机关及其工作人员。

行政机关主体包括"地方各级人民政府和县级以上人民政府有关部门"。工作人员范围包括"负有责任的领导人员和直接责任人员"。法律责任与管理体制相联系。《突发事件应对法》第十六条规定："国家建立统一指挥、专常兼备、反应灵敏、上下联动的应急管理体制和综合协调、分类管理、分级负责、属地管理为主的工作体系。"分级负责、属地管理为主的工作体系直接对应的义务主体即为"地方各级人民政府和县级以上人民政府有关部门"。由此，当具备应急行政职责的行政机关违法，或未完成应急行政任务，即有可能承担法律责任。

对于行政机关作为责任主体的情形，需要注意两个问题。首先，行政机关不能以应急指挥机构的名义规避责任。虽然《突发事件应对法》第二条将突发事件分为自然灾害、事故灾难、公共卫生事件和社会安全事件四类，应急管理部门负责应对自然灾害和事故灾难，公安政法部门负责应对社会安全事件，卫生健康行政部门则负责应对公共卫生事件，但在应急行政实践中往往会形成由各级政府牵头组织，各级政府部门相关人员组成的综合性应急行政指挥机构。相对于常设的政府工作部门，这类应急行政指挥机构在紧急情况的应对之中发挥着十分重要的作用，不过这类应急行政指挥机由于法律属性难以定位，其行为的效果归属、责任确定成为问题。① 有研究认为，法律必须建立起某种有利于后果确定和责任追溯的"还原"机制，应将突发事件应急指挥机构行为的责任还原为行政机关的责任，以使被切断的合法化链条被重新接续。② 对此，修订后的《突发事件应对法》第二十条已明确规定，突发事件应急指挥机构在突发事件应对过程中可以依法发布有关突发事件应对的决定、命令、措施，并且其发布的决定、命令、措施与设立它的人民政府发布的决定、命令、措施具有同等效力，但是应急指挥机构在突发事件应对过程中造成的法律责任由设立它的人民政府承担。

其次，此处的法律责任的承担主体包括中央政府有关部门，但不包括中央政府。宪法第八十五条以及《国务院组织法》第二条均明确规定，"中华人民共和国国务院，即中央人民政府，是最高国家权力机关的执行机关，是最高国家行政机关"。作为"最高国家权力机关的执行机关"与"最高国家行政机关"，为了保有其权威性、保持行政体系之稳定，在我国行政追责体系中，国务院不被作为追责对象。这与《行政复议法》《行政诉讼法》规定国务院不能被作为复议被申请人、诉讼被告人背后有共同的法理。当然，在整体的国家权力结构中，基于组织法中国家机关之间的分工关系，作为执行机关与行政机关的国务院也存在承担责任的情形。例如，宪法第六十七条就赋予了全国人民代表大会常务委员会监督国务院的工作，撤销国务院制定的同宪法、法律相抵触的行政法规、决定和命令的权力。宪法第七十三条规定了全国人民代表大会代表、全国人民代表大会常务委员会组成人员依法提出对国务院的质询案的权力。当国务院在突发事件应对中出现不合法、不合理的应急行为，全国人民代表大会常务委员会即有权进行监督，如国务院制定了同宪法、法律相抵触的涉及应急行政的行政法规、决定和命令，全国人民代表大会常务委员会即有权进行撤销。《突发事件应对法》是应急行政领域的法律，规范对象为应急行政法律关系中的主体，不涉及整体的国家组织体系，因此也不适宜直接规范国务院的责任。

除行政机关外，另一类承担法律责任的主体是行政机关的工作人员。此

---

① 参见白云锋：《应急背景下行政组织一体性的重塑》，载《东南法学》2022年第2期。
② 参见林鸿潮：《重大突发事件应对中的政治动员与法治》，载《清华法学》2022年第2期。

次修法将旧法"直接负责的主管人员和其他直接责任人员"改为"负有责任的领导人员和直接责任人员"。一方面，旧法"直接负责的主管人员和其他直接责任人员"统一为新法"直接责任人员"所覆盖。另一方面，新法将承担法律责任的主体扩充至没有直接责任但有总体领导职责的领导人员，如非主管某领域应急行政工作但负有总体政治责任的领导。这使得责任承担的主体更为完整，能够督促领导人员履职尽责。

另外，此处承担法律责任的人员范围应该与《公务员法》第二条、《公职人员政务处分法》第二条、《监察法》第十五条规定的范围相衔接。

二、须承担法律责任的情形

本条规定的须承担法律责任的情形包括以下两类：（1）行政机关违反本法规定，不履行或者不正确履行法定职责，此时由其上级行政机关责令改正。（2）有特定情形之一的，由有关机关综合考虑突发事件发生的原因、后果、应对处置情况、行为人过错等因素，对负有责任的领导人员和直接责任人员依法给予处分。

（一）行政机关的责任

违反本法规定是对前述法律为应急行政机关设置的法定职责内容的违反。不履行或者不正确履行则指向的是应急行政机关违法行为的状态。不履行即通常所说的行政不作为，这同《行政诉讼法》第二十五条规定的公益诉讼中的"行政机关不依法履行职责的，人民检察院依法向人民法院提起诉讼"以及第七十二条规定的"人民法院经过审理，查明被告不履行法定职责的，判决被告在一定期限内履行"可以形成衔接。

本次修法在"不履行"违法行为状态之外新增了"不正确履行"的情形。旧法仅规定了行政不作为的违法形态，无法明确涵盖履行了职责但未完全履行或未实质履行职责的情形，如在范围上未全部履行、在程度上未尽力履行、在结果上未避免可避免的损害结果之发生等情况。此处新加入"不正确履行"，与"不履行"一起形成了作为违法与不作为违法情形的覆盖，有助于依法科学追责。当然，"不正确履行"之"正确"是一项具有裁量空间的需要实质化判断的要素，对此有必要结合法律规定进行进一步的规则细化。

另外，此处规定之"违反本法规定"与"不履行或者不正确履行法定职责"虽然应该同时满足，但"违反本法规定"与"不履行或者不正确履行法定职责"实际上是不同侧面的同义限定，不履行或者不正确履行职责也就违反了法律的规定。因此，实质上满足其一即满足其二。

（二）行政机关工作人员的责任

对于行政机关工作人员而言，存在相关具体违法事由，将由有关机关对负有责任的领导人员和直接责任人员依法给予处分。本条采取列举的方式列明了九项违法担责事由。概括起来，包括未按规定采取预防措施、未按规定报送信息、未按规定采取预警措施、采取处置措施不及时、措施侵害公民权益、不服从上级领导、未及时采取善后措施、违法使用应急救援物资、违法征用等。

相比于旧法，本条除个别词语表达优化外，如将旧法中"未按规定"改为"未按照规定"，主要有两处变动：第一，在第二项增加"授意他人迟报、谎报、瞒报以及阻碍他人报告"的违法行为类型；第二，在第五项增加"违反法律规定采取应对措施，侵犯公民生命健康权益的"的违法情形。

相比于旧法第三十九条，新法第六十一条新增了关于报送信息的要求，即"不得授意他人迟报、谎报、瞒报，不得阻碍他人报告"。第九十五条第二项新增的是违反第六十一条相关规定的责任。

第二处新增则是全新规定。众所周知，为应对突发事件，应急行政权力强度更大，常态法甚至发生悬置。行政法于常态社会中累积出一套关于权力和权利比例关系的相对稳定的规范体系。行政权力在法律优先、法律保留的框架下以满足常态社会运转的公共职能（秩序与给付）为限，对权利的约束与干预则以最小侵害为限。但在应急环境权变之后的一体整合型构造下，权力独立于这一限制性框架，超越与权利的常态比例关系。在突发事件应对处置中，为了及时、高效处理危机，往往会对公民权益造成不合理限制或损害。对此，有研究指出："应急状态下的限权措施受到法律保留、比例原则、禁止不当联结以及核心权利保障等诸多原则的限制，而这些限制最终都指向对个体人性尊严的保障。"[1]

虽然紧急情况下，公民个人权利一定程度的克减是应急行政权力行使的结果，也是保障应急行政权力效能的条件，还是应急行政权力具有正当性的

---

[1] 参见赵宏：《疫情防控下个人的权利限缩与边界》，载《比较法研究》2020 年第 2 期。

基础。但是，权利克减不能过度，还应该保留不可克减的权利。即使在应对突发事件的过程中，也应该遵守基本的权利保障与行政法治的要求。对权利克减的限制，实质上是在对应急权力进行直接正面约束外，从反面对应急权力进行制约。由此，此次《突发事件应对法》修订时，新增"违反法律规定采取应对措施，侵犯公民生命健康权益的"法律责任适用情形。

三、法律责任的追责考虑要素

相比于旧法，此次修法在法律责任条款中新增了法律责任的追责考虑要素的规定，是本次修法的亮点之一。具体而言，旧法仅规定"根据情节"对相关责任人员进行追责，新法则明确规定，追责机关应该综合考虑突发事件发生的"原因、后果、应对处置情况、行为人过错"等因素，对责任人员的法律责任进行认定。

旧法"根据情节"之规定较为笼统，未明确法律责任追究应考虑的具体要素，赋予了责任追究机关较大的裁量权限。在紧急情况严厉追责的政策导向下，往往会导致追责过程的笼统与模糊，形成对于行政机关及其工作人员不公平、不合法的、畸轻畸重的追责结论。新法将这一笼统规定要素化，有助于克服前述标准的模糊性以及其在适用上的不统一甚至不适用等问题。

就新法所规定要素的具体内容而言，相关要素也具有关键性与典型性，覆盖了从起因、过程到结果，从客观到主观的多个层面的法律责任追究要考虑的要素。

首先，原因要素。众所周知，突发事件的发生在时间紧迫性、内容复杂性和资源约束性等层面都与常态行政存在差异。由此，即便行政机关及其工作人员存在违反法律规定，不履行或不正确履行职责的情形，也要基于突发事件的特殊情况考虑违法状态发生的具体原因。比如，面对不具有预见可能性、作为可能性、结果回避可能性的不可抗力事件或不对称行政任务[①]，对于行政机关及其工作人员行为的违法性就应该进行特别考虑，进而作出过罚相当的追责决定。

其次，过程要素。新法中规定的"应对处置情况"主要是从行政机关及其工作人员履职行为层面展开考量的要素。这包括考虑行政机关及其工作人

[①] 参见林鸿潮：《履行行政职责的作为可能性》，载《法学研究》2022 年第 6 期。

员是否依法履行了法律规定的预防与应急准备、监测与预警、应急处置与救援、事后恢复与重建等职责。若在各种情况下，虽然未避免损害发生，但行政机关工作人员在突发事件应对的过程之中已经尽到了相关义务，在责任认定上也应该对此进行考虑并依法合理追责。

再次，结果要素。在现代法治理念之下，不以结果为唯一的衡量、确定责任的标准，但是结果会作为责任追究认定的考量要素之一。"危害后果，从构成要件意义上讲，就是必须的，没有危害后果，就没有责任可以追究。"[1]作为考量要素的结果可以包括对财产、人身造成的实际损害，也包括对于作为公共利益的国家管理秩序等造成的不良后果或影响。在《公务员法》《公职人员政务处分法》等法律的相关规定中，损害的类型除了"不良后果"，也包括"不良影响"，亦体现了这一点。

损害的对象除了具体的个人利益，亦包括公共利益。公职人员是人民赋予权力的工作人员，作为民意承载的法律对其有基本的行为期待，设定了基本的行为标准。其行为低于这一期待标准，本身就构成对人民赋权的背离，形成对于国家管理秩序的侵害。正如学者们所言，公职人员"违反规定行为本身就是危害后果"[2]，"其损害的是国家层面的抽象法益"[3]。也有学者进一步将损害分为"预期利益的丧失和现有利益的损害"。[4]

损害按照程度可以分为轻微损害、一般损害和重大损害，其对应的责任应该是不同的。如果仅造成了轻微损害，且结合其他原因、过程等要素综合考量，可以减轻或免除责任。如果损害重大，一般无法免除责任，甚至还有可能追究政治责任。在紧急情况下，造成某些程度损害的行为可得以豁免，但豁免亦不应是无限度的。造成严重损害的应急行为，不在法律的可容忍范围之内，一般难以豁免责任。

最后，主观要素。以上无论是原因要素、过程要素，还是结果要素，主要都是客观层面的要素。新法新增的"行为人过错"要素则是主观层面的要

---

[1] 杨小军：《行政不作为问责的性质与构成要件》，载《国家行政学院学报》2009年第2期。
[2] 杨小军：《行政不作为问责的性质与构成要件》，载《国家行政学院学报》2009年第2期。
[3] 周叶中：《论重大行政决策问责机制的构建》，载《广东社会科学》2015年第2期。
[4] 参见许玉镇、刘劲睿：《重大行政决策行政问责构成要件文本分析》，载《社会科学战线》2021年第12期。

素。主流责任理论将责任的追究区分为违法与责任两个层面。违法是指行为符合构成要件且不存在违法阻却事由。"所谓违法,就是指行为为法律所不允许,在法律上是无价值、反价值的。"① 责任则是指"对符合构成要件的不法行为的非难可能性"。② 违法与责任分别对应行为的客观与主观维度,逻辑上"责任以客观上存在不法事实为前提"。③

应急行政追责具有主客观层面的特殊性:在应急行政中,外部客观环境具有高复杂性与高不稳定性,应急行政决策与行动本身相比于常态情形的行政行为存在更大的不确定性,公职人员呈现出畏惧执法失误而选择避责的消极行为趋势。为保障责任承担的公平合理、激励公职人员履职尽责,2022 年,应急管理部制定了《应急管理行政执法人员依法履职管理规定》。该规定第六条明确指出:"应急管理行政执法人员因故意或者重大过失,未履行、不当履行或者违法履行有关行政执法职责,造成危害后果或者不良影响的,应当依法承担行政执法责任。"其以规章的形式明确了包括故意与重大过失在内的过错成为法律责任成立的要件之一。此次修法,将"行为人过错"写入法律责任条文之中,与此逻辑一脉相承,也将有助于法律责任追究的公平性与合理性。

【评 析】

在改革开放以来的法制现代化进程中,我国已建立起相对完备的针对常态行政的法律责任体系。④ 为了督促执法者勇于担当、履职尽责,在实际的适用法律的过程中,有权机关往往也倾向于从严追责,"加大问责力度""立即问责""严肃处理""压紧压实责任"等要求不绝于耳。基于法律强制力发挥作用的传统认识,立法者与适法者整体上更加强调责任机制的惩罚、威慑功能,而相对忽视了责任机制的激励功能。

严厉的责任机制虽然具备以强制力督促执法者开展执法工作、完成行政

---

① 张明楷:《刑法学》,法律出版社 2021 年版,第 137 页。
② 张明楷:《刑法学》,法律出版社 2021 年版,第 316 页。
③ 张明楷:《刑法学》,法律出版社 2021 年版,第 316 页。
④ 参见刘畅:《国家治理中问责与容错的内在张力与合理均衡》,载《政治学研究》2021 年第 2 期。

任务的功能，但在某种程度上也存在空转、失效，无法促使执法者真正履职尽责的问题。在修法之前，有研究就发现，我国目前有关公共危机管理问责制的规范呈碎片化的状态，分布在上千部位阶、效力不等的文件当中。这些规范中的绝大多数属于地方政府的规章或规范性文件，① 法律层面并无明确的针对行政法律责任的过错规定。刑事责任、民事责任、行政责任中的主客观二阶责任理论并未在行政处分责任中完全展开。"中国关于行政问责的法律法规中没有区分'故意'和'过失'等不同主观过错状态。"② 我国责任实践中在判断是否应受到处分时，多采取的是违法责任，呈现出过错要件被违法要件吸收、归责的客观化状况。

对此，为激发公职人员的潜能，完成激增的应急行政任务，在《突发事件应对法》等法律责任规范中出现了新的责任规定。修改后的行政机关及其工作人员的法律责任部分的内容，更为人性化，也符合公平担责、激励执法履职尽责的要求，尤其是对于应急行政追责考虑要素的规定，相较于旧法具有重大突破。这为下位法的规则建构以及相关法律的解释提供了基础。

不过，法律责任规范仍有进一步发展的空间。法律责任豁免制度即应急法律责任体系中亟待构建的制度之一。理论上，面对突发事件频发、紧急情况频现的现实，政府不得不运用非常态的权力进行社会管理。这对常态的权力行使造成影响，进而需要配套非常态的法律责任机制。考虑到紧急情形下特殊的执法情境，激励执法者敢于担当、主动作为，往往还需要明确行为合法性追认和责任豁免机制。这形成了应急行政中"紧急情况—紧急权力行使—公民权利克减—行为合法性追认与责任豁免"的应急行政逻辑链条。紧急情况下的法律责任豁免，是对于常态可能承担责任的行政行为，以紧急情况为由，以责任不承担的方式对公职人员进行激励。③

对自己的行为有自我认识与控制，是法律责任归结的伦理基础，也是发挥惩戒预防作用的心理基础。只有肯定自由意志的存在及其变化，法律才可能通过设置规则影响人们的行为选择，才能通过改变规则改变人们的行为选

---

① 林鸿潮：《公共危机管理问责制中的归责原则》，载《中国法学》2014年第4期。
② 许玉镇、刘劭睿：《重大行政决策行政问责构成要件文本分析》，载《社会科学战线》2021年第12期。
③ 参见白云锋：《应急行政责任豁免制度之建构》，载《行政法学研究》2024年第1期。

择。归责的客观化无法全面反映行为的真实状态。对于没有过错，或者尽到合理注意义务的执法行为进行问责，将"'造成个案中的不公正'，给勤勉尽职的公职人员无形中带来了巨大的执法风险"[1]，也无法激励公职人员履职尽责。

鉴于公职人员避责的行为趋向以及责任豁免机制薄弱的局面，出于激励公职人员履职尽责、敢于担当的考量，近年来有权机关开始逐渐强调责任豁免机制的建设。2013年《中共中央关于全面深化改革若干重大问题的决定》提出的"宽容改革失误"，是较早体现出"容错免责"精神的政策文件。2016年的《政府工作报告》则明确指出，要健全激励机制和"容错纠错"机制，给改革创新者撑腰鼓劲，让广大干部愿干事、敢干事、能干成事。随后，中国共产党第十八届中央委员会第六次全体会议、中国共产党第十九次全国代表大会上的报告均明确指出要建立"容错纠错"机制。2018年中共中央办公厅印发的《关于进一步激励广大干部新时代新担当新作为的意见》，是一部专门的关于公职人员激励、容错的文件。2019年《中国共产党问责条例》在新修订时，则正式在条例中建立了"因缺乏经验、先行先试出现的失误"或者"因不可抗力、难以预见等因素造成损失"而免责的免责制度。

与此同时，在国务院关于推进具体领域改革的相关指导意见以及国务院工作细则之中，也可见关于"容错免责"机制的相关指导思想和要求，如《国务院办公厅关于加快推进"多证合一"改革的指导意见》[2]《国务院办公厅关于改革完善医疗卫生行业综合监管制度的指导意见》[3] 等。相关涉及建立"容错免责"机制的领域主要包括市场经济体制改革领域、医疗卫生行业监管制度改革领域、许可证照制度改革领域等。

总体上，目前政策文件中的容错免责，主要目的在于促进改革，鼓励公职人员敢于在改革中创新与担当。激励执法者改革与激励执法者面对紧急情况敢于作为存在内在逻辑的共通。改革中适用免责是鼓励执法者积极进取、主动创新，取得进一步的成绩，紧急情况下适用免责则是鼓励执法者积极应对危机。

---

[1] 屠振宇：《保障与指导：尽职免责改革的功能构造》，载《行政法学研究》2023年第3期。
[2] 国务院办公厅2017年5月5日发布。
[3] 国务院办公厅2018年7月18日发布。

我国紧急情况下公职人员执法豁免制度虽然发展缓慢，但法律中存在一般层面的免责制度。总结起来，主要有情节轻微免责[1]、执行上级的错误命令免责[2]、自首免责[3]、立功免责[4]、意志不自主或不真实免责[5]等几种免责类型。这些规定虽然有免除责任的效果，但与本处的"容错免责"并不完全相同。法律规范中的"免予处分"是在实现矫正正义过程中基于行为本身负面影响大小的酌情处理机制。紧急情况下的容错免责，本质上是出于行为内在主观可归责性的变化以及激励执法者目的的一种事前角度功能主义的制度安排，体现了非常态秩序下法律的人文关怀。[6]

从整体上看，目前我国法律层面仍缺乏明确的关于紧急情况容错免责的机制。紧急情况的免责规定主要可见于部分地方问责办法和部门规章中。例如，《湖北省行政问责办法》第十七条规定："违反本办法规定，需要行政问责，但有下列情形之一的，可以免予行政问责：……（三）情况紧急但尽到合理注意义务的。"《吉林省行政问责办法》第二十四条规定："行政机关工作人员在紧急情况下有本办法规定应当予以行政问责的情形，但尽到合理注意义务的，不予行政问责。有本办法规定应当予以行政问责的情形，情节轻微并主动改正的，可以免予问责。"[7] 部门规章规定如前述《应急管理行政执法人员依法履职管理规定》第十条规定的"有下列情形之一的，不予追究有关行政执法人员的行政执法责任：……（九）因不可抗力或者其他难以克服的因素，导致未能依法履行职责的"。虽然相关规定在效力层级与实质内容层面均有待完善，但这些规定无疑为我国在应急法律制度中建立紧急情况责任豁免制度奠定了基础。

在应急法律制度中设置法律责任豁免制度，既是应急行政现实的需要，也有责任法理论构造的支撑，还有"容错免责"政策与规则作为基础。但"紧急法律责任的豁免是一种法律上明文规定的允许制度，而不是人为确定的，

---

[1] 参见《公务员法》第六十一条、《公职人员政务处分法》第十一条第五项。
[2] 参见《公务员法》第六十条。
[3] 参见《公职人员政务处分法》第十一条。
[4] 参见《公职人员政务处分法》第十一条。
[5] 参见《公职人员政务处分法》第十二条第二款。
[6] 参见张哲飞、咸建刚：《公务员免责制度的规范分析》，载《理论探讨》2017年第4期。
[7] 另参见《北京市行政问责办法》第十五条、《四平市行政问责办法》第二十四条。

没有法律明文规定的豁免权的存在，任何人和单位不得获取豁免权"。① 责任的豁免是有条件的豁免。具体而言，所谓紧急情况下的法律责任豁免，首先必须限定豁免主体的范围。其次，必须对事实场景要件进行限定，即在何种事实场景下执法者属于处在紧急情况中，进而需要与常态行政相区分，可以豁免法律责任。再次，必须对行为性质本身进行限定。从次，还必须对行为人本身的主观状态进行判断，即在紧急情况下行为人何种主观状态下的行为可以豁免责任。最后，则是对于可豁免行为的行为结果进行限定。

责任豁免的前提是违反了法律规定。如果未违反法律规定，不承担法律责任，自然无责任豁免必要。除这一前提外，由上述分析可知，责任豁免制度由主体、场景、职权、主观状态、客观后果等五个要件组成。总体上，可将应急法律制度中的法律责任豁免条款拟定为：公职人员在紧急情况下行使职权的行为，违反本法规定，但出于善意目的且尽到合理注意义务，未造成严重损害的，可以从轻、减轻或免除其法律责任。②

---

① 莫纪宏、徐高：《紧急状态法学》，中国人民公安大学出版社1992年版，第323页。另参见孟涛：《紧急权力法及其理论的演变》，载《法学研究》2012年第1期。
② 关于应急行政责任豁免制度构建的专门研究可进一步参见白云锋：《应急行政责任豁免制度之建构》，载《行政法学研究》2024年第1期。

❖ 有关单位或者个人的法律责任

第九十六条　【突发事件发生地的单位不履行法定义务的法律责任】有关单位有下列情形之一，由所在地履行统一领导职责的人民政府有关部门责令停产停业，暂扣或者吊销许可证件，并处五万元以上二十万元以下的罚款；情节特别严重的，并处二十万元以上一百万元以下的罚款：

（一）未按照规定采取预防措施，导致发生较大以上突发事件的；

（二）未及时消除已发现的可能引发突发事件的隐患，导致发生较大以上突发事件的；

（三）未做好应急物资储备和应急设备、设施日常维护、检测工作，导致发生较大以上突发事件或者突发事件危害扩大的；

（四）突发事件发生后，不及时组织开展应急救援工作，造成严重后果的。

其他法律对前款行为规定了处罚的，依照较重的规定处罚。

第九十七条　【编造、传播虚假信息的法律责任】违反本法规定，编造并传播有关突发事件的虚假信息，或者明知是有关突发事件的虚假信息而进行传播的，责令改正，给予警告；造成严重后果的，依法暂停其业务活动或者吊销其许可证件；负有直接责任的人员是公职人员的，还应当依法给予处分。

第九十八条　【单位和个人不服从、不配合的法律责任】单位或者个人违反本法规定，不服从所在地人民政府及其有关部门依法发布的决定、命令或者不配合其依法采取的措施的，责令改正；造成严重后果的，依法给予行政处罚；负有直接责任的人员是公职人员的，还应当依法给予处分。

第九十九条　【单位和个人违反个人信息保护规定的法律责任】 单位或者个人违反本法第八十四条、第八十五条关于个人信息保护规定的，由主管部门依照有关法律规定给予处罚。

【释　义】

以上条文是对有关单位或者个人在突发事件应对过程中法律责任的规定。突发事件发生之后，公共应急的工作和职责并不单纯属于政府，其他有关单位及个人在其中也需要承担一定的义务。梳理《突发事件应对法》关于有关单位的义务，基本涵盖了突发事件的预防与应急准备、监测与预警、应急处置与救援、事后恢复与重建等各应急阶段。本部分，对于其中有关单位或者个人的部分义务专门规定了罚则，具体包括处罚主体、处罚事由、处罚方式、处罚适用原则等。相关责任主要包括：（1）负有法定应急义务的单位违法的法律责任；（2）编造传播虚假信息违法行为的法律责任；（3）不履行服从与配合义务的法律责任；（4）违反个人信息保护规定的法律责任。以下详述之。

一、负有法定应急义务的单位违法的法律责任

本类责任的处罚主体为"所在地履行统一领导职责的人民政府有关部门"，即属地政府具有行政处罚权的部门。在行政执法权下放的背景下，也可能是承接了上级政府或政府部门处罚权的乡镇政府、街道办事处。

处罚具体事由包括"未按照规定采取预防措施""未及时消除已发现的可能引发突发事件的隐患""未做好应急物资储备和应急设备、设施日常维护、检测工作""不及时组织开展应急救援工作"，且造成一定后果的。《突发事件应对法》第三条第一款规定："按照社会危害程度、影响范围等因素，突发自然灾害、事故灾难、公共卫生事件分为特别重大、重大、较大和一般四级。法律、行政法规或者国务院另有规定的，从其规定。"新法第九十六条将旧法第六十四条的"导致发生严重突发事件的"改为"导致发生较大以上突发事件的"，对应第三条突发事件级别之规定，标准更为明确，更具可操作性。

处罚方式包括资格罚与财产罚，分为一般与加重两档。一般违法处罚罚则为"责令停产停业，暂扣或者吊销许可证件，并处五万元以上二十万元以下的罚款"。"情节特别严重的"，加重处罚罚则为在一般处罚罚则的基础上"并处二十万元以上一百万元以下的罚款"。本条处罚对象为单位，资格罚与较大数额的罚款对其具有威慑力。不过，加重处罚的罚款数额较高，处罚机关有较大行政裁量权，因此，对于何为"情节特别严重"的判断应该更加审慎，有必要进一步制定更为细化的裁量基准。

第九十六条第二款规定了择一重罚的处罚适用原则。《行政处罚法》第二十九条规定："对当事人的同一个违法行为，不得给予两次以上罚款的行政处罚。同一个违法行为违反多个法律规范应当给予罚款处罚的，按照罚款数额高的规定处罚。"该条在一事不再罚规则的基础上增加了择一重罚规则。此次《突发事件应对法》修改新增本款规定，与《行政处罚法》的规定保持衔接。

二、编造传播虚假信息违法行为的法律责任

现代社会的危机具有不确定性与难以预测性。若要减小危机造成的损失，行政机关必须在有限的时间内快速作出应对决策，实施应急行政措施。要作出正确决策，非常依赖足够充分和真实的关于危机的信息。编造、传播虚假信息对于行政机关与其他社会主体应急工作的展开将造成负面影响。因此，根据《突发事件应对法》第七条第二款的规定，"任何单位和个人不得编造、故意传播有关突发事件的虚假信息。有关人民政府和部门发现影响或者可能影响社会稳定、扰乱社会和经济管理秩序的虚假或者不完整信息的，应当及时发布准确的信息予以澄清"。如果有关单位或者个人编造并且传播有关突发事件事态发展或者应急处置工作的虚假信息，或者明知是有关突发事件事态发展或者应急处置工作的虚假信息而进行传播，将承担相应的法律责任。

新法第九十七条将旧法第六十五条的"编造并传播有关突发事件事态发展或者应急处置工作的虚假信息，或者明知是有关突发事件事态发展或者应急处置工作的虚假信息而进行传播的"改为"编造并传播有关突发事件的虚假信息，或者明知是有关突发事件的虚假信息而进行传播的"，涵盖范围更加完整，有助于制止、处理发生在各个环节中的编造、传播虚假信息的行为。

新法第九十七条还将旧法第六十五条的"负有直接责任的人员是国家工作人员"改为"负有直接责任的人员是公职人员"，与《监察法》《公职人员政务处分法》《国有企业管理人员处分条例》规定的公职人员范围相衔接。

除此之外,新法第九十七条删除了旧法第六十五条"构成违反治安管理行为的,由公安机关依法给予处罚"的规定。这并非表明新法不对应急过程中违反治安管理的相关行为作出处罚,而是统一交由新法第一百零二条进行规范。

三、不履行服从与配合义务的法律责任

突发事件应对是一项复杂性、关联性极强的系统性工程,有关单位与公民的配合是必不可少的条件。因此,与一般行政执法领域,公民有消极禁止义务或容忍义务不同,在突发公共卫生事件应急状态下,公民和社会组织存在"积极作为义务",具体表现为"协助、配合行政主体控制危险,消除危害,恢复社会秩序,保障国民生命安全"的协力义务。[①] 在《突发事件应对法》《传染病防治法》《突发公共卫生事件应急条例》等法律法规中都有关于有关单位或者个人行政协力义务的规定。即《突发事件应对法》第九十八条关于有关单位或者个人不履行应急协力义务,行政机关如何处理以及相关责任主体如何承担法律责任的规定。

相比于旧法仅规定不履行协力义务"构成违反治安管理行为的,由公安机关依法给予处罚"一个层次的处理方式或罚则,新法细化规定了三个层次的处理方式或罚则。具体包括:首先,不履行协力义务,由行政机关责令改正;其次,造成严重后果的,才由行政机关依法给予行政处罚;最后,与本法第九十七条相同,对于负有直接责任的人员是公职人员的规定了处分责任。

这一细化规定并非仅以处罚为处理方式,而是给予了有权机关包括责令改正、处罚在内的更多行为选项,有助于有权机关根据实际情况作出有针对性的处理。

另外,新法第九十八条将旧法第六十六条的"所在地人民政府及其有关部门发布的决定、命令"的规定改为"所在地人民政府及其有关部门依法发布的决定、命令",强调了协力义务依据的合法性。根据行政行为原理,对于重大且明显违法的行政决定与命令,行政相对人有拒绝服从、履行的权利。对于其他不具有合法性要件的行政行为,如程序不合法,根据行政应急原则,

---

① 参见解志勇、雷雨薇:《公民协力义务研究——以突发公共卫生事件治理为例》,载《湖湘法学评论》2021 年第 1 期。

行政相对人一般应该遵循，但事后可提出申诉；对于行政机关而言，事后应对相关决定与命令补足合法性。

四、违反个人信息保护义务的法律责任

随着信息技术的深入发展，在应急过程中，网络信息技术的作用也逐步增强。"出于紧急情形管控的需要，数据在区域政府之间的流通壁垒被打破，数据的互认机制成为区域政府间应急防控的重要创新机制。"[1] 典型如"健康码""行程码"等信息记录、追踪技术，为公共卫生等领域的突发事件应对提供了高效、便捷的手段。

虽然紧急情况下为维护社会秩序和公民人身财产安全将常态法律悬置，为包括个人信息采集、国家信息监控在内的各项应急信息防控措施提供了合法性基础，但相关信息技术的运用同时会造成侵犯隐私、信息泄露、不当联结等问题。而且突发事件终会结束，非常态行政状态会恢复到常态行政状态。紧急情况下，对于个人信息的运用也不能突破人权保障的底线。对此，有研究就认为，针对政府与企业在应对突发事件期间通过"健康码"等互联网程序收集的个人身份、健康信息，可以通过赋予信息权利主体被遗忘权，在突发事件应对结束之后，要求信息掌握主体删除相关收集的信息，以使公民与国家的"权利——权力"关系回归正常状态。[2]

对此，修改后的《突发事件应对法》新增第八十四条规定，有关单位或者个人应当依法获取他人个人信息并不得非法收集、使用、加工、传输与非法买卖、提供或者公开他人个人信息。并且，在其后新增第八十五条，规定了个人信息的销毁义务与留存合法性、必要性、安全性评估程序。在法律责任章节，即对应新增第九十九条法律责任之规定。

第九十九条所规定的行政执法主体为主管部门，对此应结合《个人信息保护法》进行理解。《个人信息保护法》第六十条规定的履行个人信息保护职责的部门包括"国家网信部门""国务院有关部门""县级以上地方人民政府有关部门"。应急行政领域的个人信息保护主管部门即主要为网信部门与各类突发事件主管部门。

---

[1] 白云锋：《应急背景下区域一体化的法治逻辑》，载《社会科学》2023 年第 3 期。
[2] 参见沈伟伟：《论数字紧急状态的恢复机制——以新冠疫情防控为例》，载《清华法学》2021 年第 2 期。

【评　析】

　　责任是违反义务之后的法律后果，又被称为第二性义务。[①] 现代社会，危险与风险交织，危机应对是一项系统性工程，非仅需要政府承担起应急行政的职责。为了更好应对危机，还需要其他社会主体的参与、配合与协同。《突发事件应对法》第四条也规定，要"完善党委领导、政府负责、部门联动、军地联合、社会协同、公众参与、科技支撑、法治保障的治理体系"。实践中，在区域应急领域，"我国已经初步形成了一个由各属地政府应对与合作、中央政府统筹与监督、社会组织与公民个体参与、企业与科研单位技术支持的具备新区域主义特色的区域合作网络"。[②] 由此，本处对于有关单位或者个人法律责任的规定，与突发事件应对需要有关单位或者个人等各方承担义务的实情相对应。这有助于督促有关单位或者个人配合国家机关及其工作人员的工作，积极履行应急义务，以最终保障突发事件的高效解决。

　　不过，《突发事件应对法》关于有关单位或者个人法律责任的规范，也仍然有进一步完善的空间。比如，有研究指出，《突发事件应对法》责任规定不够周延，重要体现之一就是政府责任和有关单位或者个人责任规定的衔接上。有关单位的责任规定主要体现在《突发事件应对法》的第三十五条至第三十九条、第九十六条，与政府责任规定关联较大的是第九十六条。第九十六条规定的责任主体主要是生产经营等有关单位，适用于突发事件的预防与应急准备、监测与预警、应急处置与救援、事后恢复与重建等各应急阶段。"政府对单位负有监管责任，所以政府责任与单位责任之间存在规定上的衔接。这种衔接与政府自身责任衔接不同，同体责任衔接关注的是职责的更好履行，异体责任衔接关注的是责任如何合理分担而不至于发生事故后无法确定责任。"[③] 比如，第九十六条规定，"未按照规定采取预防措施，导致发生较大以上突发事件的"应该按该条第一款规定追究责任，而这一规定是附有条件

[①] 参见张文显：《法理学》，高等教育出版社、北京大学出版社2011年版，第122页。
[②] 白云锋：《应急背景下区域一体化的法治逻辑》，载《社会科学》2023年第3期。
[③] 马怀德、周慧：《〈突发事件应对法〉存在的问题与建议》，载《人民论坛·学术前沿》2012年第7期。

的，即追究责任是以"导致发生较大以上突发事件"为前提的。换言之，发生一般性的突发事件，虽然有关单位免责，但政府仍然要为此类情形负责。因为第九十五条规定的行政机关及其工作人员的责任并未明确以突发事件的严重等级作为追责标准。另外，如果政府尽到了监管责任，有关单位也按法律规定和政府要求采取了预防措施、消除了已发现的隐患，但还是发生了较大级别以上的突发事件。这种情况下，确定责任也成为问题。因为有关单位或者个人无违法事实，即便有损害后果，也不能追究法律责任；此时政府尽到了监管责任，也不应该承担法律责任，于是出现责任真空。对此，有研究就建议，"在无损害结果的情形下，政府应承担严格责任；无违法事实情况下，有关单位应承担严格责任。这样，既可保证不出现责任真空，也可保证政府和有关单位在突发事件应对上不会存在任何侥幸心理"。[①]

还有研究指出，目前作为应急综合法的《突发事件应对法》与作为应急单行法的《传染病防治法》等法律之间关于应急体制和机制的规定不完全相同。不同立法之间存在一定冲突，可能造成在突发事件预警和应对过程中，地方政府对应当适用哪一部法律存在认识分歧。在法律责任部分，如对于未按规定采取预防、控制措施的行为，修订后的《突发事件应对法》第九十六条规定必须"导致发生较大以上突发事件"，才会对有关单位或者个人进行处罚，而依据《传染病防治法》法律责任部分第七十五条[②]、第七十六条[③]等的规定，有权机关则可直接进行处罚，并未明确结果要件，且两者规定的处罚幅度亦不一致。有学者认为，《传染病防治法》制定在前，《突发事件应对法》颁行在后，属于新的一般规定与旧的特别规定的冲突问题，按照《立法法》第一百零五条的规定，需要提请全国人大常委会进行裁决。[④]

[①] 马怀德、周慧：《〈突发事件应对法〉存在的问题与建议》，载《人民论坛·学术前沿》2012年第7期。

[②] 《传染病防治法》第七十五条规定："未经检疫出售、运输与人畜共患传染病有关的野生动物、家畜家禽的，由县级以上地方人民政府畜牧兽医行政部门责令停止违法行为，并依法给予行政处罚。"

[③] 《传染病防治法》第七十六条规定："在国家确认的自然疫源地兴建水利、交通、旅游、能源等大型建设项目，未经卫生调查进行施工的，或者未按照疾病预防控制机构的意见采取必要的传染病预防、控制措施的，由县级以上人民政府卫生行政部门责令限期改正，给予警告，处五千元以上三万元以下的罚款；逾期不改正的，处三万元以上十万元以下的罚款，并可以提请有关人民政府依据职责权限，责令停建、关闭。"

[④] 参见代海军：《突发事件的治理逻辑及法治路径——以新冠肺炎疫情防控为视角》，载《行政法学研究》2021年第2期。

❖ 民事法律责任

第一百条 【民事责任】单位或者个人违反本法规定，导致突发事件发生或者危害扩大，造成人身、财产或者其他损害的，应当依法承担民事责任。

【释义】

本条是关于有关单位或者个人的民事法律责任的规定。有关单位或者个人在应急过程中的违法行为不仅会对行政秩序形成破坏，还可能对其他主体的人身、财产等造成损害。对于后者，即应当依法承担民事法律责任。具体而言，承担民事法律责任的主体包括单位或个人。承担民事法律责任的条件有二：一是违反《突发事件应对法》的规定，导致发生突发事件或者突发事件的危害扩大；二是造成了侵犯他人的人身、财产或者其他损害的后果。承担民事法律责任的责任形式主要是赔偿损失。

【评析】

本条为旧法已有规定。相较于旧法，新法删除"他人人身、财产"中"他人"之限定，并在"人身、财产"损害之后新增"或其他"损害之规定。修订后的规定更为精确，辐射范围更加完整。因为此处的民事法律责任不仅限于给他人人身、财产造成的损害，还包括给其他主体造成的其他损害。

如在环境污染事故发生后，环境污染治理的主体不一定是污染责任人。环境治理的后果控制原则要求首位接触主体在第一时间采取遏制环境污染扩散应急处置措施。环境污染的应急处置主体由此将会产生应急处置费用。对于环境行政机关而言，其为防止突发性环境污染损害扩大而采取的行政应急措施所产生的费用，就属于行政机关花费的环境应急处置费用。在环境民事公益诉讼、生态损害赔偿诉讼以及环境污染犯罪附带民事公益诉讼等诉讼中，行政机关对被告污染责任人的生态损害赔偿诉求内容包括应急处置费用。对于这一费用的支付，有研究认为，属于污染责任人应向行政机关承担的民事法律责任。[①]

另外，在《传染病防治法》等应急法律规范中同样也有关于类似有关单位或者个人违法行为民事法律责任的规定。如《传染病防治法》第七十七条规定，单位和个人违反本法规定，导致传染病传播、流行，给他人人身、财产造成损害的，也应当依法承担民事责任。

【适　用】

本条规定的民事法律责任在实践中主要是指侵权的民事法律责任，适用以保护生命权、健康权、物权等绝对权为核心的《民法典》"侵权责任编"及相关司法解释的规定。

根据《民法典》第一千一百七十九条的规定，侵害他人造成人身损害的，应当赔偿医疗费、护理费、交通费、营养费、住院伙食补助费等为治疗和康复支出的合理费用，以及因误工减少的收入。造成残疾的，还应当赔偿辅助器具费和残疾赔偿金；造成死亡的，还应当赔偿丧葬费和死亡赔偿金。同时，《民法典》第一千一百八十三条规定，侵害自然人人身权益造成严重精神损害的，被侵权人有权请求精神损害赔偿。无论是人身损害还是财产损失，均坚持损害填补的完全赔偿原则，并且可以单独或者合并适用《民法典》第一百七十九条规定的属于侵权责任承担方式的各项责任内容。[②]

这一责任包括导致突发事件发生或者危害扩大的直接侵权人，也包括具有危险预防和处置义务的第三人。如在明祥物流有限公司等环境污染纠纷案中，被告明祥物流有限公司承运变压器油，在运输过程中发生事故造成其运输的有害物质逸散并进入原告鱼塘致害。事故发生后，对事发路段负有管理

[①] 参见郑泽宇：《环境行政应急处置费用的法律性质辨析》，载《大连理工大学学报（社会科学版）》2021年第5期。

[②] 参见刘炫麟：《论传染病防控中的疫情报告制度》，载《法律适用》2020年第5期。

职责的遂渝高速公司未能采取措施避免油污向周边环境扩散。重庆市高级人民法院在再审时指出，高速公司的行为"造成了环境污染和进一步扩大了损失"，应被视为承担过错责任的造成环境污染的"第三人"。遭受事故的单位应当立即采取必要措施防止危害的扩大。未尽该项义务，由于事故引发损害扩大，对他人权益造成侵害的，应当承担相应民事法律责任。①

---

① 参见重庆市高级人民法院（2014）渝高法民申字第 00900 号民事判决书；林潇潇：《论〈民法典〉中的环境侵权主体——作为特殊侵权主体的"污染者"》，载《暨南学报（哲学社会科学版）》2022 年第 11 期。

❖ 治安管理处罚和刑事法律责任

第一百零二条 【治安管理处罚和刑事责任】违反本法规定，构成违反治安管理行为的，依法给予治安管理处罚；构成犯罪的，依法追究刑事责任。

【释　义】

本条是有关单位或者个人的治安管理处罚责任与刑事法律责任的规定。

本条将旧法第六十六条在有关单位或者个人法律责任部分规定之治安管理处罚责任置于本条刑事法律责任之前，其余无变动。有关单位或者个人在突发事件的应对过程中，违反《突发事件应对法》的规定，如未履行配合义务，触及《治安管理处罚法》以及相关行政法律确定的公共利益与行政秩序的，应基于本法以及《治安管理处罚法》的规定承担法律责任。有关单位或者个人在突发事件应对中的违法行为，触及刑事法律规范所旨在保障的国家安全、社会秩序、经济秩序、公民人身财产权利等法益，构成犯罪的，还应该按照《刑法》的规定，承担相关刑事法律责任。

【评　析】

治安管理处罚责任可置于"有关单位或者个人的法律责任"部分予以理解，以下主要就刑事法律责任展开评析，仅稍微涉及个人的治安管理处罚责任。刑法是规范人类行为的最后一道法律防线。[1] 相关主体违反应急法秩序，除可能承担行政法律责任与民事法律责任之外，也可能承担刑事法律责任。

---

[1] 参见王秀梅、司伟攀：《涉疫情以危险方法危害公共安全罪的研析》，载《法律适用》2020年第5期。

《突发事件应对法》等应急行政性法律法规把超越其管辖能力并应"依法追究刑事责任"的应急违法行为交由《刑法》规范。本处规定的刑事法律责任，其责任承担主体包括国家机关工作人员、其他有关单位或者个人。

国家机关工作人员主要涉及渎职罪。例如，《刑法》第四百零九条规定，"从事传染病防治的政府卫生行政部门的工作人员严重不负责任，导致传染病传播或者流行，情节严重的"，构成传染病防治失职罪，"处三年以下有期徒刑或者拘役"。除此之外，还可能涉及《刑法》第三百九十七条的滥用职权罪与玩忽职守罪、第四百零八条的环境监管失职罪、第四百零八条之一的食品药品监管渎职罪、第四百一十三条的动植物检疫徇私舞弊罪与动植物检疫失职罪等。

有关单位也可能因违反《突发事件应对法》而被追究刑事法律责任。根据《突发事件应对法》的规定，单位有法定的应对或配合应对突发事件的义务。例如，《突发事件应对法》第七条第二款规定任何单位和个人不得编造、故意传播有关突发事件的虚假信息；第三十五条规定单位有建立健全安全管理制度，定期开展危险源辨识评估，制定安全防范措施的义务；第三十六条规定矿山、金属冶炼、建筑施工单位和易燃易爆物品、危险化学品、放射性物品等危险物品的生产、经营、运输、储存、使用单位，应当采取措施管控风险和消除隐患，防止发生突发事件的义务；第三十七条规定公共交通工具、公共场所和其他人员密集场所的经营单位或者管理单位应当制定具体应急预案，为交通工具和有关场所配备报警装置和必要的应急救援设备、设施，注明其使用方法，并显著标明安全撤离的通道、路线，保证安全通道、出口的畅通。整体上，关于单位的义务覆盖从预防与应急准备到事后恢复与重建等多个环节。

单位对于相关规定的违反，结合具体情节，可能涉及《刑法》的相关罪名。典型如非法制造、买卖、运输、储存毒害性、放射性、传染病病原体等物质，危害公共安全的，将可能构成《刑法》第一百二十五条第二款规定的非法制造、买卖、运输、储存危险物质罪；违反国家有关市场经营、价格管理等规定，囤积居奇，哄抬疫情防控急需的口罩、护目镜、防护服、消毒液等防护用品、药品或者其他涉及民生的物品价格，牟取暴利，违法所得数额较大或者有其他严重情节，严重扰乱市场秩序的，将可能构成《刑法》第二百二十五条规定的非法经营罪；网络服务提供者不履行法律、行政法规规定的信息网络安全管理义务，经监管部门责令采取改正措施而拒不改正，致使违法信息大量传播的或者致使用户信息泄露，造成严重后果的，将可能构成《刑法》第二百八十六条之一规定的拒不履行信息网络安全管理义务罪；拒绝执行卫生防疫机构依照传染病防治法提出的防控措施，引起传染病病毒传播或者有传播严重危险的，将可能构成《刑法》第三百三十条规定的妨害传染病防治罪；违反国境卫生检疫规定，引起检疫传染病传播或者有传播严重危险的，将可能构成《刑法》第三百三十二条规定的妨害国境卫生检疫罪；违反国家规定，排放、倾倒或者处置有放射性的废物、含传染病病原体的废物、有毒物质或者其他有害物质，严重污染环境的，将可能构成《刑法》第三百三十八条规定的污染环境罪等。

在应急法规范与应急动员体制的实践中，个人有服从和配合国家机关及其工作人员应急工作的义务。个人违反《治安管理处罚法》规定的相关义务，可能构成违反《治安管理处罚法》而应受行政处罚。典型如《治安管理处罚法》第五十条规定，拒不执行人民政府在紧急状态情况下依法发布的决定、命令的，阻碍国家机关工作人员依法执行职务的，阻碍执行紧急任务的消防车、救护车、工程抢险车、警车等车辆通行的，强行冲闯公安机关设置的警戒带、警戒区的，处警告或者二百元以下罚款；情节严重的，处五日以上十日以下拘留，可以并处五百元以下罚款。阻碍人民警察依法执行职务的，从重处罚。如果个人的相关行为情节严重或者侵害法益属性不同等，则可能因违反刑事法律规范，构成犯罪，承担刑事责任。典型如《刑法》第二百七十七条规定的妨害公务罪。在个人存在以暴力、威胁方法阻碍国家机关工作人员依法执行职务或者在自然灾害和突发事件中，以暴力、威胁方法阻碍红十字会工作人员依法履行职责的行为时，会被处三年以下有期徒刑、拘役、管制或者罚金等刑事处罚。

整体上，违反应急管理秩序多成立行政犯。行政犯，是指对于行为的犯罪性质，不能通过社会伦理直接进行判断，而是要根据行政法规的规定才能确定的犯罪，质言之，即违反行政法规中的禁止性规范，并由行政法规中的刑事法则所规定的犯罪。① 对于行政犯，应特别明确作为入罪前提的行政性规范的范围。如对于妨害传染病防治罪，《刑法》第三百三十条规定，违反传染病防治法的规定，拒绝执行县级以上人民政府、疾病预防控制机构依照传染病防治法提出的预防、控制措施等情形，引起甲类传染病以及依法确定采取甲类传染病预防、控制措施的传染病传播或者有传播严重危险的，处三年以下有期徒刑或者拘役；后果特别严重的，处三年以上七年以下有期徒刑。其中，"违反传染病防治法的规定"的范围就是需要明确的内容。有研究认为，对此应作限制解释，即"违反传染病防治法的规定"应是对有关传染病防治的法律、行政法规、司法解释的违反，不包括其他规范性文件。考虑到罪刑法定原则以及公民的权利保障，对于作为行政犯入罪前提的行政性规范的范围的确定，总体上应该持更加审慎的态度。

---

① 参见刘宪权主编：《刑法学》（上），上海人民出版社2022年版，第70页。

❖ 法律责任的阻却事由

第一百零一条　【紧急避险】为了使本人或者他人的人身、财产免受正在发生的危险而采取避险措施的，依照《中华人民共和国民法典》、《中华人民共和国刑法》等法律关于紧急避险的规定处理。

【释　义】

本条是关于突发事件应对中紧急避险的规定，为新增规定。

紧急避险是指在两种合法利益不可能同时都得到保护的情况下，不得已而牺牲其中较轻的利益，保全较重大的利益的行为。[①] 在危机中，为了社会公共利益、自身或者他人的合法利益免受更大的损害，在不得已的情况下采取的造成他人少量损失的措施，可成立突发事件应对中的紧急避险。《民法典》与《刑法》均有关于紧急避险不承担责任以及避险过当的规定。《民法典》第一百八十二条规定，因紧急避险造成损害的，由引起险情发生的人承担民事责任。危险由自然原因引起的，紧急避险人不承担民事责任，可以给予适当补偿。紧急避险采取措施不当或者超过必要的限度，造成不应有的损害的，紧急避险人应当承担适当的民事责任。《刑法》第二十一条则规定，为了使国家、公共利益、本人或者他人的人身、财产和其他权利免受正在发生的危险，不得已采取的紧急避险行为，造成损害的，不负刑事责任。紧急避险超过必要限度造成不应有的损害的，应当负刑事责任，但是应当减轻或者免除处罚。但前述关于避免本人危险的规定，不适用于职务上、业务上负有特定责任的人。本条是对于突发事件应对中的紧急避险行为，准用上述民事法律规范与刑事法律规范承担（或不承担）责任的规定。

[①] 参见杨立新主编：《侵权行为法》，复旦大学出版社2005年版，第125页。

【评　析】

理论上，并非形式上违反了法律，存在符合侵权行为、应受行政处罚行为、犯罪行为构成要件的行为即需要承担责任，还应该看是否存在法律责任的阻却事由。阻却事由分为客观层面的阻却事由与主观层面的阻却事由，前者被称为违法阻却事由，后者被称为责任阻却事由。违法阻却事由包括法定的违法阻却事由与超法规的违法阻却事由。本条规定的紧急避险即属于法定的违法阻却事由。不过，整体上，目前应急行政法律规范中关于紧急情况下行为的正当化事由的规定还比较单薄，未来可以通过立法与法律解释进行进一步拓展。

除紧急避险外，阻却事由还包括正当防卫、被害人承诺、不可抗力、自助行为、自愿紧急救助行为、受害人故意、受害人同意、自甘风险等。[1] 如《民法典》第一百八十四条规定，因自愿实施紧急救助行为造成受助人损害的，救助人不承担民事责任。在突发事件应对中，也可能会出现因自愿的紧急救助而造成受助人损害的情况，此时即可以适用民事法律规范的相关规定界定责任。

【适　用】

本条规定的适用主体既可能是其他单位和个人，也可能是国家机关工作人员。在突发事件应对的医疗救护之中，就可能会存在基于医生医疗行为的紧急避险情况。对于医生为抢救生命违反医疗法律规范而引起的案件，有研究认为，生命权大于公权力，保障生命权是基础，也是公权力实施的宗旨，此种情形可成立紧急避险。不过，要注意排除以紧急避险为名行违法行为之实的情况。[2]

---

[1] 参见张明楷：《刑法学》，法律出版社 2021 年版，第 250—315 页；程啸：《侵权责任法》，法律出版社 2021 年版，第 325—366 页。

[2] 参见石滨、宋佳、温继华：《生命权与公权力真的"碰撞"了吗——医院临床紧急用血行政处罚案例引发的思考》，载《医学与哲学（人文社会医学版）》2008 年第 3 期。

另外，在2021年的一起案件中，为及时化解洪水上涨出现的险情，三山镇以及白鹤村、瑟江村、江厝村，与三富养殖场商讨抗台排洪对策，决定由三富养殖场开闸门纳洪。三富养殖场开闸纳洪之后，发生滩涂部分决堤和新建二孔水闸倒塌，并造成重大经济损失。对此，法院即指出，三山镇政府根据台风的影响力，在三山镇地区出现特大强降雨，上游水位持续上涨已危及滩涂养殖场周边部分村民财产及生命安全的紧急情况下，为及时化解洪水上涨出现的险情，及时制定对策，决定由三富养殖场开闸门纳洪，属于紧急避险应对措施，其行为并无不当。因危险是由自然灾害引起的，根据《民法典》第一百八十二条第二款的规定，三山镇政府作为紧急避险人不承担民事责任。因此，原告主张各被告承担赔偿责任，缺乏事实与法律依据，不予支持。但法院同时也指出，尽管如此，原告能够顾全大局、及时落实三山镇政府关于抗台防洪的措施决定，其行为值得肯定，其遭受的损失理当予以适当补偿。[①]

[①] 参见林某、福清市三山镇人民政府等财产损害赔偿纠纷案，福建省福清市人民法院（2022）闽0181民初8255号民事判决书。

第八章 附　　则

本章概述

　　附则是法律的附属部分，一般也是法律的最后一部分。附则中通常不规定法律关系主体的权利义务等实质性的内容，而是主要规定对专用名词、术语进行说明的解释性条款与法律适用范围、施行日期以及废止等配套性条款。① 本章共 4 个条文，相对于旧法新增 2 个条文，主要涉及紧急状态程序适用、涉外突发事件应对与法律施行日期等内容。

---

① 参见《传染病防治法》第七十八条。

❖ 紧急状态适用

第一百零三条　【紧急状态】发生特别重大突发事件，对人民生命财产安全、国家安全、公共安全、生态环境安全或者社会秩序构成重大威胁，采取本法和其他有关法律、法规、规章规定的应急处置措施不能消除或者有效控制、减轻其严重社会危害，需要进入紧急状态的，由全国人民代表大会常务委员会或者国务院依照宪法和其他有关法律规定的权限和程序决定。

紧急状态期间采取的非常措施，依照有关法律规定执行或者由全国人民代表大会常务委员会另行规定。

【释　义】

本条为旧法已有条款，本次修改，仅将旧法"环境安全"改为了"生态环境安全"，其余无变动。

本条第一款是关于紧急状态适用的规定。现实中存在不同程度的紧急情况，非常态权力的行使也有多种类型。《突发事件应对法》主要对应轻度的紧急情况，并未将所有紧急情况与非常态权力行使情形全部覆盖。由此，对于更为严峻的紧急情况，需要其他对应的紧急权力规范机制。本条之规定，明确了当紧急情况更为严峻时，非常态权力的规范机制——由全国人民代表大会常务委员会或者国务院依照宪法和其他有关法律规定的权限和程序决定，宣布进入紧急状态。相关准用规范如下：宪法第六十七条规定，全国人民代表大会常务委员会有权决定全国或者个别省、自治区、直辖市进入紧急状态；宪法第八十条规定，中华人民共和国主席根据全国人民代表大会的决定和全国人民代表大会常务委员会的决定，宣布进入紧急状态，宣布战争状态，发布动员令；宪法第八十九条规定，国务院有权依照法律规定决定省、自治区、直辖市的范围内部分地区进入紧急状态。

本条第二款是关于紧急状态下非常态措施准用以及规范制定权主体的规定。第一,其他法律有关于紧急状态下之规定的,应进行准用。如《专利法》第二十四条规定,申请专利的发明创造在申请日以前六个月内,如果是在国家出现紧急状态或者非常情况时,为公共利益目的首次公开的,专利不丧失新颖性。第二,整体而言,目前关于紧急状态法制的规定比较薄弱,本款后段规定某种意义上也赋予了全国人民代表大会常务委员会完善紧急状态立法的使命。

【评 析】

在2007年《突发事件应对法》制定之前,就有不少关于应急法治立法内容的探索。如有学者指出,"在我国尚未将制定重大突发事件应急法或紧急状态法列入近期立法计划的情况下","建议在行政程序法试拟稿中增设一节,专门规定紧急行政程序"。[1] 随着2004年宪法修正案引入紧急状态制度以及第十届全国人大常委会将紧急状态法纳入立法规划,学者们展开了对制定紧急状态法的探讨。有研究对紧急状态法的基本原则与运行制度等问题进行了讨论,指出紧急状态法是宪法相关法和综合应急法,不会简单地替代现行专门应急法,也不包括战争和战争动员法。[2] 还有学者、课题组提出了相关立法建议稿。[3] 不过,立法机关其后并未制定紧急状态法,而是颁行了《突发事件应对法》。《突发事件应对法》进入立法视野,是在制定紧急状态法的条件尚不成熟的情形下作出的一个替代性选择。[4] 从开始制定紧急状态法的计划改为制定《突发事件应对法》,主要原因在于立法资源的配置必须着眼于当前最急

---

[1] 参见莫于川:《建议在我国行政程序法典中设立紧急程序条款》,载《政治与法律》2003年第6期。

[2] 参见于安:《制定紧急状态法的基本问题(上)》,载《法学杂志》2004年第4期;于安:《制定紧急状态法的基本问题(下)》,载《法学杂志》2004年第5期。

[3] 参见于安:《中华人民共和国紧急状态和应急管理法专家建议稿及说明》,载《行政法论丛》2005年总第8卷;中国人民大学宪政与行政法治研究中心课题组、韩大元、莫于川等:《〈中华人民共和国紧急状态法(专家建议稿)〉及其说明》,载《宪政与行政法治评论》2005年总第2卷。

[4] 于安:《论国家应急基本法的结构调整——以〈突发事件应对法〉的修订为起点》,载《行政法学研究》2020年第3期。

迫的社会需求。①

在现行宪法体制下，从紧急权力范畴对应急行政进行定位，国家紧急权力主要表现为轻度形态、中度形态和重度形态。轻度形态的国家紧急权力专属于政府，主要应对一些基本可控的轻度危机。中度形态的国家紧急权力主要有戒严、紧急状态等。重度形态的国家紧急权力主要有总动员和局部动员、战争状态等，所要应对的是最为严重的国家危机。轻度形态的国家紧急权力的立法表现形式主要是《突发事件应对法》，中度形态的国家紧急权力的立法表现形式是《戒严法》、紧急状态法，重度形态的国家紧急权力立法表现形式是《国防动员法》《国防法》等。②

就目前的《突发事件应对法》而言，其无法覆盖应急行政权力的所有应用情景。有研究指出，从宏观结构上看，《突发事件应对法》的制度定位高度不够，集中于行政机关职能方面，不涉及宪法制度问题，与宪法上的紧急状态规范之间存在制度断层，无法全面满足国家应急法律体系对应急基本法的要求。③

对于如何构建融贯于现行应急法律体系之中的紧急状态法制，在本次修法前存在相关探讨，主要有"分离"立法和"整合"立法两种思路。"分离"思路主张在《突发事件应对法》之外，另行制定一部紧急状态法。④"整合"的思路则主张将紧急状态立法摆在构建完善国家应急基本法的高度，使《突发事件应对法》的规范性内容包含于紧急状态法之中。⑤ 目前，从《突发事件应对法》的修订思路和内容来看，立法机关依然是采取"分离"的立法思路。

不过，在 2007 年《突发事件应对法》颁行之时，虽然制定"紧急状态法"的意向被暂时搁置，但作为替代品的《突发事件应对法》在附则部分，

---

① 参见于安：《制定〈突发事件应对法〉的理论框架》，载《法学杂志》2006 年第 4 期。
② 参见刘小冰：《以紧急状态法为重心的中国应急法制体系的整体重构》，载《行政法学研究》2021 年第 2 期。
③ 参见金晓伟：《论我国紧急状态法制的实现条件与路径选择——从反思应急法律体系切入》，载《政治与法律》2021 年第 5 期。
④ 参见林鸿潮、赵艺绚：《应急管理领域新一轮修法的基本思路和重点》，载《新疆师范大学学报（哲学社会科学版）》2020 年第 6 期。
⑤ 参见于安：《论国家应急基本法的结构调整——以〈突发事件应对法〉的修订为起点》，载《行政法学研究》2020 年第 3 期。

具体为旧法第六十九条，为潜在的紧急状态法制预留了一个实施空间，使之与宪法上的紧急状态规范保持衔接。① 新修订的《突发事件应对法》第一百零三条保留了这一规定，在形式上为常规突发事件应对模式和重大突发事件即紧急状态应对模式的转换提供了一个重要的制度接口。

---

① 参见金晓伟：《论我国紧急状态法制的实现条件与路径选择——从反思应急法律体系切入》，载《政治与法律》2021 年第 5 期。

❖ 涉外应急适用

第一百零四条 【域外突发事件应对】 中华人民共和国领域外发生突发事件，造成或者可能造成中华人民共和国公民、法人和其他组织人身伤亡、财产损失的，由国务院外交部门会同国务院其他有关部门、有关地方人民政府，按照国家有关规定做好应对工作。

第一百零五条 【境内的外国人、无国籍人义务】 在中华人民共和国境内的外国人、无国籍人应当遵守本法，服从所在地人民政府及其有关部门依法发布的决定、命令，并配合其依法采取的措施。

【释 义】

以上两个条文是关于涉外突发事件应对的规定，全部为新增规定。本处关于涉外应急的规定，以属地与属人为标准，涉及两种基本情况。首先，即在我国领域外发生的对我国公民、法人和其他组织造成影响的突发事件，我国相关部门有保护本国公民人身、财产安全的义务。具体机制为国务院外交部门会同国务院其他有关部门、有关地方人民政府按照国家有关规定履行突发事件应对的职责。

其次，在我国领域内发生突发事件时，《突发事件应对法》的效力也及于在我国境内的外国人、无国籍人。他们有遵守《突发事件应对法》等法律规范确定的服从、协力义务，如遵守所在地人民政府及其有关部门依法发布的决定、命令的义务等。

【评 析】

现代社会，随着交通、通信技术的发展与市场经济的成熟，人类通过交往、交易行为更加紧密地联系在一起。危机的复杂性往往导致应急决策牵一发而动全身。经由市场、交通、通信等形成的全球化的基础结构，不仅会导致危机在领域间快速传播，更深刻的影响在于，各社会领域在保持内在相对独立性的同时，也产生互相的嵌套，导致危机在结构上的堆叠。

由此，在现代社会，应急突发事件的影响、处置乃至发生根源越来越具有国际化、涉外性的特征。[1] 所谓涉外因素是指与外国人或无国籍人、外国国家、外国组织机构或国际组织发生联系。涉外突发事件的涉外性包括事件的行为主体涉外、被侵犯的客体涉外或其他法律事实涉外等情形。这是涉外突发事件区别于其他突发事件的最基本特征。[2]

与一般的突发事件比较，具有涉外因素的突发事件更为敏感，处置难度也更大。涉外突发事件不但严重威胁着我国的国家安全和人民生命、财产安全，也极有可能会对其他国家、地区的安全和利益造成威胁，一旦处置不当，不但会对国内社会治安秩序产生不良影响，造成本国境外公民人身、财产的损失，并且还可能影响我国与有关国家的外交关系，损害我国的国家形象与国际声誉。[3]

由此，《突发事件应对法》本次修订新增涉外应急的条款，有助于明确的法律适用范围和相关主体的义务，对于应对全球化背景下的系统性危机，保障本国公民境外权益等具有重要意义。

---

[1] 参见王俊生：《如何在应急突发事件中做好涉外管理》，载《领导科学》2010 年第 29 期。

[2] 参见谢瑜、雷舒越：《涉外突发事件应急处置机制的构建》，载《四川警察学院学报》2014 年第 6 期。

[3] 参见谢瑜、雷舒越：《涉外突发事件应急处置机制的构建》，载《四川警察学院学报》2014 年第 6 期。

❖ 法律施行时间

第一百零六条　【施行日期】本法自 2024 年 11 月 1 日起施行。

【释　义】

本条是关于新修订《突发事件应对法》施行时间的规定。《突发事件应对法》由中华人民共和国第十四届全国人民代表大会常务委员会第十次会议于 2024 年 6 月 28 日修订通过，本条明确施行时间为 2024 年 11 月 1 日。

【评　析】

本条属于附则中关于法律生效时间的配套性条文。法律的生效时间属于法律的时间效力问题。法律的时间效力，是指法律何时生效、何时终止效力以及法律对其生效以前的事件和行为有无溯及力。法律的生效时间，主要有三种：（1）自法律公布之日起生效；（2）由该法律规定具体生效时间；（3）规定法律公布后符合一定条件时生效。[1]

本处规定本法并非自法律公布之日起生效，也非符合一定条件时生效，而是规定具体的生效时间即 2024 年 11 月 1 日生效。这一方面，是因为新法的施行、新旧法的衔接尚需要一定的准备时间；另一方面，也是因为在现代社会背景下，突发事件频发，亟待新法及其规定的新制度应对，不宜规定过于久远之生效时间或不确定之生效方式。

---

[1] 参见胡土贵：《法理学》，复旦大学出版社 2000 年版，第 94 页。

附 录

《中华人民共和国突发事件应对法》
新旧对照表[*]

（左栏黑体字部分为修改内容，
右栏阴影部分为删去内容，右栏波浪线部分为移动的内容）

突发事件应对法（2024年修订）	突发事件应对法（2007年）
目　录	目　录
第一章　总　则 **第二章　管理与指挥体制** 第三章　预防与应急准备 第四章　监测与预警 第五章　应急处置与救援 第六章　事后恢复与重建 第七章　法律责任 第八章　附　则	第一章　总　则 第二章　预防与应急准备 第三章　监测与预警 第四章　应急处置与救援 第五章　事后恢复与重建 第六章　法律责任 第七章　附　则
第一章　总　则	第一章　总　则
第一条　为了预防和减少突发事件的发生，控制、减轻和消除突发事件引起的严重社会危害，**提高突发事件预防和应对能力，**规范突发事件应对活动，保护人民生命财产安全，维护国家安全、公共安全、**生态**环境安全和社会秩序，**根据宪法，**制定本法。	第一条　为了预防和减少突发事件的发生，控制、减轻和消除突发事件引起的严重社会危害，规范突发事件应对活动，保护人民生命财产安全，维护国家安全、公共安全、环境安全和社会秩序，制定本法。

---

[*] 以下表格左栏为2024年6月28日第十四届全国人民代表大会常务委员会第十次会议修订公布的新《突发事件应对法》，右栏为2007年8月30日第十届全国人民代表大会常务委员会第二十九次会议通过的旧《突发事件应对法》。

续表

突发事件应对法（2024年修订）	突发事件应对法（2007年）
第二条　本法所称突发事件，是指突然发生，造成或者可能造成严重社会危害，需要采取应急处置措施予以应对的自然灾害、事故灾难、公共卫生事件和社会安全事件。 突发事件的预防与应急准备、监测与预警、应急处置与救援、事后恢复与重建等应对活动，适用本法。 《中华人民共和国传染病防治法》等有关法律对突发公共卫生事件应对作出规定的，适用其规定。有关法律没有规定的，适用本法。	第三条第一款　本法所称突发事件，是指突然发生，造成或者可能造成严重社会危害，需要采取应急处置措施予以应对的自然灾害、事故灾难、公共卫生事件和社会安全事件。 第二条　突发事件的预防与应急准备、监测与预警、应急处置与救援、事后恢复与重建等应对活动，适用本法。
第三条　按照社会危害程度、影响范围等因素，**突发**自然灾害、事故灾难、公共卫生事件分为特别重大、重大、较大和一般四级。法律、行政法规或者国务院另有规定的，从其规定。 突发事件的分级标准由国务院或者国务院确定的部门制定。	第三条第二款、第三款　按照社会危害程度、影响范围等因素，自然灾害、事故灾难、公共卫生事件分为特别重大、重大、较大和一般四级。法律、行政法规或者国务院另有规定的，从其规定。 突发事件的分级标准由国务院或者国务院确定的部门制定。
第四条　突发事件应对工作坚持中国共产党的领导，坚持以马克思列宁主义、毛泽东思想、邓小平理论、"三个代表"重要思想、科学发展观、习近平新时代中国特色社会主义思想为指导，建立健全集中统一、高效权威的中国特色突发事件应对工作领导体制，完善党委领导、政府负责、部门联动、军地联合、社会协同、公众参与、科技支撑、法治保障的治理体系。	新增条文
第五条　突发事件应对工作应当坚持总体国家安全观，统筹发展与安全；坚持人民至上、生命至上；坚持依法科学	第五条　突发事件应对工作实行预防为主、预防与应急相结合的原则。国家建立重大突发事件风险评估体系，对可

续表

突发事件应对法（2024年修订）	突发事件应对法（2007年）
应对，尊重和保障人权；坚持预防为主、预防与应急相结合。	能发生的突发事件进行综合性评估，减少重大突发事件的发生，最大限度地减轻重大突发事件的影响。 （第二句移至第三十二条处）
第六条 国家建立有效的社会动员机制，**组织动员企业事业单位、社会组织、志愿者等各方力量依法有序参与突发事件应对工作**，增强全民的公共安全和防范风险的意识，提高全社会的避险救助能力。	**第六条** 国家建立有效的社会动员机制，增强全民的公共安全和防范风险的意识，提高全社会的避险救助能力。
第七条 国家建立健全突发事件信息发布制度。有关人民政府和部门应当及时**向社会公布**突发事件相关信息和有关突发事件应对的决定、命令、措施等信息。 任何单位和个人不得编造、故意传播有关突发事件的虚假信息。有关人民政府和部门发现影响或者可能影响社会稳定、扰乱社会和经济管理秩序的虚假或者不完整信息的，应当及时发布准确的信息予以澄清。	**第十条** 有关人民政府及其部门作出的应对突发事件的决定、命令，应当及时公布。 **第五十三条** 履行统一领导职责或者组织处置突发事件的人民政府，应当按照有关规定统一、准确、及时发布有关突发事件事态发展和应急处置工作的信息。 **第五十四条** 任何单位和个人不得编造、传播有关突发事件事态发展或者应急处置工作的虚假信息。
第八条 国家建立健全突发事件新闻采访报道制度。有关人民政府和部门应当做好新闻媒体服务引导工作，支持新闻媒体开展采访报道和舆论监督。 新闻媒体采访报道突发事件应当及时、准确、客观、公正。 新闻媒体应当开展突发事件应对法律法规、预防与应急、自救与互救知识等的公益宣传。	**第二十九条第三款** 新闻媒体应当无偿开展突发事件预防与应急、自救与互救知识的公益宣传。
第九条 国家建立突发事件应对工作投诉、举报制度，公布统一的投诉、举	新增条文

续表

突发事件应对法（2024 年修订）	突发事件应对法（2007 年）
报方式。 　　对于不履行或者不正确履行突发事件应对工作职责的行为，任何单位和个人有权向有关人民政府和部门投诉、举报。 　　接到投诉、举报的人民政府和部门应当依照规定立即组织调查处理，并将调查处理结果以适当方式告知投诉人、举报人；投诉、举报事项不属于其职责的，应当及时移送有关机关处理。 　　有关人民政府和部门对投诉人、举报人的相关信息应当予以保密，保护投诉人、举报人的合法权益。	
第十条　突发事件应对措施应当与突发事件可能造成的社会危害的性质、程度和范围相适应；有多种措施可供选择的，应当选择有利于最大程度地保护公民、法人和其他组织权益，且对他人权益损害和生态环境影响较小的措施，并根据情况变化及时调整，做到科学、精准、有效。	第十一条第一款　有关人民政府及其部门采取的应对突发事件的措施，应当与突发事件可能造成的社会危害的性质、程度和范围相适应；有多种措施可供选择的，应当选择有利于最大程度地保护公民、法人和其他组织权益的措施。
第十一条　国家在突发事件应对工作中，应当对未成年人、老年人、残疾人、孕产期和哺乳期的妇女、需要及时就医的伤病人员等群体给予特殊、优先保护。	新增条文
第十二条　县级以上人民政府及其部门为应对突发事件的紧急需要，可以征用单位和个人的设备、设施、场地、交通工具等财产。被征用的财产在使用完毕或者突发事件应急处置工作结束后，应当及时返还。财产被征用或者征用后毁损、灭失的，应当给予公平、合理的补偿。	第十二条　有关人民政府及其部门为应对突发事件，可以征用单位和个人的财产。被征用的财产在使用完毕或者突发事件应急处置工作结束后，应当及时返还。财产被征用或者征用后毁损、灭失的，应当给予补偿。

续表

突发事件应对法（2024年修订）	突发事件应对法（2007年）
第十三条　因**依法**采取突发事件应对措施，**致使**诉讼、**监察调查**、行政复议、仲裁、**国家赔偿等**活动不能正常进行的，适用有关时效中止和程序中止的规定，法律另有规定的除外。	第十三条　因采取突发事件应对措施，诉讼、行政复议、仲裁活动不能正常进行的，适用有关时效中止和程序中止的规定，但法律另有规定的除外。
第十四条　中华人民共和国政府在突发事件的预防**与应急准备**、监测与预警、应急处置与救援、事后恢复与重建等方面，同外国政府和有关国际组织开展合作与交流。	第十五条　中华人民共和国政府在突发事件的预防、监测与预警、应急处置与救援、事后恢复与重建等方面，同外国政府和有关国际组织开展合作与交流。
第十五条　对在突发事件应对工作中做出突出贡献的单位和个人，按照国家有关规定给予表彰、奖励。	第六十一条第三款　公民参加应急救援工作或者协助维护社会秩序期间，其在本单位的工资待遇和福利不变；表现突出、成绩显著的，由县级以上人民政府给予表彰或者奖励。 （前半句移至第九十条处）
第二章　管理与指挥体制	
第十六条　国家建立统一**指挥**、**常备兼备、反应灵敏、上下联动**的**应急管理体制和**综合协调、分类管理、分级负责、属地管理为主的**工作体系**。	第四条　国家建立统一领导、综合协调、分类管理、分级负责、属地管理为主的**应急管理体制**。
第十七条　县级人民政府对本行政区域内突发事件的应对**管理**工作负责。突发事件发生后，发生地县级人民政府应当立即采取措施控制事态发展，组织开展应急救援和处置工作，并立即向上一级人民政府报告，必要时可以越级上**报，具备条件的，应当进行网络直报或者自动速报。** 突发事件发生地县级人民政府不能消除或者不能有效控制突发事件引起的严	第七条　县级人民政府对本行政区域内突发事件的应对工作负责；涉及两个以上行政区域的，由有关行政区域共同的上一级人民政府负责，或者由各有关行政区域的上一级人民政府共同负责。 突发事件发生后，发生地县级人民政府应当立即采取措施控制事态发展，组织开展应急救援和处置工作，并立即向上一级人民政府报告，必要时可以越级上报。

续表

突发事件应对法（2024年修订）	突发事件应对法（2007年）
重社会危害的，应当及时向上级人民政府报告。上级人民政府应当及时采取措施，统一领导应急处置工作。 法律、行政法规规定由国务院有关部门对突发事件应对**管理**工作负责的，从其规定；地方人民政府应当积极配合并提供必要的支持。	突发事件发生地县级人民政府不能消除或者不能有效控制突发事件引起的严重社会危害的，应当及时向上级人民政府报告。上级人民政府应当及时采取措施，统一领导应急处置工作。 法律、行政法规规定由国务院有关部门对突发事件的应对工作负责的，从其规定；地方人民政府应当积极配合并提供必要的支持。 （第一款后半句移至第十八条处）
第十八条　突发事件涉及两个以上行政区域的，**其应对管理工作**由有关行政区域共同的上一级人民政府负责，或者由各有关行政区域的上一级人民政府共同负责。**共同负责的人民政府应当按照国家有关规定，建立信息共享和协调配合机制。根据共同应对突发事件的需要，地方人民政府之间可以建立协同应对机制。**	第七条第一款　县级人民政府对本行政区域内突发事件的应对工作负责；涉及两个以上行政区域的，由有关行政区域共同的上一级人民政府负责，或者由各有关行政区域的上一级人民政府共同负责。
第十九条　县级以上人民政府是突发事件应对**管理**工作的行政领导机关。 国务院在总理领导下研究、决定和部署特别重大突发事件的应对工作；根据实际需要，设立国家突发事件应急指挥机构，负责突发事件应对工作；必要时，国务院可以派出工作组指导有关工作。 县级以上地方人民政府设立由本级人民政府主要负责人、相关部门负责人、**国家综合性消防救援队伍和**驻当地中国人民解放军、中国人民武装警察部队有关负责人**等**组成的突发事件应急指挥机构，	第九条　国务院和县级以上地方各级人民政府是突发事件应对工作的行政领导机关，**其办事机构及具体职责由国务院规定**。 第八条　国务院在总理领导下研究、决定和部署特别重大突发事件的应对工作；根据实际需要，设立国家突发事件应急指挥机构，负责突发事件应对工作；必要时，国务院可以派出工作组指导有关工作。 县级以上地方各级人民政府设立由本级人民政府主要负责人、相关部门负责人、驻当地中国人民解放军**和**中国人民

续表

突发事件应对法（2024年修订）	突发事件应对法（2007年）
统一领导、协调本级人民政府各有关部门和下级人民政府开展突发事件应对工作；根据实际需要，设立相关类别突发事件应急指挥机构，组织、协调、指挥突发事件应对工作。	武装警察部队有关负责人组成的突发事件应急指挥机构，统一领导、协调本级人民政府各有关部门和下级人民政府开展突发事件应对工作；根据实际需要，设立相关类别突发事件应急指挥机构，组织、协调、指挥突发事件应对工作。 　　上级人民政府主管部门应当在各自职责范围内，指导、协助下级人民政府及其相应部门做好有关突发事件的应对工作。 （移至第二十一条处）
第二十条　突发事件应急指挥机构在突发事件应对过程中可以依法发布有关突发事件应对的决定、命令、措施。突发事件应急指挥机构发布的决定、命令、措施与设立它的人民政府发布的决定、命令、措施具有同等效力，法律责任由设立它的人民政府承担。	新增条文
第二十一条　县级以上人民政府应急管理部门和卫生健康、公安等有关部门应当在各自职责范围内做好有关突发事件应对管理工作，并指导、协助下级人民政府及其相应部门做好有关突发事件的应对管理工作。	第八条第三款　上级人民政府主管部门应当在各自职责范围内，指导、协助下级人民政府及其相应部门做好有关突发事件的应对工作。
第二十二条　乡级人民政府、街道办事处应当明确专门工作力量，负责突发事件应对有关工作。 　　居民委员会、村民委员会依法协助人民政府和有关部门做好突发事件应对工作。	新增条文
第二十三条　公民、法人和其他组织有义务参与突发事件应对工作。	第十一条第二款　公民、法人和其他组织有义务参与突发事件应对工作。

续表

突发事件应对法（2024年修订）	突发事件应对法（2007年）
第二十四条　中国人民解放军、中国人民武装警察部队和民兵组织依照本法和其他有关法律、行政法规、军事法规的规定以及国务院、中央军事委员会的命令，参加突发事件的应急救援和处置工作。	第十四条　中国人民解放军、中国人民武装警察部队和民兵组织依照本法和其他有关法律、行政法规、军事法规的规定以及国务院、中央军事委员会的命令，参加突发事件的应急救援和处置工作。
第二十五条　县级以上人民政府**及其设立的突发事件应急指挥机构**发布的**有关**突发事件应对的决定、命令、**措施**，应当**及时**报本级人民代表大会常务委员会备案；突发事件应急处置工作结束后，应当向本级人民代表大会常务委员会作出专项工作报告。	第十六条　县级以上人民政府作出应对突发事件的决定、命令，应当报本级人民代表大会常务委员会备案；突发事件应急处置工作结束后，应当向本级人民代表大会常务委员会作出专项工作报告。
第三章　预防与应急准备	第二章　预防与应急准备
第二十六条　国家建立健全突发事件应急预案体系。 国务院制定国家突发事件总体应急预案，组织制定国家突发事件专项应急预案；国务院有关部门根据各自的职责和国务院相关应急预案，制定国家突发事件部门应急预案**并报国务院备案**。 地方各级人民政府和县级以上地方人民政府有关部门根据有关法律、法规、规章、上级人民政府及其有关部门的应急预案以及本地区、**本部门**的实际情况，制定相应的突发事件应急预案**并按国务院有关规定备案**。	第十七条第一款、第二款、第三款 国家建立健全突发事件应急预案体系。 国务院制定国家突发事件总体应急预案，组织制定国家突发事件专项应急预案；国务院有关部门根据各自的职责和国务院相关应急预案，制定国家突发事件部门应急预案。 地方各级人民政府和县级以上地方各级人民政府有关部门根据有关法律、法规、规章、上级人民政府及其有关部门的应急预案以及本地区的实际情况，制定相应的突发事件应急预案。
第二十七条　县级以上人民政府应急管理部门指导突发事件应急预案体系建设，综合协调应急预案衔接工作，增强有关应急预案的衔接性和实效性。	新增条文

续表

突发事件应对法（2024年修订）	突发事件应对法（2007年）
第二十八条　应急预案应当根据本法和其他有关法律、法规的规定，针对突发事件的性质、特点和可能造成的社会危害，具体规定突发事件**应对**管理工作的组织指挥体系与职责和突发事件的预防与预警机制、处置程序、应急保障措施以及事后恢复与重建措施等内容。 　　应急预案制定机关应当广泛听取有关部门、单位、专家和社会各方面意见，增强应急预案的针对性和可操作性，并根据实际需要、情势变化、**应急演练中发现的问题等及时对**应急预案作出修订。 　　应急预案的制定、修订、**备案等**工作程序和管理办法由国务院规定。	第十八条　应急预案应当根据本法和其他有关法律、法规的规定，针对突发事件的性质、特点和可能造成的社会危害，具体规定突发事件应急管理工作的组织指挥体系与职责和突发事件的预防与预警机制、处置程序、应急保障措施以及事后恢复与重建措施等内容。 　　第十七条第四款　应急预案制定机关应当根据实际需要和情势变化，适时修订应急预案。应急预案的制定、修订程序由国务院规定。
第二十九条　县级以上人民政府应当将突发事件应对工作纳入国民经济和社会发展规划。县级以上人民政府有关部门应当制定突发事件应急体系建设规划。	新增条文
第三十条　国土空间规划等规划应当符合预防、处置突发事件的需要，统筹安排突发事件应对工作所必需的设备和基础设施建设，合理确定应急避难、**封闭隔离、紧急医疗救治等**场所，实现日常使用和应急使用的相互转换。	第十九条　城乡规划应当符合预防、处置突发事件的需要，统筹安排应对突发事件所必需的设备和基础设施建设，合理确定应急避难场所。
第三十一条　国务院应急管理部门会同卫生健康、自然资源、住房城乡建设等部门统筹、指导全国应急避难场所的建设和管理工作，建立健全应急避难场所标准体系。县级以上地方人民政府负责本行政区域内应急避难场所的规划、建设和管理工作。	新增条文

续表

突发事件应对法（2024年修订）	突发事件应对法（2007年）
第三十二条　国家建立**健全**突发事件风险评估体系，对可能发生的突发事件进行综合性评估，**有针对性地采取有效防范措施**，减少突发事件的发生，最大限度减轻突发事件的影响。	第五条　突发事件应对工作实行预防为主、预防与应急相结合的原则。国家建立重大突发事件风险评估体系，对可能发生的突发事件进行综合性评估，减少重大突发事件的发生，最大限度地减轻重大突发事件的影响。
第三十三条　县级人民政府应当对本行政区域内容易引发自然灾害、事故灾难和公共卫生事件的危险源、危险区域进行调查、登记、风险评估，定期进行检查、监控，并责令有关单位采取安全防范措施。 省级和设区的市级人民政府应当对本行政区域内容易引发特别重大、重大突发事件的危险源、危险区域进行调查、登记、风险评估，组织进行检查、监控，并责令有关单位采取安全防范措施。 县级以上地方人民政府**应当根据情况变化，及时调整**危险源、危险区域**的登记。登记的**危险源、危险区域**及其基础信息**，应当按照国家**有关**规定**接入突发事件信息系统，**并及时向社会公布。	第二十条　县级人民政府应当对本行政区域内容易引发自然灾害、事故灾难和公共卫生事件的危险源、危险区域进行调查、登记、风险评估，定期进行检查、监控，并责令有关单位采取安全防范措施。 省级和设区的市级人民政府应当对本行政区域内容易引发特别重大、重大突发事件的危险源、危险区域进行调查、登记、风险评估，组织进行检查、监控，并责令有关单位采取安全防范措施。 县级以上地方各级人民政府按照本法规定登记的危险源、危险区域，应当按照国家规定及时向社会公布。
第三十四条　县级人民政府及其有关部门、乡级人民政府、街道办事处、居民委员会、村民委员会应当及时调解处理可能引发社会安全事件的矛盾纠纷。	第二十一条　县级人民政府及其有关部门、乡级人民政府、街道办事处、居民委员会、村民委员会应当及时调解处理可能引发社会安全事件的矛盾纠纷。
第三十五条　所有单位应当建立健全安全管理制度，**定期开展危险源辨识评估，制定安全防范措施**；定期检查本单位各项安全防范措施的落实情况，及时消除事故隐患；掌握并及时处理本单位存在的可能引发社会安全事件的问题，	第二十二条　所有单位应当建立健全安全管理制度，定期检查本单位各项安全防范措施的落实情况，及时消除事故隐患；掌握并及时处理本单位存在的可能引发社会安全事件的问题，防止矛盾激化和事态扩大；对本单位可能发生的

续表

突发事件应对法（2024年修订）	突发事件应对法（2007年）
防止矛盾激化和事态扩大；对本单位可能发生的突发事件和采取安全防范措施的情况，应当按照规定及时向所在地人民政府或者有关部门报告。	突发事件和采取安全防范措施的情况，应当按照规定及时向所在地人民政府或者人民政府有关部门报告。
第三十六条　矿山、**金属冶炼**、建筑施工单位和易燃易爆物品、危险化学品、放射性物品等危险物品的生产、经营、**运输**、**储存**、使用单位，应当制定具体应急预案，**配备必要的应急救援器材、设备和物资**，并对生产经营场所、有危险物品的建筑物、构筑物及周边环境开展隐患排查，及时采取措施**管控风险和**消除隐患，防止发生突发事件。	第二十三条　矿山、建筑施工单位和易燃易爆物品、危险化学品、放射性物品等危险物品的生产、经营、储运、使用单位，应当制定具体应急预案，并对生产经营场所、有危险物品的建筑物、构筑物及周边环境开展隐患排查，及时采取措施消除隐患，防止发生突发事件。
第三十七条　公共交通工具、公共场所和其他人员密集场所的经营单位或者管理单位应当制定具体应急预案，为交通工具和有关场所配备报警装置和必要的应急救援设备、设施，注明其使用方法，并显著标明安全撤离的通道、路线，保证安全通道、出口的畅通。 有关单位应当定期检测、维护其报警装置和应急救援设备、设施，使其处于良好状态，确保正常使用。	第二十四条　公共交通工具、公共场所和其他人员密集场所的经营单位或者管理单位应当制定具体应急预案，为交通工具和有关场所配备报警装置和必要的应急救援设备、设施，注明其使用方法，并显著标明安全撤离的通道、路线，保证安全通道、出口的畅通。 有关单位应当定期检测、维护其报警装置和应急救援设备、设施，使其处于良好状态，确保正常使用。
第三十八条　县级以上人民政府应当建立健全突发事件应对管理培训制度，对人民政府及其有关部门负有突发事件**应对管理**职责的工作人员**以及居民委员会、村民委员会有关人员**定期进行培训。	第二十五条　县级以上人民政府应当建立健全突发事件应急管理培训制度，对人民政府及其有关部门负有处置突发事件职责的工作人员定期进行培训。
第三十九条　国家综合性消防救援队伍是应急救援的综合性常备骨干力量，按照国家有关规定执行综合应急救援任务。县级以上人民政府有关部门可以根据	第二十六条　县级以上人民政府应当整合应急资源，建立或者确定综合性应急救援队伍。人民政府有关部门可以根据实际需要设立专业应急救援队伍。

续表

突发事件应对法（2024年修订）	突发事件应对法（2007年）
实际需要设立专业应急救援队伍。 　　县级以上人民政府及其有关部门可以建立由成年志愿者组成的应急救援队伍。**乡级人民政府、街道办事处和有条件的居民委员会、村民委员会可以建立基层应急救援队伍，及时、就近开展应急救援。**单位应当建立由本单位职工组成的专职或者兼职应急救援队伍。 　　**国家鼓励和支持社会力量建立提供社会化应急救援服务的应急救援队伍。社会力量建立的应急救援队伍参与突发事件应对工作应当服从履行统一领导职责或者组织处置突发事件的人民政府、突发事件应急指挥机构的统一指挥。** 　　县级以上人民政府应当**推动**专业应急救援队伍与非专业应急救援队伍联合培训、联合演练，提高合成应急、协同应急的能力。	县级以上人民政府及其有关部门可以建立由成年志愿者组成的应急救援队伍。单位应当建立由本单位职工组成的专职或者兼职应急救援队伍。 　　县级以上人民政府应当加强专业应急救援队伍与非专业应急救援队伍的合作，联合培训、联合演练，提高合成应急、协同应急的能力。
第四十条　地方各级人民政府、县级以上人民政府有关部门、有关单位应当为**其组建的**应急救援队伍购买人身意外伤害保险，配备必要的防护装备和器材，**防范和减少**应急救援人员的人身**伤害风险**。 　　**专业应急救援人员应当具备相应的身体条件、专业技能和心理素质，取得国家规定的应急救援职业资格，具体办法由国务院应急管理部门会同国务院有关部门制定。**	第二十七条　国务院有关部门、县级以上地方各级人民政府及其有关部门、有关单位应当为专业应急救援人员购买人身意外伤害保险，配备必要的防护装备和器材，减少应急救援人员的人身风险。
第四十一条　中国人民解放军、中国人民武装警察部队和民兵组织应当有计划地组织开展应急救援的专门训练。	第二十八条　中国人民解放军、中国人民武装警察部队和民兵组织应当有计划地组织开展应急救援的专门训练。

续表

突发事件应对法（2024年修订）	突发事件应对法（2007年）
第四十二条　县级人民政府及其有关部门、乡级人民政府、街道办事处应当组织开展**面向社会公众的**应急知识宣传普及活动和必要的应急演练。 　　居民委员会、村民委员会、企业事业单位、**社会组织**应当根据所在地人民政府的要求，结合各自的实际情况，开展**面向居民、村民、职工等的**应急知识宣传普及活动和必要的应急演练。	第二十九条第一款、第二款　县级人民政府及其有关部门、乡级人民政府、街道办事处应当组织开展应急知识的宣传普及活动和必要的应急演练。 　　居民委员会、村民委员会、企业事业单位应当根据所在地人民政府的要求，结合各自的实际情况，开展有关突发事件应急知识的宣传普及活动和必要的应急演练。
第四十三条　各级各类学校应当把应急教育纳入**教育教学计划**，对学生及**教职工开展**应急知识教育**和应急演练**，培养安全意识，**提高**自救与互救能力。 　　教育主管部门应当对学校开展应急教育进行指导和监督，**应急管理等部门应当给予支持**。	第三十条　各级各类学校应当把应急知识教育纳入教学内容，对学生进行应急知识教育，培养学生的安全意识和自救与互救能力。 　　教育主管部门应当对学校开展应急知识教育进行指导和监督。
第四十四条　各级人民政府应当**将**突发事件应对工作所需经费**纳入本级预算，并加强资金管理，提高资金使用绩效**。	第三十一条　国务院和县级以上地方各级人民政府应当采取财政措施，保障突发事件应对工作所需经费。
第四十五条　国家按照集中管理、统一调拨、平时服务、灾时应急、采储结合、节约高效的原则，建立健全应急物资储备保障制度，**动态更新应急物资储备品种目录**，完善重要应急物资的监管、生产、**采购**、储备、调拨和紧急配送体系，**促进安全应急产业发展，优化产业布局**。 　　**国家储备物资品种目录、总体发展规划，由国务院发展改革部门会同国务院有关部门拟订。国务院应急管理等部门依据职责制定应急物资储备规划、品种目录，并组织实施。应急物资储备规划应当纳入国家储备总体发展规划。**	第三十二条第一款　国家建立健全应急物资储备保障制度，完善重要应急物资的监管、生产、储备、调拨和紧急配送体系。

续表

突发事件应对法（2024年修订）	突发事件应对法（2007年）
第四十六条　设区的市级以上人民政府和突发事件易发、多发地区的县级人民政府应当建立应急救援物资、生活必需品和应急处置装备的储备**保障**制度。 　　县级以上地方人民政府应当根据本地区的实际情况**和突发事件应对工作的需要**，**依法**与**有条件的**企业签订协议，保障应急救援物资、生活必需品和应急处置装备的生产、供给。有关企业应当根据协议，按照县级以上地方人民政府要求，进行应急救援物资、生活必需品和应急处置装备的生产、供给，并确保符合国家有关产品质量的标准和要求。 　　国家鼓励公民、法人和其他组织储备基本的应急自救物资和生活必需品。有关部门可以向社会公布相关物资、物品的储备指南和建议清单。	第三十二条第二款、第三款　设区的市级以上人民政府和突发事件易发、多发地区的县级人民政府应当建立应急救援物资、生活必需品和应急处置装备的储备制度。 　　县级以上地方各级人民政府应当根据本地区的实际情况，与有关企业签订协议，保障应急救援物资、生活必需品和应急处置装备的生产、供给。
第四十七条　国家建立健全应急运输保障体系，统筹铁路、公路、水运、民航、邮政、快递等运输和服务方式，制定应急运输保障方案，保障应急物资、装备和人员及时运输。 　　县级以上地方人民政府和有关主管部门应当根据国家应急运输保障方案，结合本地区实际做好应急调度和运力保障，确保运输通道和客货运枢纽畅通。 　　国家发挥社会力量在应急运输保障中的积极作用。社会力量参与突发事件应急运输保障，应当服从突发事件应急指挥机构的统一指挥。	新增条文
第四十八条　国家建立健全能源应急保障体系，提高能源安全保障能力，确保受突发事件影响地区的能源供应。	新增条文

续表

突发事件应对法（2024年修订）	突发事件应对法（2007年）
第四十九条　国家建立健全应急通信、应急广播保障体系，加强应急通信系统、应急广播系统建设，确保突发事件应对工作的通信、广播安全畅通。	第三十三条　国家建立健全应急通信保障体系，完善公用通信网，建立有线与无线相结合、基础电信网络与机动通信系统相配套的应急通信系统，确保突发事件应对工作的通信畅通。
第五十条　国家建立健全突发事件卫生应急体系，组织开展突发事件中的医疗救治、卫生学调查处置和心理援助等卫生应急工作，有效控制和消除危害。	新增条文
第五十一条　县级以上人民政府应当加强急救医疗服务网络的建设，配备相应的医疗救治物资、设施设备和人员，提高医疗卫生机构应对各类突发事件的救治能力。	新增条文
第五十二条　国家鼓励公民、法人和其他组织为突发事件应对工作提供物资、资金、技术支持和捐赠。 接受捐赠的单位应当及时公开接受捐赠的情况和受赠财产的使用、管理情况，接受社会监督。	第三十四条　国家鼓励公民、法人和其他组织为人民政府应对突发事件工作提供物资、资金、技术支持和捐赠。
第五十三条　红十字会在突发事件中，应当对伤病人员和其他受害者提供紧急救援和人道救助，并协助人民政府开展与其职责相关的其他人道主义服务活动。有关人民政府应当给予红十字会支持和资助，保障其依法参与应对突发事件。 慈善组织在发生重大突发事件时开展募捐和救助活动，应当在有关人民政府的统筹协调、有序引导下依法进行。有关人民政府应当通过提供必要的需求信息、政府购买服务等方式，对慈善组织参与应对突发事件、开展应急慈善活动予以支持。	新增条文

续表

突发事件应对法（2024年修订）	突发事件应对法（2007年）
第五十四条　有关单位应当加强应急救援资金、物资的管理，提高使用效率。 任何单位和个人不得截留、挪用、私分或者变相私分应急救援资金、物资。	新增条文
第五十五条　国家发展保险事业，建立政府支持、社会力量参与、市场化运作的巨灾风险保险体系，并鼓励单位和个人参加保险。	第三十五条　国家发展保险事业，建立国家财政支持的巨灾风险保险体系，并鼓励单位和公民参加保险。
第五十六条　国家加强应急管理基础科学、重点行业领域关键核心技术的研究，加强互联网、云计算、大数据、人工智能等现代技术手段在突发事件应对工作中的应用，鼓励、扶持有条件的教学科研机构、企业培养应急管理人才和科技人才，研发、推广新技术、新材料、新设备和新工具，提高突发事件应对能力。	第三十六条　国家鼓励、扶持具备相应条件的教学科研机构培养应急管理专门人才，鼓励、扶持教学科研机构和有关企业研究开发用于突发事件预防、监测、预警、应急处置与救援的新技术、新设备和新工具。
第五十七条　县级以上人民政府及其有关部门应当建立健全突发事件专家咨询论证制度，发挥专业人员在突发事件应对工作中的作用。	新增条文
第四章　监测与预警	第三章　监测与预警
第五十八条　国家建立健全突发事件监测制度。 县级以上人民政府及其有关部门应当根据自然灾害、事故灾难和公共卫生事件的种类和特点，建立健全基础信息数据库，完善监测网络，划分监测区域，确定监测点，明确监测项目，提供必要的设备、设施，配备专职或者兼职人员，对可能发生的突发事件进行监测。	第四十一条　国家建立健全突发事件监测制度。 县级以上人民政府及其有关部门应当根据自然灾害、事故灾难和公共卫生事件的种类和特点，建立健全基础信息数据库，完善监测网络，划分监测区域，确定监测点，明确监测项目，提供必要的设备、设施，配备专职或者兼职人员，对可能发生的突发事件进行监测。

续表

突发事件应对法（2024年修订）	突发事件应对法（2007年）
第五十九条　国务院建立全国统一的突发事件信息系统。 　　县级以上地方人民政府应当建立或者确定本地区统一的突发事件信息系统，汇集、储存、分析、传输有关突发事件的信息，并与上级人民政府及其有关部门、下级人民政府及其有关部门、专业机构、监测网点**和重点企业**的突发事件信息系统实现互联互通，加强跨部门、跨地区的信息**共享**与情报合作。	第三十七条　国务院建立全国统一的突发事件信息系统。 　　县级以上地方各级人民政府应当建立或者确定本地区统一的突发事件信息系统，汇集、储存、分析、传输有关突发事件的信息，并与上级人民政府及其有关部门、下级人民政府及其有关部门、专业机构和监测网点的突发事件信息系统实现互联互通，加强跨部门、跨地区的信息交流与情报合作。
第六十条　县级以上人民政府及其有关部门、专业机构应当通过多种途径收集突发事件信息。 　　县级人民政府应当在居民委员会、村民委员会和有关单位建立专职或者兼职信息报告员制度。 　　公民、法人或者其他组织**发现发生突发事件，或者发现可能发生突发事件的异常情况**，应当立即向所在地人民政府、有关主管部门或者指定的专业机构报告。**接到报告的单位应当按照规定立即核实处理，对于不属于其职责的，应当立即移送相关单位核实处理。**	第三十八条　县级以上人民政府及其有关部门、专业机构应当通过多种途径收集突发事件信息。 　　县级人民政府应当在居民委员会、村民委员会和有关单位建立专职或者兼职信息报告员制度。 　　获悉突发事件信息的公民、法人或者其他组织，应当立即向所在地人民政府、有关主管部门或者指定的专业机构报告。
第六十一条　地方各级人民政府应当按照国家有关规定向上级人民政府报送突发事件信息。县级以上人民政府有关主管部门应当向本级人民政府相关部门通报突发事件信息，**并报告上级人民政府主管部门。**专业机构、监测网点和信息报告员应当及时向所在地人民政府及其有关主管部门报告突发事件信息。 　　有关单位和人员报送、报告突发事件	第三十九条　地方各级人民政府应当按照国家有关规定向上级人民政府报送突发事件信息。县级以上人民政府有关主管部门应当向本级人民政府相关部门通报突发事件信息。专业机构、监测网点和信息报告员应当及时向所在地人民政府及其有关主管部门报告突发事件信息。 　　有关单位和人员报送、报告突发事件

续表

突发事件应对法（2024年修订）	突发事件应对法（2007年）
信息，应当做到及时、客观、真实，不得迟报、谎报、瞒报、漏报，**不得授意他人迟报、谎报、瞒报，不得阻碍他人报告**。	信息，应当做到及时、客观、真实，不得迟报、谎报、瞒报、漏报。
第六十二条　县级以上地方人民政府应当及时汇总分析突发事件隐患和**监测**信息，必要时组织相关部门、专业技术人员、专家学者进行会商，对发生突发事件的可能性及其可能造成的影响进行评估；认为可能发生重大或者特别重大突发事件的，应当立即向上级人民政府报告，并向上级人民政府有关部门、当地驻军和可能受到危害的毗邻或者相关地区的人民政府通报，**及时采取预防措施**。	第四十条　县级以上地方各级人民政府应当及时汇总分析突发事件隐患和预警信息，必要时组织相关部门、专业技术人员、专家学者进行会商，对发生突发事件的可能性及其可能造成的影响进行评估；认为可能发生重大或者特别重大突发事件的，应当立即向上级人民政府报告，并向上级人民政府有关部门、当地驻军和可能受到危害的毗邻或者相关地区的人民政府通报。
第六十三条　国家建立健全突发事件预警制度。 可以预警的自然灾害、事故灾难和公共卫生事件的预警级别，按照突发事件发生的紧急程度、发展势态和可能造成的危害程度分为一级、二级、三级和四级，分别用红色、橙色、黄色和蓝色标示，一级为最高级别。 预警级别的划分标准由国务院或者国务院确定的部门制定。	第四十二条　国家建立健全突发事件预警制度。 可以预警的自然灾害、事故灾难和公共卫生事件的预警级别，按照突发事件发生的紧急程度、发展势态和可能造成的危害程度分为一级、二级、三级和四级，分别用红色、橙色、黄色和蓝色标示，一级为最高级别。 预警级别的划分标准由国务院或者国务院确定的部门制定。
第六十四条　可以预警的自然灾害、事故灾难或者公共卫生事件即将发生或者发生的可能性增大时，县级以上地方人民政府应当根据有关法律、行政法规和国务院规定的权限和程序，发布相应级别的警报，决定并宣布有关地区进入预警期，同时向上一级人民政府报告，必	第四十三条　可以预警的自然灾害、事故灾难或者公共卫生事件即将发生或者发生的可能性增大时，县级以上地方**各级**人民政府应当根据有关法律、行政法规和国务院规定的权限和程序，发布相应级别的警报，决定并宣布有关地区进入预警期，同时向上一级人民政府报告，

突发事件应对法（2024年修订）	突发事件应对法（2007年）
要时可以越级上报；**具备条件的，应当进行网络直报或者自动速报**；同时向当地驻军和可能受到危害的毗邻或者相关地区的人民政府通报。 **发布警报应当明确预警类别、级别、起始时间、可能影响的范围、警示事项、应当采取的措施、发布单位和发布时间等。**	必要时可以越级上报，并向当地驻军和可能受到危害的毗邻或者相关地区的人民政府通报。
第六十五条 国家建立健全突发事件预警发布平台，按照有关规定及时、准确向社会发布突发事件预警信息。 **广播、电视、报刊以及网络服务提供者、电信运营商应当按照国家有关规定，建立突发事件预警信息快速发布通道，及时、准确、无偿播发或者刊载突发事件预警信息。** **公共场所和其他人员密集场所，应当指定专门人员负责突发事件预警信息接收和传播工作，做好相关设备、设施维护，确保突发事件预警信息及时、准确接收和传播。**	新增条文
第六十六条 发布三级、四级警报，宣布进入预警期后，县级以上地方人民政府应当根据即将发生的突发事件的特点和可能造成的危害，采取下列措施： （一）启动应急预案； （二）责令有关部门、专业机构、监测网点和负有特定职责的人员及时收集、报告有关信息，向社会公布反映突发事件信息的渠道，加强对突发事件发生、发展情况的监测、预报和预警工作； （三）组织有关部门和机构、专业技术人员、有关专家学者，随时对突发事件	第四十四条 发布三级、四级警报，宣布进入预警期后，县级以上地方各级人民政府应当根据即将发生的突发事件的特点和可能造成的危害，采取下列措施： （一）启动应急预案； （二）责令有关部门、专业机构、监测网点和负有特定职责的人员及时收集、报告有关信息，向社会公布反映突发事件信息的渠道，加强对突发事件发生、发展情况的监测、预报和预警工作； （三）组织有关部门和机构、专业技术人员、有关专家学者，随时对突发事件

续表

突发事件应对法（2024年修订）	突发事件应对法（2007年）
信息进行分析评估，预测发生突发事件可能性的大小、影响范围和强度以及可能发生的突发事件的级别； （四）定时向社会发布与公众有关的突发事件预测信息和分析评估结果，并对相关信息的报道工作进行管理； （五）及时按照有关规定向社会发布可能受到突发事件危害的警告，宣传避免、减轻危害的常识，公布咨询**或者求助**电话**等联络方式和渠道**。	信息进行分析评估，预测发生突发事件可能性的大小、影响范围和强度以及可能发生的突发事件的级别； （四）定时向社会发布与公众有关的突发事件预测信息和分析评估结果，并对相关信息的报道工作进行管理； （五）及时按照有关规定向社会发布可能受到突发事件危害的警告，宣传避免、减轻危害的常识，公布咨询电话。
第六十七条 发布一级、二级警报，宣布进入预警期后，县级以上地方人民政府除采取本法**第六十六条**规定的措施外，还应当针对即将发生的突发事件的特点和可能造成的危害，采取下列一项或者多项措施： （一）责令应急救援队伍、负有特定职责的人员进入待命状态，并动员后备人员做好参加应急救援和处置工作的准备； （二）调集应急救援所需物资、设备、工具，准备应急设施和**应急避难、封闭隔离、紧急医疗救治**等场所，并确保其处于良好状态、随时可以投入正常使用； （三）加强对重点单位、重要部位和重要基础设施的安全保卫，维护社会治安秩序； （四）采取必要措施，确保交通、通信、供水、排水、供电、供气、供热、**医疗卫生**、**广播电视**、**气象**等公共设施的安全和正常运行； （五）及时向社会发布有关采取特定措施避免或者减轻危害的建议、劝告；	第四十五条 发布一级、二级警报，宣布进入预警期后，县级以上地方各级人民政府除采取本法第四十四条规定的措施外，还应当针对即将发生的突发事件的特点和可能造成的危害，采取下列一项或者多项措施： （一）责令应急救援队伍、负有特定职责的人员进入待命状态，并动员后备人员做好参加应急救援和处置工作的准备； （二）调集应急救援所需物资、设备、工具，准备应急设施和避难场所，并确保其处于良好状态、随时可以投入正常使用； （三）加强对重点单位、重要部位和重要基础设施的安全保卫，维护社会治安秩序； （四）采取必要措施，确保交通、通信、供水、排水、供电、供气、供热等公共设施的安全和正常运行； （五）及时向社会发布有关采取特定措施避免或者减轻危害的建议、劝告； （六）转移、疏散或者撤离易受突发事件危害的人员并予以妥善安置，转移重

续表

突发事件应对法（2024年修订）	突发事件应对法（2007年）
（六）转移、疏散或者撤离易受突发事件危害的人员并予以妥善安置，转移重要财产； （七）关闭或者限制使用易受突发事件危害的场所，控制或者限制容易导致危害扩大的公共场所的活动； （八）法律、法规、规章规定的其他必要的防范性、保护性措施。	要财产； （七）关闭或者限制使用易受突发事件危害的场所，控制或者限制容易导致危害扩大的公共场所的活动； （八）法律、法规、规章规定的其他必要的防范性、保护性措施。
第六十八条　发布警报，宣布进入预警期后，县级以上人民政府应当对重要商品和服务市场情况加强监测，根据实际需要及时保障供应、稳定市场。必要时，国务院和省、自治区、直辖市人民政府可以按照《中华人民共和国价格法》等有关法律规定采取相应措施。	新增条文
第六十九条　对即将发生或者已经发生的社会安全事件，县级以上地方人民政府及其有关主管部门应当按照规定向上一级人民政府及其有关主管部门报告，必要时可以越级上报，**具备条件的，应当进行网络直报或者自动速报。**	第四十六条　对即将发生或者已经发生的社会安全事件，县级以上地方各级人民政府及其有关主管部门应当按照规定向上一级人民政府及其有关主管部门报告，必要时可以越级上报。
第七十条　发布突发事件警报的人民政府应当根据事态的发展，按照有关规定适时调整预警级别并重新发布。 　　有事实证明不可能发生突发事件或者危险已经解除的，发布警报的人民政府应当立即宣布解除警报，终止预警期，并解除已经采取的有关措施。	第四十七条　发布突发事件警报的人民政府应当根据事态的发展，按照有关规定适时调整预警级别并重新发布。 　　有事实证明不可能发生突发事件或者危险已经解除的，发布警报的人民政府应当立即宣布解除警报，终止预警期，并解除已经采取的有关措施。
第五章　应急处置与救援	第四章　应急处置与救援
第七十一条　国家建立健全突发事件应急响应制度。	新增条文

续表

突发事件应对法（2024年修订）	突发事件应对法（2007年）
突发事件的应急响应级别，按照突发事件的性质、特点、可能造成的危害程度和影响范围等因素分为一级、二级、三级和四级，一级为最高级别。 突发事件应急响应级别划分标准由国务院或者国务院确定的部门制定。县级以上人民政府及其有关部门应当在突发事件应急预案中确定应急响应级别。	
第七十二条　突发事件发生后，履行统一领导职责或者组织处置突发事件的人民政府应当针对其性质、特点、危害程度和影响范围等，立即启动应急响应，组织有关部门，调动应急救援队伍和社会力量，依照法律、法规、规章和应急预案的规定，采取应急处置措施，并向上级人民政府报告；必要时，可以设立现场指挥部，负责现场应急处置与救援，统一指挥进入突发事件现场的单位和个人。 启动应急响应，应当明确响应事项、级别、预计期限、应急处置措施等。 履行统一领导职责或者组织处置突发事件的人民政府，应当建立协调机制，提供需求信息，引导志愿服务组织和志愿者等社会力量及时有序参与应急处置与救援工作。	第四十八条　突发事件发生后，履行统一领导职责或者组织处置突发事件的人民政府应当针对其性质、特点和危害程度，立即组织有关部门，调动应急救援队伍和社会力量，依照本章的规定和有关法律、法规、规章的规定采取应急处置措施。
第七十三条　自然灾害、事故灾难或者公共卫生事件发生后，履行统一领导职责的人民政府应当采取下列一项或者多项应急处置措施： （一）组织营救和救治受害人员，转移、疏散、撤离并妥善安置受到威胁的人	第四十九条　自然灾害、事故灾难或者公共卫生事件发生后，履行统一领导职责的人民政府可以采取下列一项或者多项应急处置措施： （一）组织营救和救治受害人员，疏散、撤离并妥善安置受到威胁的人员以及

续表

突发事件应对法（2024年修订）	突发事件应对法（2007年）
员以及采取其他救助措施； （二）迅速控制危险源，标明危险区域，封锁危险场所，划定警戒区，实行交通管制、**限制人员流动**、**封闭管理**以及其他控制措施； （三）立即抢修被损坏的交通、通信、供水、排水、供电、供气、供热、**医疗卫生**、**广播电视**、**气象**等公共设施，向受到危害的人员提供避难场所和生活必需品，实施医疗救护和卫生防疫以及其他保障措施； （四）禁止或者限制使用有关设备、设施，关闭或者限制使用有关场所，中止人员密集的活动或者可能导致危害扩大的生产经营活动以及采取其他保护措施； （五）启用本级人民政府设置的财政预备费和储备的应急救援物资，必要时调用其他急需物资、设备、设施、工具； （六）组织公民、**法人和其他组织**参加应急救援和处置工作，要求具有特定专长的人员提供服务； （七）保障食品、饮用水、**药品**、燃料等基本生活必需品的供应； （八）依法从严惩处囤积居奇、哄抬价格、**牟取暴利**、制假售假等扰乱市场秩序的行为，维护市场秩序； （九）依法从严惩处哄抢财物、干扰破坏应急处置工作等扰乱社会秩序的行为，维护社会治安； （十）**开展生态环境应急监测，保护集中式饮用水水源地等环境敏感目标，控制和处置污染物；**	采取其他救助措施； （二）迅速控制危险源，标明危险区域，封锁危险场所，划定警戒区，实行交通管制以及其他控制措施； （三）立即抢修被损坏的交通、通信、供水、排水、供电、供气、供热等公共设施，向受到危害的人员提供避难场所和生活必需品，实施医疗救护和卫生防疫以及其他保障措施； （四）禁止或者限制使用有关设备、设施，关闭或者限制使用有关场所，中止人员密集的活动或者可能导致危害扩大的生产经营活动以及采取其他保护措施； （五）启用本级人民政府设置的财政预备费和储备的应急救援物资，必要时调用其他急需物资、设备、设施、工具； （六）组织公民参加应急救援和处置工作，要求具有特定专长的人员提供服务； （七）保障食品、饮用水、燃料等基本生活必需品的供应； （八）依法从严惩处囤积居奇、哄抬物价、制假售假等扰乱市场秩序的行为，稳定市场价格，维护市场秩序； （九）依法从严惩处哄抢财物、干扰破坏应急处置工作等扰乱社会秩序的行为，维护社会治安； （十）采取防止发生次生、衍生事件的必要措施。

续表

突发事件应对法（2024年修订）	突发事件应对法（2007年）
（十一）采取防止发生次生、衍生事件的必要措施。	
第七十四条 社会安全事件发生后，组织处置工作的人民政府应当立即**启动应急响应**，组织有关部门针对事件的性质和特点，依照有关法律、行政法规和国家其他有关规定，采取下列一项或者多项应急处置措施： （一）强制隔离使用器械相互对抗或者以暴力行为参与冲突的当事人，妥善解决现场纠纷和争端，控制事态发展； （二）对特定区域内的建筑物、交通工具、设备、设施以及燃料、燃气、电力、水的供应进行控制； （三）封锁有关场所、道路，查验现场人员的身份证件，限制有关公共场所内的活动； （四）加强对易受冲击的核心机关和单位的警卫，在国家机关、军事机关、国家通讯社、广播电台、电视台、外国驻华使领馆等单位附近设置临时警戒线； （五）法律、行政法规和国务院规定的其他必要措施。	第五十条 社会安全事件发生后，组织处置工作的人民政府应当立即组织有关部门<u>并由公安机关</u>针对事件的性质和特点，依照有关法律、行政法规和国家其他有关规定，采取下列一项或者多项应急处置措施： （一）强制隔离使用器械相互对抗或者以暴力行为参与冲突的当事人，妥善解决现场纠纷和争端，控制事态发展； （二）对特定区域内的建筑物、交通工具、设备、设施以及燃料、燃气、电力、水的供应进行控制； （三）封锁有关场所、道路，查验现场人员的身份证件，限制有关公共场所内的活动； （四）加强对易受冲击的核心机关和单位的警卫，在国家机关、军事机关、国家通讯社、广播电台、电视台、外国驻华使领馆等单位附近设置临时警戒线； （五）法律、行政法规和国务院规定的其他必要措施。 ==严重危害社会治安秩序的事件发生时，公安机关应当立即依法出动警力，根据现场情况依法采取相应的强制性措施，尽快使社会秩序恢复正常。==
第七十五条 发生突发事件，严重影响国民经济正常运行时，国务院或者国务院授权的有关主管部门可以采取保障、控制等必要的应急措施，保障人民群众的基本生活需要，最大限度地减轻突发事件的影响。	第五十一条 发生突发事件，严重影响国民经济正常运行时，国务院或者国务院授权的有关主管部门可以采取保障、控制等必要的应急措施，保障人民群众的基本生活需要，最大限度地减轻突发事件的影响。

续表

突发事件应对法（2024年修订）	突发事件应对法（2007年）
第七十六条　履行统一领导职责或者组织处置突发事件的人民政府**及其有关部门**，必要时可以向单位和个人征用应急救援所需设备、设施、场地、交通工具和其他物资，请求其他地方人民政府**及其有关部门**提供人力、物力、财力或者技术支援，要求生产、供应生活必需品和应急救援物资的企业组织生产、保证供给，要求提供医疗、交通等公共服务的组织提供相应的服务。 　　履行统一领导职责或者组织处置突发事件的人民政府**和有关主管部门**，应当组织协调运输经营单位，优先运送处置突发事件所需物资、设备、工具、应急救援人员和受到突发事件危害的人员。 　　**履行统一领导职责或者组织处置突发事件的人民政府及其有关部门，应当为受突发事件影响无人照料的无民事行为能力人、限制民事行为能力人提供及时有效帮助；建立健全联系帮扶应急救援人员家庭制度，帮助解决实际困难。**	第五十二条　履行统一领导职责或者组织处置突发事件的人民政府，必要时可以向单位和个人征用应急救援所需设备、设施、场地、交通工具和其他物资，请求其他地方人民政府提供人力、物力、财力或者技术支援，要求生产、供应生活必需品和应急救援物资的企业组织生产、保证供给，要求提供医疗、交通等公共服务的组织提供相应的服务。 　　履行统一领导职责或者组织处置突发事件的人民政府，应当组织协调运输经营单位，优先运送处置突发事件所需物资、设备、工具、应急救援人员和受到突发事件危害的人员。
第七十七条　突发事件发生地的居民委员会、村民委员会和其他组织应当按照当地人民政府的决定、命令，进行宣传动员，组织群众开展自救与互救，协助维护社会秩序；**情况紧急的，应当立即组织群众开展自救与互救等先期处置工作。**	第五十五条　突发事件发生地的居民委员会、村民委员会和其他组织应当按照当地人民政府的决定、命令，进行宣传动员，组织群众开展自救和互救，协助维护社会秩序。
第七十八条　受到自然灾害危害或者发生事故灾难、公共卫生事件的单位，应当立即组织本单位应急救援队伍和工作人员营救受害人员，疏散、撤离、安置	第五十六条　受到自然灾害危害或者发生事故灾难、公共卫生事件的单位，应当立即组织本单位应急救援队伍和工作人员营救受害人员，疏散、撤离、安置

续表

突发事件应对法（2024年修订）	突发事件应对法（2007年）
受到威胁的人员，控制危险源，标明危险区域，封锁危险场所，并采取其他防止危害扩大的必要措施，同时向所在地县级人民政府报告；对因本单位的问题引发的或者主体是本单位人员的社会安全事件，有关单位应当按照规定上报情况，并迅速派出负责人赶赴现场开展劝解、疏导工作。 　　突发事件发生地的其他单位应当服从人民政府发布的决定、命令，配合人民政府采取的应急处置措施，做好本单位的应急救援工作，并积极组织人员参加所在地的应急救援和处置工作。	受到威胁的人员，控制危险源，标明危险区域，封锁危险场所，并采取其他防止危害扩大的必要措施，同时向所在地县级人民政府报告；对因本单位的问题引发的或者主体是本单位人员的社会安全事件，有关单位应当按照规定上报情况，并迅速派出负责人赶赴现场开展劝解、疏导工作。 　　突发事件发生地的其他单位应当服从人民政府发布的决定、命令，配合人民政府采取的应急处置措施，做好本单位的应急救援工作，并积极组织人员参加所在地的应急救援和处置工作。
第七十九条　突发事件发生地的个人应当依法服从人民政府、居民委员会、村民委员会或者所属单位的指挥和安排，配合人民政府采取的应急处置措施，积极参加应急救援工作，协助维护社会秩序。	**第五十七条**　突发事件发生地的公民应当服从人民政府、居民委员会、村民委员会或者所属单位的指挥和安排，配合人民政府采取的应急处置措施，积极参加应急救援工作，协助维护社会秩序。
第八十条　国家支持城乡社区组织健全应急工作机制，强化城乡社区综合服务设施和信息平台应急功能，加强与突发事件信息系统数据共享，增强突发事件应急处置中保障群众基本生活和服务群众能力。	新增条文
第八十一条　国家采取措施，加强心理健康服务体系和人才队伍建设，支持引导心理健康服务人员和社会工作者对受突发事件影响的各类人群开展心理健康教育、心理评估、心理疏导、心理危机干预、心理行为问题诊治等心理援助工作。	新增条文

续表

突发事件应对法（2024年修订）	突发事件应对法（2007年）
第八十二条　对于突发事件遇难人员的遗体，应当按照法律和国家有关规定，科学规范处置，加强卫生防疫，维护逝者尊严。对于逝者的遗物应当妥善保管。	新增条文
第八十三条　县级以上人民政府及其有关部门根据突发事件应对工作需要，在履行法定职责所必需的范围和限度内，可以要求公民、法人和其他组织提供应急处置与救援需要的信息。公民、法人和其他组织应当予以提供，法律另有规定的除外。县级以上人民政府及其有关部门对获取的相关信息，应当严格保密，并依法保护公民的通信自由和通信秘密。	新增条文
第八十四条　在突发事件应急处置中，有关单位和个人因依照本法规定配合突发事件应对工作或者履行相关义务，需要获取他人个人信息的，应当依照法律规定的程序和方式取得并确保信息安全，不得非法收集、使用、加工、传输他人个人信息，不得非法买卖、提供或者公开他人个人信息。	新增条文
第八十五条　因依法履行突发事件应对工作职责或者义务获取的个人信息，只能用于突发事件应对，并在突发事件应对工作结束后予以销毁。确因依法作为证据使用或者调查评估需要留存或者延期销毁的，应当按照规定进行合法性、必要性、安全性评估，并采取相应保护和处理措施，严格依法使用。	新增条文

续表

突发事件应对法（2024年修订）	突发事件应对法（2007年）
第六章　事后恢复与重建	第五章　事后恢复与重建
第八十六条　突发事件的威胁和危害得到控制或者消除后，履行统一领导职责或者组织处置突发事件的人民政府应当**宣布解除应急响应**，停止执行依照本法规定采取的应急处置措施，同时采取或者继续实施必要措施，防止发生自然灾害、事故灾难、公共卫生事件的次生、衍生事件或者重新引发社会安全事件，**组织受影响地区尽快恢复社会秩序**。	第五十八条　突发事件的威胁和危害得到控制或者消除后，履行统一领导职责或者组织处置突发事件的人民政府应当停止执行依照本法规定采取的应急处置措施，同时采取或者继续实施必要措施，防止发生自然灾害、事故灾难、公共卫生事件的次生、衍生事件或者重新引发社会安全事件。
第八十七条　突发事件应急处置工作结束后，履行统一领导职责的人民政府应当立即组织对突发事件造成的**影响和损失**进行**调查**评估，制定恢复重建计划，并向上一级人民政府报告。 受突发事件影响地区的人民政府应当及时组织和协调**应急管理、卫生健康、**公安、交通、铁路、民航、**邮政、电信、**建设、**生态环境、水利、能源、广播电视**等有关部门恢复社会秩序，尽快修复被损坏的交通、通信、供水、排水、供电、供气、供热、**医疗卫生、水利、广播电视**等公共设施。	第五十九条　突发事件应急处置工作结束后，履行统一领导职责的人民政府应当立即组织对突发事件造成的损失进行评估，组织受影响地区尽快恢复生产、生活、工作和社会秩序，制定恢复重建计划，并向上一级人民政府报告。 受突发事件影响地区的人民政府应当及时组织和协调公安、交通、铁路、民航、邮电、建设等有关部门恢复社会治安秩序，尽快修复被损坏的交通、通信、供水、排水、供电、供气、供热等公共设施。
第八十八条　受突发事件影响地区的人民政府开展恢复重建工作需要上一级人民政府支持的，可以向上一级人民政府提出请求。上一级人民政府应当根据受影响地区遭受的损失和实际情况，提供资金、物资支持和技术指导，组织**协调**其他地区**和有关方面**提供资金、物资和人力支援。	第六十条　受突发事件影响地区的人民政府开展恢复重建工作需要上一级人民政府支持的，可以向上一级人民政府提出请求。上一级人民政府应当根据受影响地区遭受的损失和实际情况，提供资金、物资支持和技术指导，组织其他地区提供资金、物资和人力支援。

突发事件应对法（2024年修订）	突发事件应对法（2007年）
第八十九条　国务院根据受突发事件影响地区遭受损失的情况，制定扶持该地区有关行业发展的优惠政策。 受突发事件影响地区的人民政府应当根据本地区遭受的损失和采取应急处置措施的情况，制定救助、补偿、抚慰、抚恤、安置等善后工作计划并组织实施，妥善解决因处置突发事件引发的矛盾纠纷。	第六十一条第一款、第二款　国务院根据受突发事件影响地区遭受损失的情况，制定扶持该地区有关行业发展的优惠政策。 受突发事件影响地区的人民政府应当根据本地区遭受损失的情况，制定救助、补偿、抚慰、抚恤、安置等善后工作计划并组织实施，妥善解决因处置突发事件引发的矛盾和纠纷。
第九十条　公民参加应急救援工作或者协助维护社会秩序期间，其所在单位应当保证其工资待遇和福利不变，并可以按照规定给予相应补助。	第六十一条第三款　公民参加应急救援工作或者协助维护社会秩序期间，其在本单位的工资待遇和福利不变；表现突出、成绩显著的，由县级以上人民政府给予表彰或者奖励。 （移至第十五条处）
第九十一条　县级以上人民政府对在应急救援工作中伤亡的人员依法落实工伤待遇、抚恤或者其他保障政策，并组织做好应急救援工作中致病人员的医疗救治工作。	第六十一条第四款　县级以上人民政府对在应急救援工作中伤亡的人员依法给予抚恤。
第九十二条　履行统一领导职责的人民政府在突发事件应对工作结束后，应当及时查明突发事件的发生经过和原因，总结突发事件应急处置工作的经验教训，制定改进措施，并向上一级人民政府提出报告。	第六十二条　履行统一领导职责的人民政府应当及时查明突发事件的发生经过和原因，总结突发事件应急处置工作的经验教训，制定改进措施，并向上一级人民政府提出报告。
第九十三条　突发事件应对工作中有关资金、物资的筹集、管理、分配、拨付和使用等情况，应当依法接受审计机关的审计监督。	新增条文

续表

突发事件应对法（2024年修订）	突发事件应对法（2007年）
第九十四条　国家档案主管部门应当建立健全突发事件应对工作相关档案收集、整理、保护、利用工作机制。突发事件应对工作中形成的材料，应当按照国家规定归档，并向相关档案馆移交。	新增条文
第七章　法律责任	第六章　法律责任
第九十五条　地方各级人民政府和县级以上人民政府有关部门违反本法规定，不履行**或者不正确履行**法定职责的，由其上级行政机关责令改正；有下列情形之一，**由有关机关综合考虑突发事件发生的原因、后果、应对处置情况、行为人过错等因素，对负有责任的领导人员**和直接责任人员依法给予处分： （一）未按照规定采取预防措施，导致发生突发事件，或者未采取必要的防范措施，导致发生次生、衍生事件的； （二）迟报、谎报、瞒报、漏报**或者授意他人迟报、谎报、瞒报以及阻碍他人报告**有关突发事件的信息，或者通报、报送、公布虚假信息，造成后果的； （三）未按照规定及时发布突发事件警报、采取预警期的措施，导致损害发生的； （四）未按照规定及时采取措施处置突发事件或者处置不当，造成后果的； （五）**违反法律规定采取应对措施，侵犯公民生命健康权益的；** （六）不服从上级人民政府对突发事件应急处置工作的统一领导、指挥和协调的；	第六十三条　地方各级人民政府和县级以上各级人民政府有关部门违反本法规定，不履行法定职责的，由其上级行政机关或者监察机关责令改正；有下列情形之一的，根据情节对直接负责的主管人员和其他直接责任人员依法给予处分： （一）未按规定采取预防措施，导致发生突发事件，或者未采取必要的防范措施，导致发生次生、衍生事件的； （二）迟报、谎报、瞒报、漏报有关突发事件的信息，或者通报、报送、公布虚假信息，造成后果的； （三）未按规定及时发布突发事件警报、采取预警期的措施，导致损害发生的； （四）未按规定及时采取措施处置突发事件或者处置不当，造成后果的； （五）不服从上级人民政府对突发事件应急处置工作的统一领导、指挥和协调的； （六）未及时组织开展生产自救、恢复重建等善后工作的； （七）截留、挪用、私分或者变相私分应急救援资金、物资的；

续表

突发事件应对法（2024年修订）	突发事件应对法（2007年）
（七）未及时组织开展生产自救、恢复重建等善后工作的； （八）截留、挪用、私分或者变相私分应急救援资金、物资的； （九）不及时归还征用的单位和个人的财产，或者对被征用财产的单位和个人不按照规定给予补偿的。	（八）不及时归还征用的单位和个人的财产，或者对被征用财产的单位和个人不按规定给予补偿的。
第九十六条　有关单位有下列情形之一，由所在地履行统一领导职责的人民政府**有关部门**责令停产停业，暂扣或者吊销**许可证件**，并处五万元以上二十万元以下的罚款；**情节特别严重的，并处二十万元以上一百万元以下的罚款：** （一）未按照规定采取预防措施，导致发生**较大以上**突发事件的； （二）未及时消除已发现的可能引发突发事件的隐患，导致发生**较大以上**突发事件的； （三）未做好**应急物资储备和**应急设备、设施日常维护、检测工作，导致发生**较大以上**突发事件或者突发事件危害扩大的； （四）突发事件发生后，不及时组织开展应急救援工作，造成严重后果的。 **其他法律对前款行为规定了处罚的，依照较重的规定处罚。**	第六十四条　有关单位有下列情形之一的，由所在地履行统一领导职责的人民政府责令停产停业，暂扣或者吊销许可证或者营业执照，并处五万元以上二十万元以下的罚款；构成违反治安管理行为的，由公安机关依法给予处罚： （一）未按规定采取预防措施，导致发生严重突发事件的； （二）未及时消除已发现的可能引发突发事件的隐患，导致发生严重突发事件的； （三）未做好应急设备、设施日常维护、检测工作，导致发生严重突发事件或者突发事件危害扩大的； （四）突发事件发生后，不及时组织开展应急救援工作，造成严重后果的。 前款规定的行为，其他法律、行政法规规定由人民政府有关部门依法决定处罚的，从其规定。
第九十七条　违反本法规定，编造并传播有关突发事件的虚假信息，或者明知是有关突发事件的虚假信息而进行传播的，责令改正，给予警告；造成严重后果的，依法暂停其业务活动或者吊销**许可证件**；负有直接责任的人员是公	第六十五条　违反本法规定，编造并传播有关突发事件事态发展或者应急处置工作的虚假信息，或者明知是有关突发事件事态发展或者应急处置工作的虚假信息而进行传播的，责令改正，给予警告；造成严重后果的，依法暂停其业

续表

突发事件应对法（2024年修订）	突发事件应对法（2007年）
职人员的，还应当依法给予处分。	务活动或者吊销其执业许可证；负有直接责任的人员是国家工作人员的，还应当对其依法给予处分；构成违反治安管理行为的，由公安机关依法给予处罚。
第九十八条　单位或个人违反本法规定，不服从所在地人民政府及其有关部门依法发布的决定、命令或者不配合其依法采取的措施的，责令改正；造成严重后果的，依法给予行政处罚；负有直接责任的人员是公职人员的，还应当依法给予处分。	第六十六条　单位或者个人违反本法规定，不服从所在地人民政府及其有关部门发布的决定、命令或者不配合其依法采取的措施，构成违反治安管理行为的，由公安机关依法给予处罚。
第九十九条　单位或个人违反本法第八十四条、第八十五条关于个人信息保护规定的，由主管部门依照有关法律规定给予处罚。	新增条文
第一百条　单位或个人违反本法规定，导致突发事件发生或者危害扩大，造成人身、财产或者其他损害的，应当依法承担民事责任。	第六十七条　单位或者个人违反本法规定，导致突发事件发生或者危害扩大，给他人人身、财产造成损害的，应当依法承担民事责任。
第一百零一条　为了使本人或者他人的人身、财产免受正在发生的危险而采取避险措施的，依照《中华人民共和国民法典》、《中华人民共和国刑法》等法律关于紧急避险的规定处理。	新增条文
第一百零二条　违反本法规定，构成违反治安管理行为的，依法给予治安管理处罚；构成犯罪的，依法追究刑事责任。	第六十八条　违反本法规定，构成犯罪的，依法追究刑事责任。
第八章　附　　则	第七章　附　　则
第一百零三条　发生特别重大突发事件，对人民生命财产安全、国家安全、	第六十九条　发生特别重大突发事件，对人民生命财产安全、国家安全、公

续表

突发事件应对法（2024年修订）	突发事件应对法（2007年）
公共安全、**生态**环境安全或者社会秩序构成重大威胁，采取本法和其他有关法律、法规、规章规定的应急处置措施不能消除或者有效控制、减轻其严重社会危害，需要进入紧急状态的，由全国人民代表大会常务委员会或者国务院依照宪法和其他有关法律规定的权限和程序决定。 　　紧急状态期间采取的非常措施，依照有关法律规定执行或者由全国人民代表大会常务委员会另行规定。	共安全、环境安全或者社会秩序构成重大威胁，采取本法和其他有关法律、法规、规章规定的应急处置措施不能消除或者有效控制、减轻其严重社会危害，需要进入紧急状态的，由全国人民代表大会常务委员会或者国务院依照宪法和其他有关法律规定的权限和程序决定。 　　紧急状态期间采取的非常措施，依照有关法律规定执行或者由全国人民代表大会常务委员会另行规定。
第一百零四条　中华人民共和国领域外发生突发事件，造成或者可能造成中华人民共和国公民、法人和其他组织人身伤亡、财产损失的，由国务院外交部门会同国务院其他有关部门、有关地方人民政府，按照国家有关规定做好应对工作。	新增条文
第一百零五条　在中华人民共和国境内的外国人、无国籍人应当遵守本法，服从所在地人民政府及其有关部门依法发布的决定、命令，并配合其依法采取的措施。	新增条文
第一百零六条　本法自 2024 年 11 月 1 日起施行。	第七十条　本法自 2007 年 11 月 1 日起施行。

图书在版编目（CIP）数据

中华人民共和国突发事件应对法条文解读与法律适用／林鸿潮主编． -- 北京 : 中国法制出版社，2024.8．
ISBN 978-7-5216-4647-4

Ⅰ．D922.145

中国国家版本馆 CIP 数据核字第 2024LV5218 号

责任编辑：宋　平　　　　　　　　　　　　　　封面设计：李　宁

中华人民共和国突发事件应对法条文解读与法律适用
ZHONGHUA RENMIN GONGHEGUO TUFA SHIJIAN YINGDUIFA TIAOWEN JIEDU YU FALÜ SHIYONG

主编／林鸿潮
经销／新华书店
印刷／三河市紫恒印装有限公司
开本/710 毫米×1000 毫米　16 开　　　　　　　印张／23　字数／296 千
版次/2024 年 8 月第 1 版　　　　　　　　　　　2024 年 8 月第 1 次印刷

中国法制出版社出版
书号 ISBN 978-7-5216-4647-4　　　　　　　　　　　　　　定价：86.00 元

北京市西城区西便门西里甲 16 号西便门办公区
邮政编码：100053　　　　　　　　　　　　　　传真：010-63141600
网址：http : //www.zgfzs.com　　　　　　　　编辑部电话：010-63141825
市场营销部电话：010-63141612　　　　　　　　印务部电话：010-63141606

（如有印装质量问题，请与本社印务部联系。）